梵净博雅文库 · 写作与沟通系列教材
总策划 孙向阳 庄鸿文

写作·沟通

王晓旭 肖跃玲 ◎ 主编

ZHEJIANG UNIVERSITY PRESS
浙江大学出版社

图书在版编目（CIP）数据

写作·沟通 / 王晓旭，肖跃玲主编. —杭州 ：浙江大学出版社，2020.2(2023.8重印)

ISBN 978-7-308-19980-3

Ⅰ. ①写… Ⅱ. ①王…②肖… Ⅲ. ①汉语—应用文—写作②心理交往—礼仪 Ⅳ. ①H152.3②C912.1

中国版本图书馆CIP数据核字(2020)第020519号

写作·沟通

王晓旭　肖跃玲　主编

责任编辑　葛　娟

责任校对　杨利军　周　群

封面设计　春天书装

出版发行　浙江大学出版社

（杭州市天目山路148号　邮政编码310007）

（网址：http：//www.zjupress.com）

排　　版　杭州晨特广告有限公司

印　　刷　嘉兴华源印刷厂

开　　本　787mm×1092mm　1/16

印　　张　14.5

字　　数　362千

版 印 次　2020年2月第1版　2023年8月第5次印刷

书　　号　ISBN 978-7-308-19980-3

定　　价　46.00元

编 委 会

前言

语言文字是一个人与外界交流最重要的工具,也是人之思想智慧不可或缺的要素。任何一个人的学习、生活、工作都离不开语言文字。目前,世界上很多大学都十分重视本国语言文化的教育。相比之下,我国的高等教育却有种过度强调专业教育的倾向,认为大学的主要任务就是培养具备较强技能的专门型人才,而对学生审美能力的培养和人文素养的提升往往重视不够。这种教育观念上的误区,正是我国大学通识教育艰难前行的根本原因,它直接导致许多大学生不能准确地表达自己的思想情感、书面写作能力欠缺、难以适应社会发展需要等现象的发生。鉴于此,在确保高校人才培养质量、加强专业技能培养的同时,以培养高素质应用型人才为目标,旨在提升大学生人文素养、塑造大学生健全人格的通识教育,就成了高校传承中华优秀文化、促进学生全面发展的最佳途径。

近年来,铜仁学院十分重视人才培养,着力建构"山"字形人才培养模式,并把通识教育贯穿应用型人才培养的全过程,注重培养具有人文精神、健全人格和优良品质的社会公民,服务学生的人格品质养成。为此,学校还专门增设"写作与沟通"通识教育模块,将大学生的写作与沟通能力作为核心素养倾力打造,全面提升大学生的人文素养和应用写作能力,以适应社会发展对高素质复合型人才的现实需求。

为了进一步提高教学质量,我们经过大量调研和实践的总结,针对大学生的特点和需求,精心组织策划了"写作与沟通"系列教材。这部《写作·沟通》便是其中之一。

在具体的编写过程中,我们紧扣人才培养目标和学生实际需求,精心选编实用性强、使用率高的应用文体和沟通技巧,每章由不同的学习任务组成,并根据不同内容设有"任务目标""知识要点""例文分析""任务实施""任务指导""参考范文""能力提升""场景模拟实训"等环节。全书既具有严整的理论性和系统性,又具有较强的指导性和实用性。

本教材是集体智慧的结晶。全书由孙向阳、庄鸿文策划并统筹把关,王晓旭、肖跃玲负责组织撰写和全书的统稿。王梅、王棋君、田淼、龙兴林、杨雪、陈筑珺、郭征帆、黄秀丽等老师参与编写。

本教材作为铜仁学院"梵净博雅文库"系列教材之一,在编写过程中得到了学校领导和教材评审专家的大力支持与鼓励,在此表示由衷的谢意!同时,本教材在编写过程中,也参阅了一些专家学者的相关研究成果,从中得到了不少启发,特别是借鉴了一些观点和文章,在此一并表示衷心的感谢!最后,还要感谢我校秘书学专业杨秦廷和蔡文玉两位同学为本教材第十章部分内容所做的动作示范!

由于编写时间紧、任务重,加上能力有限,书中难免存在一些疏漏和错误,恳请专家、同行以及使用这本教材的广大师生能够不吝赐教,提出宝贵意见。

孙向阳

2019年12月

目　录 Contents

上篇　写　作

下篇　沟　通

上篇　写作

第一讲　党政机关公文写作

党政机关公文是党政机关实施领导、履行职能、处理公务的具有特定效力和规范格式的文书，是传达党和国家方针政策，公布法规和规章，指导、布置和商洽工作，请示和答复问题，报告、通报和交流情况等的重要工具。

党政机关公文有如下特点：①作者的法定性。党政机关公文的作者是法定机关，即依法成立并能以自己的名义行使权力和承担义务的组织。②读者的特定性。公文的读者具有特定性，有的公文的读者是特指的受文机关，有的公文的读者是社会的全体成员。③功能的权威性。党政机关公文是党政机关治国理政的重要工具，它是依法制定与发布的，具有法定的权威性。一旦颁布，便具有法定效力，受文单位必须严格遵守或执行。④格式的规范性。与一般的公文不同，党政机关公文具有特定的格式规范和要求，必须符合《党政机关公文处理工作条例》(简称《条例》)和《党政机关公文格式》(简称《格式》)中的相关规定。⑤语言的严谨性。党政机关公文是代表党政机关立场说话的，语言必须严谨庄重。制作公文的目的是传达发文机关的意图，需简洁明了，准确严肃。

《党政机关公文处理工作条例》第八条规定，党政机关公文共有15种：①决议。适用于会议讨论通过的重大决策事项。②决定。适用于对重要事项做出决策和部署、奖惩有关单位和人员、变更或者撤销下级机关不适当的决定事项。③命令(令)。适用于公布行政法规和规章、宣布施行重大强制性措施、批准授予和晋升衔级、嘉奖有关单位和人员。④公报。适用于公布重要决定或者重大事项。⑤公告。适用于向国内外宣布重要事项或者法定事项。⑥通告。适用于在一定范围内公布应当遵守或者周知的事项。⑦意见。适用于对重要问题提出见解和处理办法。⑧通知。适用于发布、传达要求下级机关执行和有关单位周知或者执行的事项，批转、转发公文。⑨通报。适用于表彰先进、批评错误、传达重要精神和告知重要情况。⑩报告。适用于向上级机关汇报工作、反映情况，回复上级机关的询问。⑪请示。适用于向上级机关请求指示、批准。⑫批复。适用于答复下级机关请示事项。⑬议案。适用于各级人民政府按照法律程序向同级人民代表大会或者人民代表大会常务委员会提请审议事项。⑭函。适用于不相隶属机关之间商洽工作、询问和答复问题、请求批准和答复审批事项。⑮纪要。适用于记载会议主要情况和议定事项。

第一节 通知与通报

任务一 通知的写作

任务目标

了解、熟悉通知的概念、特征等基本知识;
掌握通知的结构形态和写作要求,锻炼、提高写作通知的能力。

知识要点

一、通知的含义

《条例》规定:通知"适用于发布、传达要求下级机关执行和有关单位周知或者执行的事项,转批、转发公文"。

二、通知的特点

1. 应用的广泛性

通知的使用范围非常广泛。在发文机关方面,上至最高的行政机关,下至基层单位,都可以用通知行文;在内容方面,大到全国性的重大事项、行政法规,小到单位内部告知一般事项,都可用通知行文。

2. 内容的周知性

通知的功能十分明显,即有周知性。通知用于传达信息、告知事项,或要求办理、遵照执行,因此具有周知性。但是,要明确认识的是,通知只对主送机关范围中的对象有周知性。

3. 明确的指导性

通知在发布规章、布置工作、转发文件时,都明确阐述处理问题的原则和具体措施、方法,如需要做什么事、怎么做、达到什么要求等。这说明通知具有指导功能。

4. 明显的时间性

在党政机关公文中,通知的时间性是非常强的,通知事项或要求办理的事情,往往都有很强的时间要求,有的通知,如会议通知,只在指定的时间内有效。

三、通知的类型

1. 发布性通知

这类通知主要是用于发布一些行政法规、规章制度、办法、措施等。当这些文件不适宜用命令(令)发布时，往往用通知行文，标题中常常出现“印发”两字。如《国务院关于印发促进大数据发展行动纲要的通知》《国务院关于印发三网融合推广方案的通知》。

2. 批转性通知

这类通知主要指的是上级机关根据工作需要和本机关的职权范围，批准并转发下级机关的公文。上级机关所批转的公文必须是来自所属的下级机关的，被批转的公文是通知正文的一部分。如《国务院批转发展改革委关于2015年深化经济体制改革重点工作意见的通知》。通知的发文机关是国务院，其下发的通知文件是发展改革委制定的《关于2015年深化经济体制改革重点工作意见》，而发展改革委是国务院的下属单位，因此用批转性公文。再比如《国务院关于批转财政部权责发生制政府综合财务报告制度改革方案的通知》。

3. 转发性通知

这类通知主要指的是转发上级机关、平级机关和不相隶属机关的通知，例如《××省人民政府转发国务院关于加强出入境中介活动管理的通知》(转发上级机关的文件)；《国务院办公厅转发国务院体改办等部门关于城镇医药卫生体制改革指导意见的通知》(转发平级机关的文件)；《××省人民政府办公厅转发省政协办公厅关于贯彻省有关发展个体私营经济的〈决定〉、〈条例〉情况的调查和建议的通知》(转发不相隶属机关的文件)。

批转文件与转发文件的区别在于所转发的文件来源不同。对于下级机关的文件，应加以批准、认可然后转发下去；对于上级机关、平级机关和不相隶属机关的文件则无权批准，只起传达作用。

4. 指示性通知

又称布置性(部署性)通知、工作通知。是上级机关对下级机关布置任务、指示和安排工作时使用的一种下行文。其内容是布置任务、部署工作、交代方法、阐明原则，指导性较强。如：《国务院关于加强出入境中介活动管理的通知》《××市人民政府关于实行住房货币分配有关问题的通知》《××市人民政府办公厅关于开展全市安全生产大检查的通知》。

5. 告知性通知

又称知照性通知。主要用于向有关单位或群众告知某件事件，转达信息，交代事项。如《国务院办公厅关于国庆节放假的通知》。

6. 任免通知

它是任命或者免除工作人员职务的一种通知。如《××市人民政府关于任免×××等同志职务的通知》。

7. 会议通知

这类通知指的是专门为召开会议而发布的通知。会议通知一般要求交代召开会议的目的、意义、时间、地点，会议的主要内容、参会人员以及对与会者的要求。

四、通知的结构和写法

通知一般由“标题＋主送机关＋正文＋落款”组成。

1. 标题

通知的标题可采用完全式，写明发文机关、公文主题和文种，以示庄重，如《国务院办公厅关于加强旅游市场综合监管的通知》。如果标题字数过多，可省略发文机关名称，使标题获得语言简练、主题突出的效果，如《关于2016年3月国债、财政部代办兑付的地方政府债兑付兑息有关事宜的通知》。对公文主题的揭示，应当力求准确、简明、概括。需要强调的是，通知的省略式标题不能省略事由。

标题的文种名称前面加说明文字。在下列三种情况下，均可在标题的文种名称前加上一定的说明性文字：

一是通知的事项十分紧急，可加"紧急"二字，如《关于加强灾后防疫工作的紧急通知》《关于认真做好中纪委、中组部换届风气督导组来我县开展督导工作有关事项的紧急通知》；

二是通知是由多个机关单位联合发出的，可加"联合"二字，如《××市税务局等部门关于开展税收财务物价检查工作的联合通知》；

三是继前一段公文发出后因故须再发一个补充通知时，通常将"补充"二字写在文种名称前，如《关于2016年重点工作安排的补充通知》。

以上所述只是公文标题写作的一般要求，批转、转发通知的标题，下文将详细说明。

2. 主送机关

通知均应标明主送机关，以利于通知事项、要求的办理、执行。

主送机关的名称一般用全称，也可用规范的简称。如主送机关为多个同类型机关，则用其统称。如市级机关向下一级多个同类型机关发文，其主送机关就写成"各区、县人民政府，市级各部、委、局，各直属机构"。不可用笼统不明的泛称，如"各有关单位"。

3. 正文

批转、转发性通知的正文内容有比较固定的格式，后文专门讲述。一般通知正文内容的结构是：发文缘由＋通知事项＋结尾。

(1)发文缘由

这一层通常以一个自然段完成：或简述形势、背景、基本情况；或直接点明通知的根据、原因及目的；或对通知主要内容作"导语"式的概述。段末往往采用"现将有关事项通知如下""现作如下通知""特通知如下"之类的语句作为段落过渡语承上启下。

(2)通知事项

这是正文的主体和实体部分，是对通知内容进行具体阐述。这一层次的写作必须要求明确，交代具体。其基本构成是：布置任务，阐明工作原则，拟订方法措施，交代注意事项。通知事项简单，可采用一段式。通知事项较多时，可采用条款式。

(3)结尾

结尾通常用以提出本通知的执行要求。执行要求有三种写法：务实型、务虚型和套语型。

"务实型"要求是落实办理具体事务的执行要求，这一类型的结束语，是将执行要求单独列出，然后分条列项阐述。

"务虚型"要求则是以发出号召、提出希望、加以强调的形式，对本文件的执行做宏观的大原则的要求。如《关于在小学减轻学生过重负担的紧急通知》，其结束语"各地要立即行动起来，采取有效措施，切实把小学生的过重负担减下来。同时，要遵照本《通知》精神，做好减轻中学生过重负担工作"，提出的就是务虚型要求。

"套语型"要求的写法是以模式化的结尾语表明执行要求及方式，如"以上各点，望遵照执行""请认真贯彻落实"或"参照执行"之类。

4. 落款

落款即发文机关署名,印章和日期。

五、通知的注意事项

1. 下发切忌随意

由于发布通知是要求所属单位贯彻执行或者周知的,它的目的在于指导和推动工作得以深入开展,因此,要注意发布的必要性,讲求实效,严禁随意滥发。

2. 内容明确具体

各种通知的通知事项和执行要求都必须写得明确具体,以利于受文者的理解和执行。这一要求也体现在标题的拟写上,作为法定公文的通知的标题不宜省略“公文主题”部分,以使读者一目了然。

3. 力求简明有序

通知不宜长篇大论,应力求精简。内容稍复杂的通知宜采用分条列项式结构,以求层次的条理化;简短的通知虽可不用条列式写法,但必须层次井然,眉目清楚。

例文分析

【例文 1-1-1-1】

国务院关于印发全国海洋主体功能区规划的通知

各省、自治区、直辖市人民政府,国务院各部委、各直属机构:

现将《全国海洋主体功能区规划》印发给你们,请认真贯彻执行。

国务院

2015年8月1日

全国海洋主体功能区规划(略)

【例文 1-1-1-2】

国务院办公厅印发关于支持戏曲传承发展若干政策的通知

各省、自治区、直辖市人民政府,国务院各部委、各直属机构:

《关于支持戏曲传承发展的若干政策》已经国务院同意,现印发给你们,请结合实际认真贯彻执行。

国务院办公厅

2015年7月11日

关于支持戏曲传承发展的若干政策(略)

例文评析:以上两篇范文都是发布性通知。标题由发文机关、印发、事由和文种组成。

正文内容比较固定，由印发语＋执行语组成，“现将……印发给你们，请认真贯彻执行”“……已经国务院同意，现印发给你们，请结合实际认真贯彻执行”。发布的文件《全国海洋主体功能区规划》《关于支持戏曲传承发展的若干政策》附在落款后面，作为通知的一部分。

任务实施

××××年3月28日××省教育厅为了贯彻落实××××年度教育部科技工作会议和全省教育工作会议精神，部署××××年高校科技工作，推进高教强省科技相关子计划的实施，决定召开××××年度全省本科高校科技工作会议。会议内容是传达××××年度教育部科技工作会议精神，总结××××年和部署××××年全省科技工作，部署推进高教强省科技相关子计划的实施，××××要求各校介绍本校科技工作经验（每校限8分钟）。参会人员为本科高校主管校长、科技处处长、社科处处长。会议时间为××××年4月6日上午9:00，会期一天，会议地点在××省教育厅培训中心12楼会议室。报到时间：××××年4月6日上午8:30。报到地点在××省教育厅培训中心301室，外地参会人员可在××省教育厅培训中心住宿。联系人：×××；电话：××××-×××××××××。

请根据以上材料，以××省教育厅的名义拟写一份会议通知。

任务指导

会议通知，一般要写明召开会议的原因或目的、会议名称、主要议题、会议时间与地点、报到时间与地点、到会人员、到会者需准备的材料、差旅费报销方法、联系单位、联系人与联系方式，有的通知还附上会议日程安排等。

参考范文

××省教育厅关于召开××××年度全省本科高校科技工作会议的通知

各本科高校：

为贯彻落实××××年度教育部科技工作会议和全省教育工作会议精神，部署××××年高校科技工作，推进高教强省科技相关子计划的实施，我厅决定召开××××年度全省本科高校科技工作会议。现将有关事项通知如下：

一、会议内容

（一）传达××××年度教育部科技工作会议精神；

（二）总结××××年和部署××××年全省科技工作；

（三）部署推进高教强省科技相关子计划的实施；

（四）各校介绍本校科技工作经验（每校限8分钟）。

二、参会人员

各本科高校主管校长、科技处处长、社科处处长。

三、报到时间、地点

(一)报到时间：××××年4月6日上午8:30。

(二)报到地点：××省教育厅培训中心301室，外地参会人员可在省教育厅培训中心住宿。

四、会议时间、地点

(一)会议时间：××××年4月6日上午9:00，会期一天。

(二)会议地点：××省教育厅培训中心12楼会议室。

联系人：×××；电话：××××-×××××××××。

××省教育厅

××××年3月28日

能力提升

一、改错

阅读下文，指出本文的错误，并说明理由。

关于××市××区教育局召开勤工俭学工作会议的通知

为了深入贯彻教育部教发〔××××〕××号及××市人民政府×政〔××××〕××号文件精神，全面推进素质教育，不断提高勤工俭学服务于教育的水平和质量，区教育局决定召开××区勤工俭学工作会议。

一、会议时间

201×年3月17日。

二、会议地点

区教育局七楼会议室。

三、参加对象

各乡镇中心学校、直属高中、民办学校有关领导，校办企业负责人。

四、会议内容

(一)总结××区200×年勤工俭学工作，部署201×年工作任务。

(二)签订201×年校办企业安全生产综合目标管理责任书。

(三)表彰先进。

五、差旅费自备，回单位报销。

请各与会人员安排好工作，按时参加会议。

201×年3月14日

二、材料写作

请根据以下材料写一份会议通知。

根据上级关于食品加工行业的卫生状况进行一次全面大检查的通知精神，××县卫生局决定召开食品加工卫生工作会议，部署卫生检查工作，于2014年6月1日发出会议通知。通知会议时间为6月5日—6日两天，报到时间为6月4日下午3—5点，报到地点在县第一招待所。要求参加人员范围是：全县各类食品加工单位各一名负责人，各乡、镇及县工商联派一名代表列席会议。另说明住宿费用可回单位报销，伙食费个人自理，按有关财政规定给予补助。

任务二　通报的写作

任务目标

了解、熟悉通报的概念、特征等基本知识；

掌握通报的结构形态和写作要求，锻炼、提高写作通报的能力。

知识要点

一、通报的含义

通报适用于表彰先进、批评错误、传达重要精神和告知重要情况。通报的应用范围也比较广泛，可以用来表扬好人好事；也可以用来批评错误，总结经验教训；还可以用来互通情况，传达重要精神，沟通交流信息。

二、通报的特点

1. 功能的引导性

无论是表彰性通报、批评性通报还是情况通报，都对一定范围内的单位或个人有所示范、有所教育、有所警戒，即通报有着显著的教育功能，其告诫和要求的方式是加以引导。

2. 内容的典型性

通报通过典型事例达到启发式教育的目的，告诫人们应该注意什么问题，发扬什么精神，克服什么倾向，来改进和推动工作。通报的内容必须是重要的，典型的。

3. 事实的准确性

通报的内容必须以事实为依据，而且通报的事实必须准确、真实。

4. 行文的及时性

无论是表彰先进、批评错误，还是传达精神、沟通信息，通报都必须抓住时机，及时行文，只有这样，通报才能够发挥其教育和指导作用，时过境迁的通报就没有意义了。

三、通报的类型

根据不同的内容性质和写作目的，通报可以分为三大类。

1. 表彰性通报

用于在一定范围内表彰先进人物、先进集体及其先进事迹，以此激励、调动积极性和推广先进经验。

2. 批评性通报

这类通报还可细分为批评错误通报和处理事故通报。前者用于在一定范围内批评、惩处犯错误的人、单位或批评不良倾向。如《中国人民银行关于10家金融机构违反“约法三章”处理情况的通报》所批评处理的就是具有典型性的严重违纪单位。后者用于处理重大事故。发批评通报，不宜针对小错误、小事故，而须针对后果严重的错误和事故。

3. 情况通报

适用于传达重要精神和告知重要情况。从其用途即可知其尚可细分为两种：侧重传达精神的指导性情况通报，侧重知照情况的介绍性情况通报。前者要针对所通报的情况进行分析并提出意见和要求，如《国务院关于克服官僚主义进一步转变工作作风提高办事效率有关问题的通报》，在对国务院某些部门存在的突出问题作了陈述和分析之后，提出了解决问题的若干“精神”（即方针性、指导性要求）。后者重在向下级单位介绍某些重要信息、情况，不作详尽分析，也不提出具体要求。

四、通报的结构和写法

通报主要由“标题＋主送机关＋正文（附件）＋落款”组成（见表1-1）。

1. 标题

标题一般都是由发文机关、事由和文种组成。不同类型的通报，标题略有不同。表彰性通报，标题中往往会带有“表彰”二字，例如《国务院关于表彰国家科委等单位长年深入基层开展扶贫工作的通报》；处理事故的批评性通报的标题，可在文种名称前加“处理”二字，如《××××关于化学系实验室漏水事故的处理通报》；情况通报的标题可在文种名称前缀以“情况”一词，如《××××关于近期纪检工作的情况通报》《广州市住房和城乡建设委员会关于2015年度建筑节能与绿色建筑设计质量专项检查情况的通报》。

2. 主送机关

大多数通报都有主送机关，少数普发性通报可以不写主送机关。

3. 正文

不同类型的通报，正文内容的写法是有所区别的。但正文的基本结构，大多包括通报缘由、通报事项（表扬、批评或情况）、分析（精神、意义等）、决定（表彰或批评、处分等）、希望和要求这几个方面。

（1）表彰性通报

正文内容一般分为四部分。第一部分，叙述先进事迹，主要是什么人或者单位，在什么时间做了什么事情，取得什么成绩或者效果。第二部分，分析先进事迹的性质、意义、精神等。第三部分，对先进人物或单位做出表彰决定。第四部分，提出希望和要求，号召向先进人物或单位学习等。

(2)批评性通报

批评性通报主要包括两种，一种是对个人的批评性通报，写法同表彰性通报基本一致，先写出错误事实，然后在分析评论的基础上写出对当事人做出的决定，最后提出希望和要求，让大家吸取教训，引以为戒。另一种是对国家机关或者集体的批评性通报。这种通报旨在通过恶性事故的性质、后果，特别是酿成事故的原因的分析，总结教训，提出告诫、改进整顿措施，从而达到指导工作的目的。正文一般包括叙述事实、分析原因、做出决定、提出要求和改进措施等等。

(3)情况通报

情况通报的正文内容，一般包括：叙述情况；分析情况，阐明意义；提出指导性意见。写情况通报时要注意叙述事实的六要素：什么人或哪些人、什么时间、什么地方、做了什么事情、为什么做、后果是什么。要注意叙述的顺序和详略，一般先写重要情况，后写次要情况。如果是事故通报，可采取倒叙形式，先写事故造成的重大损失，再写事故的发生、经过以及处理情况。

表1-1　通报结构一览表

内容种类	表彰性通报	批评性通报	情况通报
情况缘由	缘何发通报，或叙述主要事迹（时、地、人、事等要素）	缘何发通报，或公布错误事实（时、地、人、事等要素）	介绍情况或传达重要精神
分析评价	评价意义、重要性、经验等	分析根源、危害性、教训等	表明意见和态度
决定事项	表彰及奖励决定	处理、处分决定	
希望要求	号召学习先进榜样，弘扬精神	要求吸取教训，引以为戒	努力方向，改进的措施

4. 落款

落款即发文机关署名、印章和日期。

五、通报的注意事项

1. 事实准确、完整

这是通报写作的第一要义。有关事实的六要素、有关事件的全过程、有关单位和人物的基本情况，都要写得准确、完整。应平实地概述，不宜详述或描写，更不能夸张、渲染。

2. 议论精当、简明

表彰性、批评性通报要对通报对象作评价、定性，情况通报要对通报的情况作估计、判断，因而必须运用议论方法进行分析、归纳。但是不宜像议论文那样写出严谨完整的推论过程，可省去细致的论证，由确凿的论据（有关事实或情况）直达合理论点（定性结论和执行要求）。

3. 措施恰当、具体

对表彰、批评对象做出的决定、处理，对有关精神和情况提出的看法和对策，都应恰切适当（有关政策依据、事实根据和科学根据）并具体可行。

例文分析

【例文1-1-2-1】

广州市住房和城乡建设委员会关于
2015年度建筑节能与绿色建筑设计质量专项检查情况的通报

各有关单位：

根据《民用建筑节能条例》《广东省民用建筑节能条例》和《广州市绿色建筑与建筑节能管理规定》以及国家和省建设行政主管部门的工作要求，为进一步加强我市建筑节能与绿色建筑管理工作，我委在各施工图审查机构开展自查的基础上，于7月组织开展了全市民用建筑项目的建筑节能与绿色建筑设计质量专项检查。现将检查的主要情况通报如下：

一、总体情况

本次专项检查共抽查了36个项目的施工图设计文件，包括14个居住建筑，22个公共建筑项目，涵盖绿色建筑一星、二星和三星等所有等级，涉及全市所有施工图审查机构。项目检查结果表明我市建筑节能和绿色建筑设计质量总体情况良好，具体表现在：

一是设计审查进一步规范。各施工图审查机构将绿色建筑和建筑节能的设计内容纳入审查范围，所有受检项目均提交了绿色建筑和建筑节能设计说明专篇、计算书等迎检材料。

二是设计质量有了明显提升。受检项目中未发现违反建筑节能强制性标准和绿色建筑评价标准控制项的情况，设计单位对绿色建筑项目均进行了深化设计。

三是建设单位进一步提升了对绿色建筑的认识，建设高星级绿色建筑的积极性有所提高。受检项目中按二星及以上标准设计的项目5个，占比14%，且设计质量优于其他项目。

二、存在问题

本次检查中也发现我市建筑节能与绿色建筑设计和审查方面仍存在一些共性和个性问题，具体表现在：

一是部分项目设计表达需进一步细化。如电气专业施工图中功能房间照明质量指标取值笼统，给排水专业施工图中关于非传统水源安全用水的说明阐述不清，节水器具选型不够明确。

二是专业设计的局部内容需进一步深化。如部分项目的绿色建筑指标计算书、环评报告等资料不全，需二次深化设计的专业未明确绿色建筑控制指标和措施。

三是个别项目对相关政策法规的执行尚不到位。如个别公共建筑项目未按相关规定安装用电分项计量装置。

三、处理意见

（一）中船龙穴基地工人宿舍区B-1#楼等4个项目设计文件质量较好，满足建筑节能设计标准和绿色建筑评价标准各项要求，对上述项目的建设单位、设计单位和施工图审查机构予以通报表扬（详见附件1）。

（二）彭上商务中心项目未进行用电分项计量设计，违反《民用建筑节能条例》第十八条，花都区秀全中心新校区建设工程1#科技综合楼的施工图未严格落实绿色建筑设计措施，对上述项目的建设单位、设计单位和施工图审查机构给予通报批评，记入企业诚信档案（详见附件2），由市建筑节能与墙材革新管理办公室（以下简称市节能墙革办）督促相关单位完成整改，在8月30日前将整改意见报我委建筑节能与科技设计处。

（三）其他项目检查发现的一般性问题由市节能墙革办反馈给建设单位，由建设单位督促施工图审查机构和设计单位对设计文件修改完善并抓紧申报绿色建筑设计标识。

（四）各有关单位要进一步加强建筑节能、绿色建筑政策法规和技术标准的学习贯彻，增强绿色节能意识和实施能力。

附件：1. 2015年建筑节能与绿色建筑设计质量专项检查优秀项目清单

2. 2015年建筑节能与绿色建筑设计质量专项检查整改项目清单

广州市住房和城乡建设委员会

2015年8月24日

例文评析：这是一则情况通报，正文内容的前言部分，是通报的背景，然后用“现将检查的主要情况通报如下”这一过渡句引出通报的具体事项。正文内容的第二部分，按照“总体情况”“存在问题”“处理意见”三个层次安排。附件是优秀项目和整改项目清单。落款是发文机关广州市住房和城乡建设委员会（印章）和成文日期。

任务实施

××××年××月××日××省人民政府办公厅拟给其所辖的各市、县人民政府，省政府各有关直属单位发一份通报。

内容是党中央、国务院和省委、省政府曾就切实加强学校安全工作作出指示，要求认真汲取××市××特大山洪灾害教训，及时消除中小学校各类事故隐患，确保汛期中小学校学生安全，省政府组成安全检查组，于××××年××月××日至××日对全省13个地市及农垦、森工系统中小学校的安全工作进行了全面检查。

根据检查情况，总体看来全省中小学校学生安全工作形势是好的。各级政府、各有关部门和中小学校重视中小学生安全工作，成立了组织机构，明确了各级政府主管领导和教育部门主要领导要负总责、亲自抓，制定了汛期学校安全工作方案，层层签订了责任状，建立了中小学校汛期安全工作保障机制。多数地方政府组织相关部门，对本地区的中小学校进行了一次汛期安全工作大检查，并对检查出的问题认真进行了整改。

自××月××日以来，各级政府及教育部门汲取××市××特大山洪灾害教训，编制、完善了水灾、火灾、食物中毒等突发事件应急预案，并结合本地实际，组织师生进行了演练。有些学校将安全常识编进教材，利用学校展会和课间操时间对学生进行安全教育，使广大师生的安全意识得到进一步提高。但是，通过这次检查也发现了一些问题：一是一些地方安全责任制没有得到有效落实……二是一些学校的D级危房仍在使用……三是个别学校所处地理位置存在极大的安全隐患……四是大部分学校消防设施、设备缺乏，消防工作不规范，安全管理工作存在死角……五是一些学校没有落实饮食卫生管理有关规定要求……

××省政府要求各地要针对这次检查中发现的问题，结合汛期提前、洪灾多发，特别是暑期将至的实际，进一步做好以下五方面工作：一、进一步抓好学校安全工作责任制的落实……二、进一步加强学校危房的安全防范措施……三、进一步加大事故隐患整改力度……四、进一步提高学校安全工作管理水平和突发事件应急能力……五、切实加强对学生户外活动和游泳安全的管理……

根据以上任务情景的描述，以××省人民政府办公厅的名义拟写一份情况通报。

任务指导

通报要注意材料的典型性。只有典型的材料才具有指导、激励作用和警示意义。要注意通报行文的时效性。发文机关要及时地将先进的经验、优秀的人物向社会予以推广；对错误的言行和事故要及时地予以批评，起到教育警醒的作用；对重要的情况要迅速地予以通报，才能更好地指导工作。注意评价的准确性。对通报所涉及的人和事，要实事求是、客观公正地进行分析与评价，不可故意拔高或贬低。所做出的奖惩决定也要恰如其分。注意表达的恰当性。通报在表达方式上以叙述为主，兼用议论和说明，在行文时要注意叙议结合、详略得当、主题突出。

参考范文

××省人民政府办公厅关于农垦和森工系统中小学校安全检查的情况通报

各市、县人民政府，省政府各有关直属单位：

为贯彻落实党中央、国务院和省委、省政府关于切实加强学校安全工作的指示精神，认真汲取××市××特大山洪灾害教训，及时消除中小学校各类事故隐患，确保汛期中小学校学生安全，省政府组成安全检查组，于××××年××月××日至××日对全省13个地市及农垦、森工系统中小学校的安全工作进行了全面检查。总体看来，全省中小学校学生安全工作形势是好的。各级政府、各有关部门和中小学校重视中小学生安全工作，成立了组织机构，明确了各级政府主管领导和教育部门主要领导要负总责、亲自抓，制定了汛期学校安全工作方案，层层签订了责任状，建立了中小学校汛期安全工作保障机制。多数地方政府组织相关部门，对本地区的中小学校进行了一次汛期安全工作大检查，并对检查出的问题认真进行了整改。自××月××日以来，各级政府及教育部门汲取××市××特大山洪灾害教训，编制、完善了水灾、火灾、食物中毒等突发事件应急预案，并结合本地实际，组织师生进行了演练。有些学校将安全常识编进教材，利用学校展会和课间操时间对学生进行安全教育，使广大师生的安全意识得到进一步提高。但是，通过这次检查也发现了一些问题。经省政府领导同意，现将检查中发现的问题通报如下：

一是有些地方安全责任制没有得到有效落实……

二是一些学校的D级危房仍在使用……

三是个别学校所处地理位置存在极大的安全隐患……

四是大部分学校消防设施、设备缺乏，消防工作不规范，安全管理工作存在死角死面……

五是一些学校没有落实饮食卫生管理有关规定要求……

各地要针对这次检查中发现的问题，结合我省汛期提前、洪灾多发，特别是暑期将至的实际，进一步做好以下五方面工作：

一、进一步抓好学校安全工作责任制的落实……

二、进一步加强学校危房的安全防范措施……

三、进一步加大事故隐患整改力度……

四、进一步提高学校安全工作管理水平和突发事件应急能力……

五、切实加强对学生户外活动和游泳安全的管理……

××省人民政府办公厅

××××年××月××日

能力提升

一、病文改错

阅读下文，指出本文的错误，并说明理由。

××市人民政府办公室通报

全体市民：

根据反映得知，近日来本市部分地区有一种令人人心惶惶的传说，称原流行于某国的恶性传染病登革热已传入本市，并已造成30人死亡。经本市防疫部门证实，这是完全没有任何事实根据，本市至今未发生过一起登革热的病例。经核查现已查明，这一消息源于本市《晨报》一二年4月1日的一则"愚人节特别报道"。《晨报》这种不顾国情照搬西方文化极不严肃的做法是非常错误的，已经给全市人民的稳定生活带来了极其恶劣的影响。目前有关部门已对本报作出停刊整顿并责令其负责人深刻检查等待纪律处分的处理。有关单位应吸取这一教训，采取措施以予杜绝。

××市人民政府启

2012年4月

二、材料写作

请根据如下材料，整理之后拟写一份通报。

中国人民银行××分行发出一份关于元旦期间银行系统安全保卫工作情况的通报。收文对象是中国人民银行各县、市支行。通报内容根据抽查部分县市支行汇报和三级分行的全区库款、机关院内、职工人身三安全的情况，首先做有关情况通报，包括：①党组织重视。②健全各项规章制度，并检查、督促、落实。③进一步重申了枪支弹药要专人保管、专人放置。④元旦前对大部分县行做了节前安排，节日期间检查，节日后有书面汇报，表扬做得好的县市。

第二节　报告与请示

任务一　报告的写作

任务目标

了解、熟悉报告的概念、特征等基本知识；

掌握报告的结构形态和写作要求，锻炼、提高写作报告的能力。

知识要点

一、报告的含义

报告适用于向上级机关汇报工作、反映情况，回复上级机关的询问。报告是陈述性的上行文，它能够使上级机关及时了解下情，掌握其工作情况，听取下级机关对某方面工作的意见或建议，从而更好地指导下级机关的工作。

二、报告的特点

1. 行文的单向性

报告是下级机关向上级机关汇报工作、反映情况时使用的单方向上行文，一般不需要上级机关给予答复，这是与请示最明显的区别。

2. 内容的真实性

报告是就本地区、本单位、本部门工作或者实际发生的某些情况向上级机关所做的汇报，必须以事实为依据，有喜报喜，有忧报忧，不夸大成绩，也不掩饰问题，所写的报告必须是真实可信的。

3. 功能的沟通性

报告起着下情上达的作用。上级通过下级提供的信息，能够对下级有所了解，实现上下沟通、密切关系。

4. 表达的陈述性

报告是以叙述和说明为主要表达方式的公文，所采用的语言是陈述性质的，要简明扼要，准确无误。

三、报告的类型

按照性质来分，可以分为综合报告和专题报告两大类。

1. 综合报告

这种报告的写法通常是上一个阶段工作情况的全面汇报与下一个阶段的工作计划相结合，是工作汇报与工作计划的结合体。这样，上级领导不但可以了解已经完成的工作的情况，还可以了解新的工作的打算和安排。有的综合性工作报告也可以只汇报工作情况。

2. 专题报告

专题报告是就某一专项工作向上级机关进行汇报。一事一报，篇幅不长。

按照用途来分，可以分为工作报告、情况报告、答复报告和报送报告。

1. 工作报告

这类报告主要指的是汇报工作的报告。即下级机关单位向上级汇报某一阶段工作的进展情况、工作成绩、经验、存在的问题以及下一阶段的工作安排和设想打算。

2. 情况报告

这类报告主要指的是向上级机关反映情况的报告。汇报的情况一般是重大情况、特殊情况或者出现的新动向。

3. 答复报告

这类报告主要指的是答复上级机关询问事项的报告。

4. 报送报告

这类报告主要指的是向上级机关报送物件或者有关材料的报告。

从发文方式的角度划分，报告可分为呈报式报告和呈转式报告。

1. 呈报式报告

主要是指向上级机关汇报工作、反映情况的报告，这是一般国家机关使用最多的一种形式。

2. 呈转式报告

比呈报式报告的内容要复杂一些。这种报告除去向上级汇报工作以外，还要提出意见和建议，并请求上级机关批准和要求其他有关部门照此意见和建议执行。这种报告的名称，实际上也包括了这样两层意思：一是“呈”，一个是“转”。“呈”在这里的意思是“上报”与“汇报”，“转”在这里的意思是“转批”。

四、报告的结构和写法

报告的基本结构由“标题＋主送机关＋正文＋落款”组成。

1. 标题

报告的标题一般由发文机关、事由和文种组成，如《中国人民银行××市支行关于国家债券发行情况的报告》《铁道部关于193次旅客快车发生重大颠覆事故的报告》《达县人民政府关于达县河市镇两企业污染环境及调查处理的情况报告》。报告的标题也有省略发文机关的省略式标题，如《关于国务院各部门清理法规的情况和今后意见的报告》《关于2015年春季重大动物疫情防控工作的报告》《关于307国道××段立交桥积水堵车的情况报告》。

2. 主送机关

报告属于报请性上行文，主送机关一般只能有一个，即负责受理报告的上级机关。特殊情况下可以有多个，如在事情紧急需要多级领导机关尽快知道灾情、疫情时。另外，除了上级机关负责人直接交办的事项外，不得以机关名义向上级机关负责人报送报告。一般不得越级报告。

3. 正文

报告的正文一般由报告缘由、报告事项和结束语三部分组成。

报告缘由：以概括性语言简要说明报告的背景、主要内容和结论等。段末常用“现将有关情况报告如下”等过渡语引出报告事项。

报告事项：此部分是报告的实体内容。其基本构成大致为：工作（情况）陈述及分析、经验或教训总结、处理措施或今后的计划。一般宜采用分列式结构，分条列项安排内容，务求层次井然、条理清楚。

结束语：通常以“特此报告”“特此报告，请审阅”“以上报告，请审查”，或“以上报告如有不妥，请指正”等惯用尾语作结。

4. 落款

即发文机关署名、印章和日期。

五、报告的注意事项

1. 如实反映

下情上报必须真实确凿，报告不实将导致上级决策失误，影响大局。汇报成绩时不能虚报夸大，反映问题时不能文过饰非，应以具体情况和确切数据为主要内容，如实直陈。

2. 重点突出

在结构上要注意内在的一个要求，详略结合，重点突出。重要的层义一定要突出，放在前面讲，认真论述。重点材料也要放在前面叙述，还要详细地写。作为报告，往往所写的事情本身是典型的。这一事例中的材料，要将其中能说明问题和主旨的重点，详细地展开来。这样，就能达到点面结合的要求。

3. 精当分析

对情况、事实的分析、判断必须采取“去粗取精、去伪存真、由此及彼、由表及里”的态度和方法，力求抓住本质；在提出解决办法和意见时，要有的放矢、切实可行，力避泛泛空谈。同时切记简明扼要，不可将公文写成议论文。这一要求与如实反映要求是相互依存的关系，必须将两者结合起来，不能只讲道理而不举具体事例，那将使报告内容空泛；也不能满足于罗列事实，堆砌材料而不总结升华，那样的报告十分肤浅。

4. 点面结合

“点”是重点和典型的具体事例，“面”是宏观情况或工作全局。在报告的写作中，不能烦琐罗列具体事例，也不能只作全面情况的概述，而应根据发文主旨以典型事例凸显重点，以概况略述展示全局，详略得当地安排材料，使报告既有深度又有广度。

例文分析

【例文1-2-1-1】

××乡人民政府关于发展民俗产业的报告

市政府:

根据市政府《关于进一步发展民俗产业的决定》精神,我乡积极探索山区新农村建设的途径,确定以桃花沟、刘家营、三水塘村为南线民俗旅游重点村,现将我乡发展民俗产业计划报告如下:

一、具体思路

(一)培育特色民俗村。(略)

(二)整体规划民俗村。(略)

(三)开发采摘园。(略)

(四)挖掘艺术特色。(略)

二、预期目标(略)

特此报告。

××乡人民政府

××××年×月×日

例文评析:这是一篇专题工作报告,报告的内容是向上级汇报某一方面工作的具体情况。标题用的是完全式标题,在标题的事由中显示出该报告汇报的工作是关于发展民俗产业的专项情况。主送机关是市政府,发文机关是××乡人民政府。很显然,主送机关和发文单位是一种直接的上下级关系,这刚好体现了报告这种公文收、发文单位之间的关系。该报告的正文开门见山,一开头便用一句话表明本工作报告的发文目的,随后从"具体思路""预期目标"两个方面进行工作汇报。限于篇幅,这里没有全文载入该报告内容,但是从载入的部分内容可以看出,该报告较好体现了专题性工作报告的写法,较好地达到了行文目的。

【例文1-2-1-2】

北京市文物局关于报送2016年度文物出、入境展览计划的报告

国家文物局:

贵局《关于请报送2016年度文物出、入境展览计划的通知》(文物博函〔2015〕2780号)收悉。经发文向全市相关单位征求意见并汇总,北京市2016年度出入境展览计划项目共有四项,其中:出境展览三项,分别是房山云居寺管理处报送的《中华文化奇迹—房山石经文化展》、北京市颐和园管理处报送的《颐和园慈禧珍宝展》与大钟寺古钟博物馆报送的《古钟拓片精品展》;入境展览一项,为中华世纪坛艺术馆报送的《博尔迪尼和"美好时代"——意大利19−20世纪绘画精品展》。现将2016年文物出、入境展览计划报上,请审阅。

特此报告。

附件:2016年文物出、入境展览计划

北京市文物局

2015年9月16日

(联系人:王静;联系电话:64042770)

例文评析:这是一篇报送报告,这类报告主要指的是向上级机关报送物件或者有关材料的报告。标题《北京市文物局关于报送2016年度文物出、入境展览计划的报告》,其中“报送”二字点明了报告的种类。开头是报告的原因,正文内容言简意赅,写出了报送的具体事项。结尾采用习惯用语“特此报告”,并有附件。附注处注明联系人和联系电话,以利于联系和工作的更好开展。

任务实施

××市人民政府为了贯彻《××省人民政府关于加快国有粮食购销企业改革和发展的意见》(×政发〔20××〕××号)精神,加快推进了国有粮食购销企业改革。经市政府研究,决定对××市第一粮库等10户国有粮食购销企实行放开经营,对××市第二粮库等4户国有粮食购销企业实行合并经营。拟将具体名单报告给××省政府办公厅。具体情况如下:实行放开经营的国有粮食购销企业有××市第二粮库,××市第一粮库,××县第二粮库,××县第四粮库,××县第二粮库、第三粮库,××县赵家粮库,××县新民粮库,××县伊汉通粮库,××顾乡粮库。实行合并经营的国有粮食购销企业有××市第二粮库(合并到第一粮库),××市小岭粮库(合并到平山粮库),××县龙泉粮库(合并到洼兴粮库),天增粮库(合并到万发粮库)。

请根据以上提供的材料,以××市人民政府的名义给××省政府办公厅写一份报告。

任务指导

报告是上行文,标题要用齐全式标题。正文由报告缘由、报告事项、报告结语构成。署名、署时要用全称,不能使用简称。特别要强调的是必须遵循一事一报的原则,在文种的选择上要注意报告与请示的区别,更不能生造如“请示报告”这样的“文种”。

参考范文

××市人民政府关于实行放开经营合并经营的国有粮食购销企业名单的报告

省政府办公厅：

根据《××省人民政府关于加快国有粮食购销企业改革和发展的意见》(×政发〔20××〕××号)精神，我市加快推进了国有粮食购销企业改革。结合我市实际，经市政府研究，决定××市第一粮库等10户国有粮食购销企业实行放开经营，对××市第二粮库等4户国有粮食购销企业实行合并经营。现将具体名单报告如下：

一、实行放开经营的国有粮食购销企业

××市第二粮库，××市第一粮库，××县第二粮库，××县第四粮库，××县第二粮库、第三粮库，××县赵家粮库，××县新民粮库，××县伊汉通粮库，××顾乡粮库。

二、实行合并经营的国有粮食购销企业

××市第二粮库(合并到第一粮库)，××市小岭粮库(合并到平山粮库)，××县龙泉粮库(合并到洼兴粮库)，天增粮库(合并到万发粮库)。

特此报告。

××市人民政府

20××年××月××日

能力提升

一、病文改错

阅读下文，指出本文的错误，并说明理由。

关于××高速公路塌方事故的报告

××市建设委员会：

××××年×月×日，××高速公路××路段发生塌方事故，造成一定的伤亡后果。事故发生前，桥面上发散有二三十名工人，已浇铸了近200立方的混凝土，而且违章施工，按照施工程序应分两次浇筑的混凝土却一次浇铸，估计事故原因是桥面负荷过重。事故发生后，近200名消防员、工地工人、公安干警到现场紧张抢救，抢救时间持续近28小时。据查，该工程承建商是××市市政总公司第一分公司。

特此报告。

××市政工程总公司

××××年×月×日

二、材料写作

请根据以下材料，整理之后以××市商务局的名义给××省商务厅拟写一份事故情况报告。

火灾发生于2014年12月20日凌晨2时40分，地点是××市晨光区购物大厦。相关情况为：经过两个多小时的扑救，于5时明火全部扑灭。该大楼二层经营的商品以及柜台、货架、门窗等全部烧毁，直接经济损失达50万元。造成此次重大火灾的直接原因，是二楼的一个个体裁剪户经二楼经理同意，从总闸自接线路，夜间没断电导致电线起火。这次火灾发生的原因，为该大楼领导对安全管理工作极不重视，内部管理混乱，安全制度不健全，违章作业严重等问题，造成了惨重的经济损失，教训十分深刻。对此次火灾的处理如下：火灾发生后，市政府、市商务局十分重视，三次派人员到事故现场调查，并对事故进行认真处理，责令该百货大楼二楼经理刘××停职检查，个体户李××罚款5000元，并听候进一步处理。今后要吸取的教训是切实加强对安全工作的领导，尤其加强对零售企业的安全管理，及时消除各种不安全的因素和隐患，为企业创造良好的经营环境。

任务二　请　示

任务目标

了解、熟悉请示的概念、特征等基本知识；

掌握请示的结构形态和写作要求，锻炼、提高写作请示的能力。

知识要点

一、请示的含义

请示是向上级机关请求指示、批准的公文。请示属于上行文，与报告不同的是，请示需要上级机关的答复。

二、请示的特点

1. 陈请性

请示是向上级机关请求指示和批准的公文，行文内容具有请求性。

2. 求复性

请示的行文目的是请求上级批准，解决某个具体问题，要求上级做出明确答复。

3. 超前性

请示行文时机具有超前性，必须在事前行文，等上级机关做出答复之后才能付诸实施。

4. 拟议性

请示绝非单纯提问的公文，不能只是向上级征询某事项应该“怎么办”，而须就某事项提出具体可行的拟议（建议、要求、方案等），请求上级予以定夺。

5. 单一性

请示事项具有单一性，要求一文一事。

三、请示的类型

请示主要有两种常用的类型，一种是请求指示的请示，一种是请求批准的请示。

1. 请求指示的请示

这类请示一般在以下几种情况下使用：一是涉及政策法规方面的疑难问题时；二是遇到新情况、新问题无章可循时；三是平行机关之间意见分歧，难以统一时。

2. 请求批准的请示

这类请示一般在以下三种情况下使用：一是所办之事缺乏人力、物力、财力；二是对要解决的问题负有责任但又不在自身权限范围之内；三是提出某一事项的解决方案，按照法定程序报请批准。

四、请示的结构和写法

请示一般由“标题＋主送机关＋正文＋落款＋附注”组成。

1. 标题

请示是典型的上行文，因此，单一机关行文时，标题使用发文机关＋事由＋文种的齐全式标题。如《吉林省人民政府关于增拨防汛抢险救灾用油的请示》《××学院关于增拨教育经费的请示》。

标题只写“请示”二字是错误的。在写请示标题的时候要注意，不能将请示写成“请示报告”；由于请示本身含有“请求指示”“请求批准”的意思，因此标题中尽量不要出现“请求”或者“申请”这样的词语。“三河乡人民政府关于请求增拨谢家湾水库出险加固工程经费的请示”这一标题就欠妥，应删去“请求”一词。

2. 主送机关

请示的主送机关，只能有一个，即负责受理请示的直接上级机关。如果受双重领导的机关向上请示工作时，主送一个上级机关，抄送另一个上级机关。请示一般也不允许越级请示，只有在特殊情况下（如发生战争、严重自然灾害、重大突发性事件等）才可以采用越级行文的方式。

3. 正文

请示的正文一般由三部分组成，即请示缘由＋请示事项＋请示结尾。

（1）请示缘由

就是“为什么请示”。这一部分关系到请示的事项能否得到批准，因此请示缘由一定要充分。请示缘由之后一般用“为此，现就××问题请示如下”或“特作如下请示”或“为此，特请求……”或“特恳请……”语句过渡，引出请示事项。

（2）请示事项

指的是请求上级机关批准、帮助、解答的具体事项。请示事项要具有可行性与可操作性。对需要上级机关审批的事项，应进行具体明确的说明，为了有利于审批，还可以进一步提出切实可行的办法、措施与建议。不能只写问题，不表明看法。另外，切记，一份请示只能写一件事情。

(3)请示结尾

一般是另起一行，常常用“当否，请批复”“以上请示，请予审批”“以上请示，若无不当，请批准”等习惯用语。如果是批转性请示，结束语的写法是：“以上请示，如无不妥，请转批各地、各部门执行”。

4. 落款

落款即发文机关署名、印章和日期。

5. 附注

《条例》指出：“‘请示’应当在附注处注明联系人的姓名和电话。”附注在成文日期的下一行，用括号注明联系人的姓名和电话，以便上级机关及时联系。

五、请示的注意事项

1. 一文一事

一份请示只能写一件事，这是《条例》所规定的，也是实际工作的需要。如果一文多事，可能导致受文机关无法批复。

2. 单头请示

请示只能主送一个上级领导机关或者主管部门。如果需要，可以抄送有关机关。这就可以避免出现推诿、扯皮的现象。

3. 不越级请示

这一点，请示与其他党政公文是一样的。如果因特殊情况或紧急事项必须越级请示时，要同时抄送越过的直接上级机关。除个别领导直接交办的事项外，请示一般不直接送领导个人。

4. 不抄送下级

请示是上行公文，行文时不得同时抄送下级以免造成工作混乱，更不能要求下级机关执行上级机关未批准和批复的事项。

例文分析

【例文1-2-2-1】

山西省财政厅关于企业库存涤棉布调整价格差额大于国家流动资金部分能否增拨的请示

财政部：

你部《关于企业库存涤棉布调整价格差额的财务处理问题的意见》(财企字〔20××〕第129号)，我厅业已转发。据临汾、长治等十多个地市反映，有些企业国家资金很少，库存涤棉布调整价格差额大于国家流动资金。超出国家流动资金的部分如何处理,能否增拨流动资金?请核示。

山西省财政厅

20××年×月×日

(联系人:……;联系电话:……)

例文分析:这是一篇比较典型的请求指示性请示。请求的事项很明确,即“能否增拨流动资金”。这一内容是该请示的发文机关“山西省财政厅”无权自己解决的问题,因此只得向上级机关即“财政部”请示,以期得到财政部的指示。这就是请求指示性的请示所起到的最主要作用。从写法上说,该请示也体现了请求指示性请示的写法要求。标题用的是完全式标题的形式。正文先说明请示的缘由,写得清楚而具体,随后是请示的事项,最后明确提出请求。这样不但使上级了解了情况,也为上级进行有针对性的答复提供了条件。

【例文1-2-2-2】

××市人民政府关于对××河大堤局部段进行拆改建设的请示

省人民政府:

为了更好地解决××河城市段与××大街、××街两河口防汛问题,根据《关于修建××大街××街洞口防洪应急度汛工程的复函》精神,我市按照300年一遇防洪标准,在两河口分上、下游建设永久性防洪应急度汛工程。目前,该工程已经开工建设,预计×月中旬完工。今后××河城市段北堤局部段的防洪任务将由该工程承担,取代××路桩号×××至×××段××河大堤原有的防洪作用。我市拟结合××大街改造工程,将此段××河大堤拆改,同时将××大街由原来的下穿××路改为上跨××路。这样,既可以满足防洪度汛的需要,又可缓解我市交通紧张状况,更好地体现大城市的雄伟气势,提升城市形象。

妥否,请批复。

××市人民政府

××××年×月×日

(联系人:……; 联系电话:……)

例文评析:这是一篇比较典型的请求批准性的请示。它与上一种请求指示的请示相比较,区别还是很明显的。请求指示的请示,是发文机关自己不知道该如何是好,请上级机关作出指示;而请求批准的请示则是发文机关已经知道该如何去做,但是必须得到上级机关的认可与批准。本范文正是后一种请示。对于应该怎样去做,该请示的发文者已经有了明确的意见,即“将此段××河大堤拆改,同时将××大街由原来的下穿××路改为上跨××路”。该请示所要做的,就是请求得到上级主管部门的认可与批准。因此,无论从内容还是从写法上说,本范文都可以算做一篇较好的请求批准性请示,可资参考学习。

任务实施

时近年终岁尾，××水泥厂销售营业部已顺利完成厂方年初制订的销售计划，并超过计划的80%。目前临近春节，民工纷纷回家过年，建筑工地停产放假，建筑材料的需求也停顿下来。根据以往经验，每年的订货供货高峰时期在春节之后的一个月，按惯例营业部比其他部门提前放假。为鼓励业务人员春节后尽早返回工厂，避免出色的业务人员流失，鼓舞营业部的士气，营业部希望在业务人员放假前一次性发放年终奖金。

请根据以上背景材料代营业部起草一份请示。

参考范文

营业部关于提前一次性发放年终奖金的请示

厂领导：

时近年终岁尾，我部已顺利完成厂方年初制订的销售计划，并超过计划的80%。随着春节临近，民工纷纷回家过年，建筑工地业已陆续停产放假，建筑材料的需求也停顿下来。根据以往经验，每年的订货供货高峰时期在春节之后的一个月，按惯例我部比其他部门要提前放假，但全年的年终奖至今尚未发放。为鼓励业务人员春节后尽早返回工厂，避免出色的业务人员流失，鼓舞士气，恳请在业务人员放假前一次性发放年终奖金。

妥否，请批示。

营业部

2019年1月3日

能力提升

一、病文改错

阅读下文，指出本文的错误，并说明理由。

关于申请拨给灾区贷款专项指标的申请

省行：

×月×日，××地区遭受了一场历史上罕见的洪水袭击，×江两岸乡、村同时发生洪水，灾情严重。经初步不完全统计，农田受灾总面积达38000多亩，各种农作物损失达100多万元，农民个人损失也很大。灾后，我们立即深入灾区了解灾情，并发动干部群众积极开展生产自救。同时，为帮助受灾农民及时恢复生产，我们采取了下列措施：

一、对恢复生产所需的资金，以自筹为主。确有困难的，先从现有农贷指标中贷款支持。

二、对受灾严重的困难户，优先适当贷款，先帮助他们解决生活问题。到×月×日止，此项贷款已达××万元。

由于这次灾情过于严重，集体和个人的损失都很大，短期内恢复生产有一定的困难，仅靠正常农贷指标难以解决问题。为此，请省行下达专项救灾贷款指标××万元，以便支持灾区迅速恢复生产。

以上报告当否，请批示。

××银行××市支行

2015年09月08日

二、材料写作

20××年，××县遭受了严重旱灾。统计部门上报的数字显示，有效降水量仅227毫米，局部乡镇仅117毫米，农田受灾面积171.5万亩，占总播种面积的96.1%，其中绝收66.7万亩；草场受灾面积166万亩，林地受灾面积80万亩，直接经济损失达2.4亿元。

面对严重的灾情，××县开展了以解决灾民口粮为重点的抗灾自救活动，保证了灾区群众的基本生活，维护了灾区的社会稳定。

县政府领导人员到受灾地区视察，发现严峻的问题。旱情严重导致农作物秸秆矮小，个别地区绝收，庄稼幼苗期就已枯死，根本没有秸秆，也无茅草。当地政府反映，耕地里的茬子早已打光。

××副县长认为，××县遭受连续3年的自然灾害，群众自救能力下降，把主要精力都放在了解决吃粮问题上，无力解决烧柴问题。

统计部门的数据显示，有15200户存在烧柴困难，需购买煤予以解决。

在××县长的领导下，××县积极采取措施，动员群众互助，职工干部捐款。

一周后，动用捐款购置的物资下放到旱灾最严重的地区，因为物资有限，只有部分群众得到救助。

县政府领导人员得知，××县还有7200户急需帮助。县政府计划给每户拨一吨块煤，经过调查得知，块煤市场价为300元/吨。

县政府希望得到市政府帮助，拨款购置块煤，解决灾区烧柴问题。

20××年10月7日，××县长责成秘书拟稿，行文给市政府，请求支持。

请根据以上情境，以××县政府的名义，写一份请示给市政府，请求市政府帮助解决××县7200户居民烧柴困难的问题，拨款216万元，购置块煤，以保证灾区群众的基本生活，维护社会稳定。

第二讲　日常事务文书写作

日常事务文书是党政机关、社会团体、企事业单位为反映事实情况、解决问题、处理日常工作事务而普遍使用的文书，目的是处理公务和传递信息。它虽不是《条例》规定的15种法定公文，但却是各机关单位使用最广、应用最多的一类文书。

这里的所谓"处理日常工作事务"，包括常规性工作和临时性工作。如计划类有计划、规划、方案、设想、安排、打算等，其共同点是对未来工作的内容、步骤、措施等方面的预定性设想；报告类有总结、调查报告、述职报告等，其共同点是归纳某种工作的主要内容、成绩与经验、问题与不足等；规章类有规则、章程、制度、条例、守则等，其共同点是为了更好地开展工作而订立的某些制约性措施；信息类有演说稿、简报、大事记、启事、声明、倡议书、求职信等，其共同点是向他人传播各类信息；会议类有开幕词、闭幕词、会议报告、会议记录等，其共同点是为会议的召开而准备的有关文案及对会议内容的记载。

事务文书与公文的区别在于：一是无统一规定的文本格式；二是不能单独作为文件发文，需要时只能作为文件的附件行文；三是必要时可以公开面向社会，提供新闻线索（如简报），或通过传媒宣传（如调查报告）。

根据写作的难度、使用的频率和实际需要，"日常事务文书写作"重点讲计划、总结、申请书、求职信的写作。

第一节　计划与总结

任务一　计划的写作

任务目标

理解和掌握计划的含义、类型、结构、写法以及写作注意事项。

能够撰写普通工作事务的计划。

知识要点

一、计划的含义

计划是国家机关、企事业单位、社会团体及个体为完成某项任务，预先对今后一定时期内的工作、活动所做的安排的事务文书。

计划是计划类文书的统称。因为涉及内容和期限的不同，计划文书还有不同叫法。通常所说的安排、规划、设想、方案、要点、意见等，都是计划。

安排：常用于时间较短、内容具体，并偏重于工作步骤和方法的计划，如《新生军训安排》。

规划（或纲要）：是带有全局性的、长远性的和方向性的计划，如《××市工商行政管理局“十三五”商标发展规划》。

设想（或打算）：是初步的，富有创新性，供参考的粗线条计划，如《××公司关于发展对外贸易及设立驻外分公司的设想》。

方案：对某专项工作或活动做出全面部署与安排的计划，这种方案的操作性更强，如《××学院电子工程系2018级毕业生实习方案》。

要点：是对一段时间内的工作做出简要的安排，突出重点，写得扼要，如《××电力设备有限公司2019年增产节能工作要点》。

意见：上级机关对下级机关布置一个阶段的几项工作或者一项重要任务，需要交代政策、提出具体要求，如《××市××区人民政府关于拆除违法建筑的实施意见》。

计划是一种使用频率很高的事务文书，可以说上至国家机关，下至个人都可以使用。

二、计划的特点

1. 内容的预想性

计划是为完成某项任务，预先对今后一定时期内的工作、活动所做的安排。任何事物在其发展过程中都会出现这样或那样的变化，为实现预定的目标，我们在制订计划时就要考虑到可能出现的情况、困难和问题，提出切实有效的措施和方案。只有这样，计划才能顺利进行，并达到预定目标。

2. 目标的现实性

计划是根据党和国家的方针、政策精神和有关法律、法规，结合本系统、本机关、本单位、本部门的实际情况制订的。不从实际出发所制订的计划，是毫无价值的计划。

3. 措施的可行性

计划所提出的目标和任务、方法和步骤、要求和措施等，应是切实可行的，应明确具体，便于操作和检查。

4. 作用的约束性

计划一经通过、批准，在它所涉及的范围内，就有了一定的约束性，在这一范围内，无论是集体还是个人都必须按计划的内容开展工作和活动，不得违背和拖延。

5. 计划的灵活性

计划的制订必须留有余地，在实施过程中一旦发现有与实际不相符的地方，或出现新情况，便需要做出切合实际的修改。

三、计划的类型

计划的种类很多，按照不同的标准，可以分为不同的种类。

1. 按计划的性质划分

（1）综合性计划：又称总体计划，是对某一单位或部门在一定时期内的所有工作做出的全面安排和计划。

（2）专题性计划：又称单项计划，是对某一方面的工作做出的安排和计划。

2. 按计划的范围划分

①国家计划；②地区计划；③系统计划；④单位计划；⑤个人计划，等等。

3. 按计划的时间划分

（1）长期计划：一般期限为3~5年。

（2）中期计划：期限为1~2年。

（3）短期计划：期限为1年及以下。

4. 按计划的形式划分

（1）条文式：把计划分为若干条款或部分，通过文字加以阐述，涉及数字指标也都穿插在有关部分的文字叙述之中。这种写作形式，条理分明，层次清楚，说理性强，容易把计划的内容准确地表达出来。这是目前比较常见的一种写作形式。

（2）表格式：用表格来表达计划内容。表内栏目通常包括任务项目、执行部门、完成时间、执行措施等。这种样式的计划比较醒目、简洁，容易使人理解把握，也便于对照和检查。定期的、以数据为指标的计划，适宜用这种方式。如企业的产销计划、国家经济管理部门下达经济任务的计划，常常是定期制订。以数据为指标的，用表格式较为合适。

（3）条文加表格式：指计划的内容既有条文的表述，又有表格的形式。条文和表格相配合，能把比较复杂的内容用简洁的方式表达出来。

此外，计划还可以采用其他一些方法进行分类，这里不一一列举说明。

四、计划的结构和写法

1. 标题

计划的标题可以采用的形式有以下四种：

（1）计划制订者＋时限＋内容＋文种：这是完全式标题，如"××市人民政府2016年工作计划"。

（2）计划制订者＋内容＋文种：这是省略式标题，如"××省商业储运公司实行经营责任制计划"。

（3）时限＋内容＋文种：这也是省略式标题，如"2019年招生工作计划"。

（4）计划制订者名称＋事由＋文种：这是公文式标题，如"××总公司关于2019年机构改革工作的计划"。

如果所订的计划还不够成熟，须试行一段时间，待征求意见后再进行修改定稿，或者还未经过法定的会议讨论通过，可在标题后或下加上"初稿""草案"等字样，并加上括号。

2. 正文

计划的正文结构是：引语＋计划事项＋结尾。

(1)引语:简要说明制订计划的背景、依据或指导思想、工作目的;也可以简要回顾此前的工作情况,指出成绩与不足,将这些内容作为拟订计划的背景与目的。这是制订计划的基础,要写得简明扼要、灵活多样。

(2)计划事项:这是计划的主体部分,包括通常说的"计划三要素",即目标、措施和步骤。

①目标:计划应具体明确地写出需要完成的任务、要求、预期效果、工作原则等。

②措施:是指采取的方式方法、手段以及可利用的条件。有的计划还应包括具体的人员安排和责任人。

③步骤:是指完成任务的进程、阶段或时间安排。

计划事项是相关单位和个人应该周知或遵守的事项,要求具体明确,切勿产生歧义理解。如果内容较复杂,可采用条款的形式来分别表述。

(3)结尾:计划的结尾可提出执行要求,或交代何时起实施,或表明完成计划的态度,或号召积极参与。有时可以省略不写。

3. 署名

计划的署名没有严格的规定。如果标题中已写明了计划的制订者,文末就不必再署名了;如果标题中未写明计划制订者,则署名应写在正文之下、日期之上。

4. 日期

计划制订的日期,可写在标题之下、正文之上的居中位置;也可写在正文之后、居右落款的位置。日期标注格式与公文不同,事务文书没有直接的法律法规规定其日期格式,故可采用阿拉伯数字标注,也可采用汉字小写标注,如2017年5月17日或二〇一七年五月十七日。但目前实际情况是多采用阿拉伯数字标注,日期要年、月、日齐全。

五、计划写作的注意事项

1. 认真领会精神

要深入领会党和国家的有关方针、政策和法律、法规精神,以之作为制订计划的指导思想。

2. 紧密联系实际

要注意从本单位、本部门的实际情况出发,不要脱离现实,任务指标不要定得过高或过低。

3. 措施具体可行

措施和办法要制订得具体、可行,以便于落实和监督检查。

4. 表达方式恰当

表达方式要以说明为主,行文中不要夹杂不必要的议论。

例文分析

【例文2-1-1-1】

××西服店2018年"双增双节"工作计划

国务院倡导开展"双增双节"活动。为开展好这项活动,我们决定将今年的工作重点调整为“双增双节”活动同深化企业改革一起抓，改善企业经营管理体制，发挥名牌特色产品优势，深入挖掘潜力，以提高经济效益。现根据我商店的实际，确定2018年的工作计划如下：

一、目标

序号	类别	指标	同比
1	销售计划	1600万元	比去年的1552.8万元增长3%
2	周转天数	118天	比去年的122.9天加快4.9天
3	平均流动资金	524.4万元	比去年的530.5万元下降1.15%
4	费用额	68.5万元	比去年的70.69万元下降3.1%
5	借款利息	19.3万元	比去年的20.8万元减少1.5万元
6	削价损失	16.7万元	比去年的33.4万元下降50%
7	毛利率	19.79%	比去年的18.79%上升1%
8	定制加工	5460件	比去年的5300件增长3%
9	上缴税利	262.2万元	比去年的255.7万元增长2.6%
10	利润	218.9万元	比去年的208.5万元增长5%

二、措施和做法

（一）扩大商品销售，提高经济效益

1. 抓好产品质量，扩大市场占有率。对产品定期抽样检查，力争正品率达到××%。其中××%产品质量符合市优和部颁标准。

2. 全面分析和预测市场上各型时装的生命周期，合理选择进货渠道，组织适销对路的原料，增加花色品种，妥善安排工作，做到款式新颖、高雅，并做好必要的储备，以满足市场需要。

3. 开拓新产品，设计新品种，对库存商品不断更新换代，使产、销、调、存出现良好的运行状态。

4. 采取门市销售、预约销售和集会展销等形式，扩大销量。

5. 提高服务质量，引发顾客的购买兴趣，唤起消费者的潜在需求。结合创新风柜组活动，争取商品店评上“文明西服商店”的称号。

（二）抓好横向联系（略）

（三）压缩银行贷款，减少利息支出（略）

（四）降低成本，节约费用（略）

（五）加强经营管理建设（略）

2018年的任务是艰巨的，但我们有一支热爱商店的职工队伍，有信心完成我们的奋斗目标。

××西服店

2018年1月15日

例文评析：这是一份年度工作计划。计划的标题用了完全式标题，正文引语概述了制订计划的依据和工作思路。计划事项首先用表格表述奋斗目标，将每项指标与上年度实绩作比较，显示了“双增双节”的要求，明确、具体、简洁，然后用条文式写实现目标的五项措施和具体做法,可操作性强。结尾表明实施计划的信心。本计划的一大特色是表格与条文能很好地结合。

【例文2-1-1-2】

××市文化广电新闻出版局开展廉政风险防控机制建设工作方案

根据市委、市政府《关于全面推进廉政风险防控机制建设的实施意见》(×委发〔2018〕75号)和《关于开展"五型"机关创建活动的实施意见》(×委发〔2018〕61号)的要求,为强化对权力运行的监督制约,提高系统干部职工特别是领导干部的廉政风险防范意识和能力,推进从源头上预防腐败工作,特制订本工作方案:

一、指导思想

坚持以邓小平理论和"三个代表"重要思想为指导,深入贯彻落实科学发展观,牢固树立和自觉实践以人为本、执政为民理念,以廉政风险排查为基础,以规范和制约权力为核心,以建立健全防控制度为保障,从本系统实际出发,把有效防范和化解廉政风险的责任落实到每个单位、每个部门和每个岗位,进一步增强责任意识、风险意识和廉政意识,强化廉政预警机制,实现关口前移,最大限度地降低廉政风险,真正从源头上有效遏制和减少腐败行为的发生,为推进××文化大市建设提供坚强保障。

二、工作目标

围绕规范公共权力运行,紧密结合局系统各单位和各处室工作实际,全面排查岗位职责、业务流程、制度机制和外部环境等可能引发廉政风险的问题,通过评估风险等级、梳理权力清单、规范权力运行、加强风险预警、强化考核追责等手段,在前期预防、中期监控和后期处置阶段,努力建立起制度保障、程序运行、技术监控和考核评价等相配套的、比较完善的廉政风险防控机制。

(一)排查廉政风险,实行分级管理(6月至7月)

1. 全面查找廉政风险。(略)

2. 客观评估风险等级。(略)

3. 建立廉政风险信息库。(略)

(二)制订防控措施,强化监督制约(8月至10月)

1. 加强岗位廉政教育。(略)

2. 规范业务工作流程。(略)

3. 强化权力监督制约。(略)

(三)完善工作机制,有效防控风险(11月至12月)

1. 建立廉政风险评估机制。(略)

2. 建立廉政风险预警机制。(略)

3. 建立风险防控考核机制。(略)

三、工作要求

(一)加强领导,积极推进(略)

(二)加强宣传,提高认识(略)

（三）突出重点，以点带面（略）

（四）注重结合，务求实效（略）

××市文化广电新闻出版局

2018年6月27日

例文评析：方案是计划的一种别称。本方案的标题用了完全式标题；正文引语简要说明制订方案的依据，用惯用语“特制订本工作方案”转入下文；方案事项分别从“指导思想”“工作目标”“工作要求”等方面进行说明，内容详尽，语言准确周密。

任务实施

××培训公司自2018年正式开业以来，整个公司运营情况不理想，公司基本处于完全无营业收入状态。虽然有市场相对淡季的客观原因，但更多的是公司运营的掌控能力不足而引起的业绩严重亏损。公司负责人从中吸取教训，打算在2019年完成200万元的经济管理目标。为了实现这一目标，该公司准备采取加强基础管理、构建高效运作的营销业务运营管理机制，努力提升人才业务水平，不断提高培训质量，努力为学员客户提供优质的产品和服务。

根据以上材料，××培训公司要撰写一份2019年公司的工作计划。××培训公司行政部经理把拟写计划的任务交给了秘书王莹，要求计划目标明确，层次清晰，符合计划的写作规范。

根据以上任务情景的描述，假如你是王莹，该怎样拟写这份计划。

任务指导

这类计划一般用完全式标题“××培训公司2019年工作计划”，不宜直接写文种“计划”。正文：引语可简要回顾此前的工作情况，指出不足，将这些内容作为拟订计划的背景与目的。计划事项部分应明确具体的目标与工作措施。形式上可采用条款的形式。结尾可表明完成计划的态度。署名：可写计划的制订者“××培训公司”。日期：计划制订的日期可写在正文之后、居右落款的位置。

参考范文

××培训公司2019年工作计划

从2018年公司正式开业，到现在的12月，公司每月营业状况无法盈利。目前公司运营处于整个市场相对的淡季，公司基本处于完全无营业收入状态。整个公司运营不理想，这个有市场的原因，更多的是公司运营的掌控能力不足而引起的业绩严重亏损。结合目前公司发展状况和今后趋势，公司特制订2019年工作计划。

一、总体目标

(一)推行目标管理，实现培训金额收入200万元。

(二)重视人才队伍招聘、培养和建设。

(三)开发新产品，提升公司产品市场竞争能力。

(四)办公成本降低10%，推广费用增加营业额的15%。

二、工作措施

(一)构建和完善公司组织运营体系，明确部门岗位职责，做到责任明确，保障各项工作顺畅运行。

(二)建立和完善公司薪酬和绩效考核管理体系，稳固员工队伍。

(三)加强公司企业业务知识和相关考试政策宣导，建立进取型、学习型、协作型团队。

(四)把握培训市场脉搏，增强员工拓展业务的能力，开拓新销售渠道，提升销售业绩。

(五)建立产品市场信息搜集渠道，及时反馈和分析市场需求和变化，制订和调整销售策略，以适应市场的要求。

三、重点工作

(一)熟悉培训行业本质，加强公司申报部人员业务知识的培训，提升业务能力。(略)

(二)服务老客户，开发新客户。(略)

(三)分解公司既定计划。(略)

四、公司人员招聘配备、培训

(一)人员配置。(略)

(二)人员培训计划。(略)

五、风险防范

(一)人员的招聘、培训、培养一定要及时，加强日常管理、学习，杜绝拖拉疲沓。

(二)同行的恶性竞争、欺诈手段等方式扰乱正常的培训市场。

2019年证书刚性需求继续加大，市场还在继续扩张，是良好的机遇，但是介入的机会更多，是机会和挑战并存的时代。只有反省自我，实现自我超越，我们才能赢得新发展机遇。

××培训公司

2018年12月20日

能力提升

一、病文改错

1. 阅读下文，指出本文的错误，并说明理由。

学习计划

从轻松的暑假转入新的学习环境真的有点不习惯，为了尽快适应大学生活，我为我自己订了一个学习计划。

一、早起晨读,每天早上5:30起床,读一篇散文,背英语单词,读一篇英语课文,还要练一练我的普通话。

二、多读课外书。利用下午不上课时间去书店看书,丰富自己的课外知识,对外界、对社会都能有所了解。

三、认真听课,把上课老师讲的重点记到笔记本上,课后巩固,上课前要预习今天要讲的内容,课上能记住的东西一定不留到课后。

四、上晚自习,做一些白天没有作完的作业,再复习一下当天讲的内容,再预习第二天要讲的课程,以防课上跟不上老师讲的进度。

五、积极参加学校组织的活动,培养自己的组织能力,以适应社会的需要。

六、多看些新闻,多了解一些世界发展趋势,以便以后能跟上时代步伐,与时俱进。

计划人:×××

2019年9月5日

2. 下文是一份计划的开头,指出下文的错误,并修改。

××汽车队8月份行政工作计划

认真贯彻省交通厅党委扩大会议和安全电话会议精神,以及省汽车公司第三季度重点工作安排,在本月内,除认真贯彻外,还必须以提高质量,保证安全为中心,进行比、学、赶、帮等形式的竞赛活动;掀起一个大搞标准化作业,大练基本功的高潮。把人员培训工作在现有基础上提高一步,要求达到生产技术过硬职工总人数的70%,在技术上出现一个新水平,以此实际行动为迎接冬季运输业务做准备。为完成上述任务,要注意以下几点工作。

二、材料写作

1. 根据学校和本学院的计划,结合本班的实际情况,请你以本班班委的名义拟写一份本班本学期的工作计划。要求条理清楚,中心突出,写作规范。

2. 选择一个你一直想去的地方,然后拟一份出游计划。无论你的愿望最终能否实现,这份计划一定要有可操作性、可行性。

内容包括:具体时间、地点、概况、行程安排、食宿安排、费用预算、注意事项、物品准备、预计收获等。字数1000字以上。

任务二　总结的写作

任务目标

理解和掌握总结的含义、类型、结构、写法以及写作注意事项。

能够撰写工作总结。

知识要点

一、总结的含义

总结是国家机关、企事业单位、社会团体及个人通过对过去一阶段工作的回顾和分析评价，引出规律性的认识，用以指导今后工作的一种事务文书。

总结的过程是由感性认识上升到理性认识的过程。

常用的小结、体会，实际上也是总结，只是它反映的内容较为单纯或经验不成熟、时间较短、范围有限。

二、总结的特点

1. 回顾性

总结的回顾性与计划的预想性相对应。

总结以原定计划为评估的标尺，又是对计划完成情况的检查，并为下一阶段计划的制订提供依据，两者联系紧密，互为始终。

2. 自我性

从写作的内容和目的看，总结仅限于本系统、本单位或者本人前阶段的实践活动，总结的目的是为了改进、指导今后的工作，有很强的自我性。

总结常用第一人称，如“本系统”“本单位”“本部门”“本人”等来进行自我评价。

3. 理论性

总结要从实践中找出并归纳出带规律性的认识，因而，总结又具有理论性。

三、总结的类型

总结与计划一样，按照不同的标准，可以分为不同的种类。

1. 按性质划分

(1)综合性总结：又称全面总结，是一个单位或部门对某一时期各方面工作进行的总结。

(2)专题性总结：又称单项工作总结，是一个单位或部门对某项特定工作或某个方面的情况所做的专门性的工作总结。

2. 按范围划分

(1)地区总结；(2)部门总结；(3)单位总结；(4)个人总结，等等。

3. 按时间划分

(1)年度总结；(2)半年总结；(3)季度总结；(4)月份总结；(5)阶段总结，等等。

4. 按形式划分

(1)条文式总结；(2)表格式总结；(3)条文加表格式总结，等等。

四、总结的结构和写法

1. 标题

总结的标题可以采用的形式有以下两种：

(1)公文式标题

①总结者+时限+内容+文种:这是完全式标题,如《××市人民政府2018年工作总结》。

②时限+内容+文种,或总结者+内容+文种,或内容+文种:这是省略式,有时省略总结者,如《2018年财务工作总结》;有时省略时限,如《××集团公司市场营销工作总结》;有时还省略总结者和时限,如《金融监管工作总结》。

(2)新闻式标题

标题概括主要内容或基本观点,如《只有激励机制才能增强企业活力》;有时也采用正副标题结合式,正标题揭示观点或概括内容,副标题点明单位、时限、性质和总结种类,如《艰苦的拼搏 丰硕的成果——××省供销社系统2018年工作总结》。

2. 正文

正文的结构形式主要有以下两种。

(1)"三段式"结构:开头+主体+结尾

①开头:总体概括介绍基本情况或工作全貌、综合成果等内容。目的在于给人以总体印象,领起下文。

②主体:包括成绩与经验、问题与教训两种内容。成绩可以概括为几点或几个方面来写,要写得具体,要有事实材料和必要的统计数据;经验要说明工作的基本做法、体会和取得成绩的原因。问题与教训应该实事求是地写明,分析原因,指出应吸取的教训,也可与解决问题的措施结合来写。

③结尾:可以概述全文,可以说明好经验带来的效果,可以提出今后努力方向或改进意见。如以上内容在正文中已作交代,则可自然结束,无须结尾。

(2)"两段式"结构:情况+体会

①情况:包括基本情况、主要做法、成绩与缺点等。

②体会:包括经验的总结、教训的归纳以及对存在问题的认识等。问题比较集中的专题总结大多采用这种写法。

3. 署名

如果标题中已写明了总结者,文末就不必再署名了;如果标题中未写明总结者,则署名应写在正文之下、日期之上。

4. 日期

总结的日期常以部门或单位领导审阅批准的日期为准,可写在落款的位置,日期要年、月、日齐全。

五、总结写作的注意事项

1. 筛选材料,突出重点,切忌流水账

写总结,不论是总结经验还是教训,不能把所有的材料都写进去,应当有所侧重,要突出重点,切忌流水账。

2. 详略得当,突出个性,切忌面面俱到

写总结,要详略得当,一定要抓住本单位最突出的、最能反映客观事物本质特点、最具鲜明个性和特色的东西来写,切忌面面俱到。

3. 实事求是，突出新意，切忌老生常谈

写总结要实事求是，既要报喜也要报忧；对成绩要实事求是，充分肯定，对缺点和不足也要实事求是，正确对待。写总结要突出新意，要写出新情况、新问题和新经验教训，切忌老生常谈。

4. 表达方式，要叙述、议论相结合

叙述、议论是总结最常用的表达方法。叙述是议论的依据，议论又是叙述的分析综合和提高。

例文分析

【例文 2-1-2-1】

××市文化广电新闻出版局2018年工作总结

2018年，在市委、市政府的正确领导和上级有关部门的关心指导下，全市文化广电新闻出版系统以科学发展观为指导，认真贯彻落实党的十九大会议精神，围绕文化大市建设总目标，以"十大项目"实施为手段，以历史文化名城创建为契机，以"五型机关"建设为载体，抓重点、攻难点、求亮点，更加自觉、更加主动地推进全市文化建设，各项工作取得明显成效。

一、公共文化设施建设有序推进。（略）

二、公共文化产品供给丰富多彩。

（一）深入开展群众文化活动。（略）

（二）积极打造戏曲故里品牌。（略）

（三）深入开展对外文化交流。（略）

三、为民办实事项目认真落实。（略）

四、历史文化遗产保护力度加大。

（一）夯实历史文化名城申报基础。（略）

（二）推进文保单位保护维修。（略）

（三）启动专题博物馆建设。（略）

（四）加大非遗保护力度。（略）

（五）加强文化遗产宣传。（略）

五、市场监管机制逐步完善。

（一）提高行政审批效能。（略）

（二）加强新闻出版管理。（略）

（三）开展"扫黄打非"集中行动。（略）

六、文化体制改革稳步推进。（略）

七、文化产业持续发展。随着经济社会的发展，文化产业将成为国民经济支柱性产业，为此我们采取多种措施、多种手段扶持文化产业发展，促进文化产业转型升级。（略）

八、干部培训教育形式多样。（略）

九、党建工作逐步加强。(略)

一年来，全市文化广电新闻出版工作虽然取得了较大成绩，但对照文化大市建设的目标任务和我市经济社会发展对文化工作提出的新要求，还存在着一些问题和不足：一是城区文化设施布局不够合理，城乡文化设施的分布不均衡比较突出；二是文化遗产数量多，分布广，维护压力较大；三是新兴文化产业发展缓慢，缺乏推进产业发展的抓手和整体合力；四是文艺精品偏少，缺乏思想艺术水平高、地方特色突出、人民群众喜闻乐见的精品力作等等。对此我们要切实增强危机感和紧迫感，高度重视，认真研究，在今后的工作中切实加以解决。

2019年1月9日

例文评析：这是一份综合性总结。引语简要概述情况，主体部分对“主要工作成效”进行回顾和总结，既全面具体，又突出重点，以条款的形式，将复杂的内容梳理得井然有序，结尾提出存在的一些问题和不足。结构完整，条理清楚。

【例文2-1-2-2】

××商场2018年销售工作总结

2018年全体员工紧紧围绕“差异化经营，提升品牌内涵”的经营战略以及“打造企业执行力”的管理战略这两条主线开展工作，并取得了突破性的进展。现总结如下：

一、工作成绩

(一)经营业绩稳步上升，销售额突破亿元大关。

实际销售额完成年度考核计划的130%，同比增长15%，所实现的纯利同比增长381%，确立了我商场的市场领先地位。

经营调整成效凸显。全年引进新渠道158个，淘汰品牌123个，调整率在70%以上。全场七大品类均实现20%以上的增幅，最高和最低毛利率较去年增长26%和13%。

两个工程两手齐抓。“打造20个百万品牌”和“引进10个成熟品牌”的“两手抓”工程，有21个品牌实现了销售额过百万的业绩，整体销售额同比增长36%，占全场销售总额的27%。

突破常规，通过整合资源，把握热点，推出个性化的营销活动，在营销造势上始终保持区域领先优势。

(二)服务体系不断完善，现场管理成效斐然。

2018年我商场狠抓现场管理，全面推行“亲情式服务”体系，在一线员工中开展“服务意识”的大讨论。对商场硬件设施进行了全面维修和整改，使商场形象焕然一新。

(三)“执行”观念深入人心，人力资源不断挖掘。

以“打造企业执行力”为指导思想贯穿全年的培训工作。共进行了900多小时、万余人次的各类培训，真正实践了建立学习型组织、培养知识型人才的工作要求。进行了两次较大规模的轮岗，涉及岗位异动37人，在员工中形成了强烈的反响。

二、存在的问题

2018年的工作成绩显著，但也存在以下几点制约企业发展的问题：

(一)经营结构与发展目标不协调的状况依然非常明显。(略)

(二)对市场形势的预见性与具体经营举措实施之间存在矛盾。(略)

(三)促销形式的单一性和不可替代性禁锢了营销工作的发展。(略)

三、今后工作打算

2019年,周边区域的商业竞争将日趋白热化。面对前有××商场的整装待业,后有××百货的步步紧追,我们将从以下几个方面重点入手:

(一)抓春节市场,确保开门红,誓夺年度目标。(略)

(二)准确把握市场定位,实施差异化经营。(略)

(三)组建货品部,实施进销分离,加大招商调整力度。(略)

2019年,我们将加大企业人才的培养和储备力度,实施培训"五个一"工程。同时,加大企业制度的执行力度,进一步规范全场员工的工作行为,形成和谐、规范的良好工作氛围。

2019年1月10日

例文评析:这也是一份专题性总结。引语对所做的工作作扼要的概述、评估;主体部分分别阐明工作成绩、存在问题和今后的打算;结尾明确今后的努力方向。整篇文章中心突出,内容集中,层次清晰,结构完整。

任务实施

××市××师范学院第九届艺术节于2018年5月7日至18日举行,历时12天。本届艺术节在全院师生的共同努力下取得了圆满成功。本届艺术节共设有5项内容,包括开幕式暨音舞组教师专场演出、童话剧专场演出、学生"弹、唱、跳、画"四项技能综合比赛、师生书画作品展、闭幕式暨学生文艺汇演。这些内容涉及音乐、舞蹈、书法、美术、表演、创编等很多方面。筹备小组成员积极发扬创新精神,注重内容的推陈出新,本届艺术节的内容有一半是新创作的。譬如,音舞组教师专场演出、学生"弹、唱、跳、画"四项技能综合比赛、童话剧专场演出等三项活动在学院艺术节中均属首次举办。

根据以上材料,××市××师范学院要撰写一份第九届艺术节的总结,所需的相关材料可自行补充。××市××师范学院办公室主任把拟写总结的任务交给了宣传干事刘芳,要求内容全面,重点突出,结构合理,符合总结的写作规范。

根据以上任务情景的描述,假如你是刘芳,该怎样拟写这份总结。

任务指导

标题可用公文式的标题"××师范学院第九届艺术节总结",不宜直接写文种"总结"。正文:引语可简要说明什么时间开展了什么活动,结果如何。主体部分可写××师范学院第九届艺术节做得好的方面,然后指出存在的不足,以及今后努力的方向。署名:可写总结者"××师范学院";如果标题已有总结者也可不署名。日期:总结的日期。可写在正文之后、居右落款的位置。日期采用阿拉伯数字,有时也可采用汉字小写,要年、月、日齐全。

参考范文

××师范学院第九届艺术节总结

××师范学院第九届艺术节于2018年5月7日至18日举行，历时12天。本届艺术节在全院师生的共同努力下取得了圆满成功。主要表现在以下几个方面：

一、思想统一，组织有力。为搞好本届艺术节，我院在3月12日专门成立了以院长为组长、各部门负责人和各班班长为组员的筹备小组。经过广泛深入的宣传，本届艺术节"高品位、高质量、高效益"的目标成了全院师生的共同追求，保证了各项工作都能及时落实到位。

二、内容丰富，推陈出新。本届艺术节共设有5项内容，包括开幕式暨音舞组教师专场演出、童话剧专场演出、学生"弹、唱、跳、画"四项技能综合比赛、师生书画作品展、闭幕式暨学生文艺汇演。这些内容涉及音乐、舞蹈、书法、美术、表演、创编等很多方面。筹备小组成员积极发扬创新精神，注重内容的推陈出新，本届艺术节的内容有一半是新创作的。譬如，音舞组教师专场演出、学生"弹、唱、跳、画"四项技能综合比赛、童话剧专场演出等三项活动在我院艺术节中均属首次举办。

三、参与面广，质量高。经初步统计，全院师生不仅人人参与，而且直接参与本届艺术节5项重大活动的就高达近2000人次，平均每人要直接参与三项活动。参与本届艺术节的人数和人次在历届艺术节中均是最多的。节目质量高、精彩纷呈是本届艺术节的又一重要特点。例如，同学们自编自演的十个童话剧，经录音剪辑后在市人民广播电台《红蜻蜓》节目中逐一播出。童话剧《森木编辑部》还被市电视台选中参加了市"庆六一"文艺晚会。这些固然与师生们思想重视，准备充分有关，同时也说明了我院艺术教育的质量上了一个新台阶。

四、宣传力度大，社会影响好。为了做好本届艺术节的对外宣传工作，筹备小组组织了艺术节宣传报道班子。市电视台、市人民广播电台、《××晚报》社等新闻媒体也对艺术节给予了极大的关注和支持，进行了跟踪报道，使本届艺术节产生了前所未有的社会影响，得到了社会各界的一致赞誉，学院知名度也因此有了较大提高。

在本届艺术节取得圆满成功的同时，我们也清醒地看到了两个方面的不足。一是学生软笔书法水平还不尽如人意，书法教学有待进一步加强；二是设置的活动项目过多，师生承担的任务过重，对这期间的课堂教学略有影响。这些应在以后的艺术节中尽量克服。

我们深信，本届艺术节的成功经验一定能成为我院艺术节越办越好的重要基础，勇于创新的××师范人一定会在以后的艺术节中收获更多的成果！

2018年5月20日

能力提升

一、病文改错

1. 阅读下文，指出本文的错误，并修改。

紧急动员，上下联动，狠抓落实

——系统各单位纷纷部署防汛工作

根据××市防汛指挥部通知精神，2018年6月9日，我局召开了防汛准备工作会议，全面部署了今年交通系统防汛工作，要求各单位提高认识，认真准备，备足防汛运力，组织防汛队伍，随时应对可能出现的险情。根据上级的要求，局系统各单位已积极投入今年防汛准备工作。

公路建设处根据市交通系统防汛工作会议要求，立即对处防汛领导小组成员进行了调整，重点要求各项目指挥部督促各施工监理单位、特别是有水中作业的施工单位，在汛期来临之前桥台全部出水，结束水中的大面积作业，拆除除围堰以外的全部网架，加强了对洞口周边山体的观察。为确保马汊河、团结河的正常行洪，隧道施工已经加大了边坡的防护力度，疏通了排水渠道。

航道处全面检查隐患，落实一线防汛准备工作。该处重点检查了抢险机构的建立情况，防洪物资、机械、车船准备情况，防汛期间过往船舶的管理情况，并对可能发生险情的重点地段进行了全面的检查，在去年防汛工作的基础上，结合今年防汛工作的特点，制订了详细的抢险方案。真正把责任落实到了人头，落实到了险工险段。针对我市内河水位陡升，市地方海事局制订了不同的应急措施，近期出台的《汛期船舶安全航行保障对策》，对各地方海事处的汛期工作作了具体的要求，一是抓好责任区的巡查，建立健全防汛值班制度；二是抓好水上巡航工作，及时发现问题，解决问题；三是抓好防汛物资的储备，随时应对出现的汛情；四是抓好紧急情况下的船舶的征调工作，完成临时性的防汛任务。

运输管理处及时调整了防汛防旱领导小组成员，制订并完善了系统的防洪预案，做了具体大量的工作，落实了运输车辆、驾乘人员等运力、人员的准备工作。同时，运管处还承担了市局的防汛办工作，严格按照局防汛防旱预案，分别落实了正常情况和三级抗洪戒备值班和信息通报制度。

公路管理处结合自身情况对防洪预案进行了完善，对防汛物资储备，对人员、机械安排进行了调整，特别是对国省干线公路、交通战备重点保障线路和迂回线路、防汛重点养护道路和往年曾经出现问题的路段、桥梁进行了一次认真仔细检查，采取超前防汛措施，确保防汛通道的畅通。

2. 下文是一份总结，指出下文的错误，并修改。

售后服务是企业的命根子

××技术服务中心2018年工作总结

2018年，××集团技术服务中心全体员工和分布在全国各地维修网点的员工一起，根据何总经理关于“售后服务是企业的命根子”的指示精神，坚持“拥有××电器，享受一流服务”的宗旨和“一切为了使用户满意”的标准，发扬“同心多奉献，合力创一流”的企业精神，大力开展优质服务活动，扎扎实实地做好各项工作，实现了2018年的总体目标。

回顾一年来，我们主要做了以下几项工作：

一、优化网点建设，加强网点管理。(略)

二、调整售后服务策略，适应市场和用户需要。(略)

三、提高员工素质，深化优质服务。（略）

四、开展“××电器百日维修服务质量无投诉”活动。（略）

2019年是××事业发展的关键一年，也是实现集团中期发展规划的决定性一年。我中心必须进一步贯彻落实何总关于“售后服务是企业的命根子”和汤总关于“服务先于销售”的指示精神，坚持“一切为了使用户满意”的最高标准，把售后服务工作作为首要任务，为维护××信誉做出更大贡献。

二、材料写作

1. 根据下面的新闻，请你为百胜集团写一份总结。要求：文体结构和内容结构完整、清晰；字数500~800字。

据《齐鲁晚报》报道：面对时下的禽流感疫情，洋快餐纷纷启动危“鸡”攻关。济南的多家快餐店顾客络绎不绝。肯德基餐厅入口处，一张写着“肯德基为您把关”的大大的宣传海报赫然入目，其上有“世界卫生组织和权威机构证明食用烹煮的鸡肉肯定是安全的，肯德基所有鸡肉产品都是以170度以上的高温烹制的”等字样。据悉，这是百胜集团在禽流感防控时期启动的危“鸡”攻关行动之一。与此同时，记者在山东麦当劳餐厅食品有限公司也看到一份声明：“世界卫生组织多次强调禽流感在适当的热度下是可以完全消灭的。只要彻底煮熟鸡肉，食用是安全的。”

面对禽流感，肯德基、麦当劳等洋快餐采取了多种应对措施，显得有条不紊。如肯德基在承诺原料鸡全部来自非疫区后，还首次公开了该品牌食品的基本制作工艺。从中可以看出这些方式绝不是临时抱佛脚，而是平时就未雨绸缪，进行了策划和准备，这样一旦有突发情况就能从容应对。

洋快餐的危“鸡”攻关值得借鉴，我们企业应从中学到一些管理经验和举措，从而正确应对各种危机。

2. 根据下面的材料，拟写一份总结。要求：文体结构和内容结构完整、清晰；字数500~800字。

宝岛眼镜来自中国台湾，创始于1976年，从开始的1家店、4个店员开始，经历20多年的不断努力，迄今为止已拥有300多家分店，成为台湾眼镜界的龙头。

2012年10月，宁波地区设立了宝岛眼镜有限公司，并成功开设了宁波第一家分店。宝岛眼镜店进驻甬城，以崭新的经营理念、良好的服务形象展现给消费者，很快得到宁波广大消费者的信赖。今年，宝岛眼镜在宁波不断扩大经营规模，现已开了3家分店。

宝岛眼镜自创业之初，即秉持“品质、技术、满意”三大保证和“诚实服务”的经营理念。多年来不断缔造佳绩，扩大经营规模。宝岛眼镜汇集国内各种光学专家和管理人才，配置一流的进口全套验配仪器，并且引进标准的企业识别系统，将配镜的流程标准化，以便消费者在任何一家分店配镜都能享受绝对专业、满意的服务。相信未来的日子里，宁波的眼镜一族在甬城的任何一个角落，都能享受到宝岛眼镜专业、热忱的服务。

3. 为自己期中考试的情况写一份总结。要求：要有切身体会，要概括出规律性的认识，找出经验和不足，条理清晰，语言简洁，字数600字左右。

4. 为自己在学校参加的活动写一份总结。要求：要有切身体会，要概括出规律性的认识，找出经验和不足，条理清晰，语言简洁，字数600字左右。

第二节　申请书与求职信

任务一　申请书的写作

任务目标

理解和掌握申请书的含义、类型、结构、写法以及写作注意事项。

能够撰写申请书。

知识要点

一、申请书的含义

申请书是个人或集体向组织、机关、企事业单位或社会团体表述愿望、提出请求时使用的一种专用文书。

一般说来，入党、入团、入会、参军、上学、私人开业以及要求担任某项工作任务等，都需要向有关组织或部门写申请书。

二、申请书的特点

1. 请求性

从申请书的写作动机来看，申请书带有明显的请求目的。

2. 单一性

申请书要求一事一文，内容单一明确，一份申请书只表达一个愿望，只提出一个请求。不能把不同的愿望和请求写在同一份申请书里。如果有多项请求，可以分别写申请书。

三、申请书的类型

1. 按内容分：入党申请书、入团申请书、入会申请书、开业申请书、调动申请书、专利申请书等。
2. 按形式分：文章式申请书和表格式申请书。
3. 按申请者：个人申请书和单位申请书。

四、申请书的结构和写法

1. 标题

申请书的标题可以采用的形式有以下两种：

(1)直接写“申请书”，如《申请书》。

(2)在“申请书”前加上内容，如“入党申请书”“调换工作申请书”等。

申请书的标题一般采用第二种。但标题要在第一行居中书写。

2. 称呼

换行顶格写接收申请书的单位名称或领导姓名，并加冒号。

3. 正文

正文是申请书的主要部分，要写清以下几个问题：

(1)要写清所申请的事情是什么，即直截了当提出申请的具体内容。

(2)要写清提出申请的理由。申请理由要陈述具体、充分、有条理。

(3)要写清申请的态度。申请书一般都要表明自己的申请被批准后的态度和决心，内容可以简约一些。

4. 结尾

结尾一般要写表示祈请的用语，如可写惯用语"恳请批准""特此申请""恳请领导帮助解决""希望领导研究批准"等。再写上"此致、敬礼"等礼貌用语。

5. 落款

个人申请要写清申请者姓名，单位申请写明单位名称并加盖公章，注明日期。

五、申请书写作的注意事项

1. 受文对象要明确

申请书是写给相应职权的主管部门的，因此主管部门的名称要准确无误，以免耽误事情。

2. 语言礼貌得体

申请书是向有关主管部门提出请求，希望得到批准或协助，因而用语不能太随意，更不能无礼，也不宜使用过激言辞，而应该表现出礼貌或郑重的态度，使用平实的叙述语言。

例文分析

【例文 2-2-1-1】

复学申请书

尊敬的院领导：

你们好！

我是××级会计25班的学生刘××。我在去年的一次体育课上，由于不慎摔了一跤，造成左腿骨折。经过一年的治疗和调养，现已基本痊愈，为了不耽误下学期的课程学习，现特提出申请，请求复学。

去年住院以后，由于不能上课，就向学院提出了休学申请。当时我的辅导员张老师跑前跑后，所有的休学手续都是他给办的，因此有些具体复学的手续我还不太清楚。上周，我曾给张老师打电话，但办公室的老师告诉我张老师已经调往别的单位了。我也不好再麻烦张老师。我开始休学的时间是2018年6月27日，再有20天正好就是整一年。由于学院进入6月份，临近期末，各方面工作较多较忙，又快放暑假了，因此为了能在学院放假前将所有的入学手续办妥，我就向学院教务处的王老师作了咨询。王老师给了我很多帮助，我已填好了有关的一些表格。

在家休养这一年中,我从未停止过学习。出院不久,我就让家人把我所有的专业书籍从学院拿了回来,每天给自己制订了具体的学习计划。专业外语,我几乎每天都在读。班上同学来我家时,我就会把看不懂的地方拿出来,向他们求教。这一年来我还读了不少提高个人修养方面的书,读了一些中外名著。因此,一年来我虽未在校学习,但却并未停止学习。因此,我希望领导考虑能否让我重新跟原班学习。我知道这种提法有些过分,但请学院找有关的老师测试一下我的学习情况再做决定。若我各方面知识确实不能让人满意,我将无怨无悔重新学起。

此致

敬礼

申请人:刘××

2019年6月7日

例文评析:这是一份希望复学的申请书。申请书先写申请复学的原因,讲明自己原来的一些情况,以期让对方了解自己原有的学习经历。就全文来讲,作者申请的目的、理由是明确而具体的。语言能够准确运用,对有些问题的询问,态度谦和,兼顾礼仪,让人感到作者的真诚。

任务实施

王林是××市和平路39号的待业青年,2016年高中毕业后一直在家待业。利用待业时间,王林抓紧学习了家用电器维修知识,拜经验丰富的人为师。现在,王林已经掌握了维修国产和进口家用电器的技术。为了减轻国家负担,为社会做点贡献,也为了解决自己的生计问题,王林打算向市工商局申请开办家用电器维修门市部。

根据以上任务情景的描述,假如你是王林,该怎样拟写这份开业申请书。

任务指导

根据任务情景的描述,王林要向市工商局写一份开业申请书。可在第一行正中写上标题“开业申请书”;第二行顶格写称呼“市工商局”并加冒号;第三行空两格起写正文,首先写自己申请的理由,再写自己申请的事项和目的,接下来写自己开业后的工作态度,然后以惯用语“恳请批准”作结,再写上“此致、敬礼”等礼貌用语;最后写上落款。态度要谦和、语言要礼貌得体。

参考范文

开业申请书

市工商局:

我是××市和平路39号的待业青年,2016年高中毕业后一直在家待业。利用待业时间，我抓紧学习了家用电器维修知识，拜经验丰富的人为师。现在，我已经掌握了维修国产和进口家用电器的技术。为了减轻国家负担，为社会做点贡献，也为了解决自己的生计问题，我申请开办家用电器维修门市部。

开业后，我一定会按章交纳税金，维护市场秩序；价格公平合理，维修服务周到，让顾客满意。

恳请工商局考核我的技术，批准我的要求，发给营业执照。

此致

敬礼

申请人：王林

2019年3月2日

能力提升

一、病文改错

阅读下文，指出本申请书存在的不足，并说明理由。

申请书

×××派出所：

我是碧桂园区11号居民，叫白琳，43岁，在拖配厂工作。我爱人欧阳山，46岁，是副食品商店的营业员。因身体患病，婚后一直没有生育。家中只有我们夫妇两人，经济收入宽裕，但精神上很感寂寞。经商量，我们准备把堂弟的三女儿欧阳佳，接到我家，给我们做女儿。此事已经双方同意，并于今年10月12日办理了有关领养的公证手续。现特向派出所申请，同意并准予将欧阳佳的户口迁入为盼。

另外，因本人上月上旬，在回家途中不慎将居民身份证遗失，期间虽经多方查找，但仍苦无下落。现在急需使用身份证，为此特向贵所申请，望替我补办居民身份证，请速给我解决。要不，耽误大事你们派出所可负不起这个责任。

此致

敬礼！

白琳

二、材料写作

1. 根据以下材料，写一份申请书。

李华从××大学管理学院营销专业毕业后，被××厂人事处安排在××车间统计员的岗位上。工作一段时间后，感觉所学专业与实际工作相差甚远，个人的知识水平与工作能力无法施展，经慎重考虑，准备向厂长提出调换工作岗位的要求。

2. 假如你们班准备在下星期五晚上举行一次辩论赛，需要使用博思楼多功能教室，请给学校领导写一份申请书。

任务二 求职信的写作

任务目标

理解和掌握求职信的含义、类型、结构、写法以及写作注意事项。
能够撰写求职信以及制作求职材料。

知识要点

一、求职信的含义

求职信是求职者向用人单位介绍自己有关情况，表明求职愿望的书信体文书。求职信的作用是向用人单位介绍、推销自己。

二、求职信的特点

1. 实事求是
求职信要实事求是地介绍自己，不能无中生有，要遵守诚实守信的原则。
2. 扬长避短
求职信应根据应聘不同岗位的需要，突出自己某些方面的长处和优势，表现出适合所想从事岗位工作的能力，一般不涉及不足之处和弱势。

三、求职信的类型

按内容或行业分：有行政单位求职信、事业单位求职信、企业单位求职信等。
按语言分：有中文类求职信、外语类求职信等。

四、求职信的结构和写法

1. 标题
如果是打印稿，可在第一行正中写“求职信”或“致×××的自我推荐信”，字体要大些。如果是手写，可不要标题。
2. 称呼
在标题下一行顶格处写，并加冒号。
主要有两种情况：一是招聘单位或部门的名称，如“铜仁市××有限公司”“××大学人事处”“××公司人力资源部”；二是招聘单位的相关领导，其写法通常为“姓氏＋职务”，如“尊敬的周处长”“尊敬的张董事长”“尊敬的王总经理”，也有含糊其辞地统称为“尊敬的领导”。

3. 正文

一般应写明以下几个方面的内容：

(1)问候语。一般可用“您好”“你们好”“冒昧打扰”等问候语。如果称呼是单位名称，可无问候语。

(2)求职信息的来源和应聘职位。如“经朋友提示，我读了贵公司刊登在昨天《××报》上的招聘广告，得知你们要聘请一位商业职员。为此，我愿应聘，因为我相信自己符合你们所提出的条件”，或“本人对你们登报聘请一位外语记者的广告很感兴趣，故愿应聘。”

如果不清楚用人单位所招的职位，可这样写：“久闻贵公司实力雄厚，声誉卓著，能成为贵公司的一员是我最大的心愿。现冒昧写信自荐，希望能有机会加盟贵公司。”

(3)个人基本情况。这是核心部分，通常写毕业院校、专业、知识、技能、工作成绩。需要注意的是这部分的写作一定要围绕竞聘职位的需求，有选择、有重点地进行介绍，与此无关的情况最好不写或少写。

(4)求职意愿。希望对方给予答复，并盼望能够得到参加面试的机会。如：“研究材料后，如果您对我有兴趣，并能给我机会作一次自我介绍，本人将非常高兴。”“我很愿意亲自登门并作自我介绍，请给我机会。”“能得到您积极的回答，我将很高兴。”

4. 结尾

表示敬意、祝福之类的词句。如“顺祝愉快安康”“深表谢意”“祝贵公司财源广进”等，也可以用“此致、敬礼”之类的通用词。

5. 署名和日期

署名：写上“求职人”后直接签上自己的名字即可。

日期：写在署名右下方，用阿拉伯数字书写，年、月、日全写上。

6. 附件

求职信一般要求和有效证件一同寄出，如学历证、职称证、获奖证书、身份证等复印件，并在正文左下方一一注明。

五、求职信写作的注意事项

1. 态度要诚恳

写求职信时，态度一定要诚恳，要恭敬有礼，不能妄自尊大，也不能畏首畏尾。

2. 语言要简洁

求职信不必写得太长，突出优势长处即可。语言准确、简洁，行文格式规范、美观。

六、求职材料的制作

一份好的求职材料，可以使你从众多应聘者当中脱颖而出。如何制作出一份好的求职材料呢？一份好的求职材料一般由5~7页构成。

求职材料包括封面、求职信、个人简历、在校成绩单、等级证书、荣誉证书等必要证明材料和毕业生就业推荐表。

1. 封面

为了美观、大方和方便用人单位与自己联系，毕业生通常都要制作求职材料的封面。封面上主要注明毕业学校(如《×××大学毕业生求职材料》)、毕业时间、姓名、专业、通信地址和邮编、联系电话及E-mail信箱等。

封面设计不必追求标新立异，以庄重、朴实为宜。

2. 求职信

一般标题“求职信”为三号宋体加粗，其余的用小四号宋体，字数在650字左右为最佳。

3. 个人简历

个人简历和求职信的作用都是为求职者赢得面试的机会，一份完整的个人简历主要包括以下几个部分：

(1)个人资料：如姓名、性别、出生年月、籍贯、政治面貌、婚姻状况、身体状况、兴趣爱好、性格、住址及电话等。

(2)受教育程度：

学业有关内容：就读学校、专业、学位、外语水平、普通话水平、计算机掌握程度等。

本人经历：大学以来的简单经历，社团工作、社会工作或入党方面等。

所获荣誉：如三好学生、优秀学生干部、优秀团员、专项奖学金等。

本人特长：如文学、舞蹈、体育、计算机、外语、音乐等方面突出的表现。

(3)其他技能培训：主要指与该工作有关的其他辅导或培训课程，如2018年9~11月参加Intel技能培训。

(4)相关工作经验：指业余的工作单位或职务，并对所做工作作详细的介绍。写作时应注意逻辑性要强，文字尽量简洁、明了、准确，突出体现你的技能。

(5)从事志愿者工作和其他社会活动的经历：如2018年7~8月参加团市委举行的“三下乡”活动。

(6)会员：参加协会(如作家学会、摄影协会、音乐协会、足球协会等)的名称和时间。

(7)证书许可证：将所获的有关证书或许可证的复印件附表列上。如汽车驾驶执照、教师资格证、CET-4证书等。

(8)研究工作及成果：如果在校期间做过重大研究项目，注明你的姓名、项目合作者的姓名及该项目的赞助单位和完成研究项目的时间。

个人简历是求职者各方面情况的如实反映，它向用人单位提供了有关你工作能力方面的重要信息。简历一定要实事求是，如果你的介绍有失真的情况，将严重影响求职的成功和就职后的发展。在拟写时要注重语言技巧，做到通俗易懂、无错别字，文体规范，避免使用简语和自造词。

例文分析

【例文2-2-2-1】

求职信

尊敬的××公司人力资源部经理：

您好！

我写此信应聘贵公司招聘的经理助理职位。我很高兴在招生就业网站上得知你们的招聘广告，并一直期望能有机会加盟贵公司。

我是××××大学国际贸易专业的一名应届毕业生，愿意将20多年所积累的学识以及锻炼的能力贡献给贵单位，并尽自己最大的所能为贵公司的发展与进步贡献自己的全部力量。

我深知，“机遇只垂青于有准备的头脑”。因此，在校就读期间，我抓住一切可以利用的机会学习各方面知识，努力锻炼自己各方面的能力，使自己朝着现代社会所需求的具有创新精神的复合型人才发展。我的英语水平达到国家六级，能够熟练地运用英语进行听、说、读、写；计算机应用能力为国家二级，可以熟练操作Windows平台上的各类程序软件。我被评为2017—2018学年省二级优秀大学生。在大学四年学业中，我连年获得一等奖学金。在努力学习专业知识的同时，我还广泛涉猎了哲学、法律、文学、经济学等领域的知识，修完了专业以外其他经济领域的多门课程，辅修了经贸英语，并自学了第二外语——德语。

“在工作中学会工作，在学习中学会学习。”作为一名学生干部，我更注重自己能力的培养。乐观、执着、拼搏是我的航标，在险滩处扯起希望的风帆，在激流中凸现勇敢的性格，是我人生的信条。由我创意并组织的多次大型活动得到了老师的认可，同学的赞许，使我以更饱满的热情投入新的挑战之中，向着更高的目标冲击。

为了更全面地锻炼自己的能力，我利用假期先后在政府机关、企事业单位进行了社会实践，实习结束后，我被评为“优秀实习生”，这些经验为我走入社会，参与商业经营运作奠定了良好的基础，而且从中学到了如何与人为善、袒露真诚。

在即将走上社会岗位时，我毛遂自荐，企盼着以满腔的真诚和热情加入贵公司，领略贵公司文化之魅力，一倾文思韬略，才赋禀质为您效力。诚挚希望贵单位能够给我一个面试的机会！

此致

敬礼！

附件：个人简历表、毕业生就业推荐表、获奖证书和相关证件的复印件

求职人：×××

2018年11月20日

例文评析：标题直接写文种“求职信”，称呼用“尊敬的××公司人力资源部经理”。正文写明以下几个方面的内容：问候语、求职信息的来源和应聘职位、个人基本情况、工作成绩、求职愿望等内容。结尾表达两个意思：一是希望对方给予答复，二是盼望能够得到参加面试的机会。内容详细、具体、充实，语言简洁、朴实，感情热忱，格式规范。

任务实施

张燕，21岁，贵州人，现在××学院文法系公关文秘专业学习，今年7月即将毕业。三年学习中，各门成绩均在85分以上，毕业论文被评为优秀，在××局办公室实习期间，颇得前辈好评，深受经理器重。在校期间，担任系学生会文娱部秘书长一职，锻炼了她的组织和社交活动能力，并在《××××》等杂志上发表文学作品多篇。

××公司在《××报》刊登了招聘信息，提供了秘书、人力资源管理等岗位，报名截止日期为2018年5月10日。张燕打算去应聘。

根据以上材料，张燕要去××公司应聘，她必须撰写一份符合规范格式的求职信。

根据以上任务情景的描述，假如你是张燕，该怎样拟写这份求职信。

任务指导

标题直接写文种"求职信"。称呼在标题下一行顶格写，可用"尊敬的××公司人力资源部经理"。正文一般应写明以下内容：求职信息的来源、应聘职位、个人基本情况、工作成绩、求职愿望等。结尾写表示敬意、祝福之类的词句。署名写上"求职人：×××"。日期写在署名右下方，应用阿拉伯数字书写，年、月、日全写上。附件：求职信一般要求和有效证件一同寄出，如学历证、职称证、获奖证书和身份证等复印件，并在正文左下方一一注明。

参考范文

求职信

尊敬的××公司人力资源部经理：

您好！

我从《××报》获悉贵公司正在招聘秘书岗位的人才，贵公司在业界享有良好的知名度和美誉度，这给我提供了一个极好的施展才华的机会。现将我的简要情况介绍如下：

我今年21岁，贵州人，现在××学院文法系公关文秘专业学习，今年7月份即将毕业。三年学习中，我的各门成绩均在85分以上，毕业论文被评为优秀，在××局办公室实习期间，颇得前辈好评，深受经理器重（附××局办公室主任推荐信一封）。在校期间，担任系学生会文娱部秘书长一职，锻炼了我的组织和社交活动能力，并在《××××》等杂志上发表文学作品多篇（具体目录请参见附件）。

作为应届毕业生，虽然我积累了一定的公关文秘工作的实际经验，但坦率地说，我觉得还远远不够。不过，我热爱这项工作，深知这项工作的重要意义，三年专业学习为我打下了扎实的专业基础，我有信心胜任贵公司的公关文秘工作。

良禽择木而栖，士为知己而搏，如能被录用，我将竭尽全力做好工作。

愿我有与您面谈的机会！

顺颂

商祺！

附件：学历证、获奖证书、推荐信和在杂志上发表的作品等复印件各一份

求职人：张燕

2018年5月8日

能力提升

一、病文改错

阅读下面这份求职信，分析其有哪些不足之处，并说明理由。

求职信

××公司：

从×月×日××报纸的招聘广告上，得知你们正在招聘公司业务部经理。我认为，我的情况非常适合这个职位，我希望我在面试时，能够亲自向你们表明我能为公司做出怎样的贡献。

我于××××年×月毕业于××大学××专业，取得××学位。毕业后一直在××单位担任××工作，于××××年×月取得××职称。有关个人业绩、证件等材料随函附上。

请公司考虑我的求职，并将面试时间通知我。

此致

敬礼

×××

二〇一九年七月八日

二、材料写作

1. 请根据个人的专业学习、在校表现及参加社会实践活动、能力特长等情况。假设从某处得知某公司的招聘信息，为自己拟写一份求职信。

2. 收集有关求职材料封面、简历表、求职信资料，为自己制作一份新颖、独特、有美感和个性的求职材料。

第三讲　信息传播文书写作

信息传播文书是指通过各种大众传播媒介以及其他传播渠道向社会公众进行有针对性宣传的专用文书。常见的信息传播文书形式有消息、通讯、简报、广告、启事、声明等。这一讲我们选取了两组信息文书进行比较讲解，第一组是启事与声明，第二组是消息与通讯。

启事与声明都是常用的信息传播文书，二者具有较高的相似度。一是行文内容上都具有简洁、明确等特点，二是读者都是指向社会公众，三是都可以通过报刊登载、电视播发或者公共场所张贴等多种渠道进行发布，四是在社会生活中使用广泛。正是由于二者具有较高的相似度，在日常使用过程中，一些不熟悉启事与声明的群众，常把二者混用。

其实，启事与声明的不同之处也是相当明显的。第一，二者的写作内容有不同，启事的内容包含了两层意思，一是向社会公众发布相关信息，二是要向公众提出要求，希望获得公众的支持和配合，而声明的内容相对来说只有第一层意思，也就是在向社会公众发布相关信息之后，不会再向公众提出要求。第二，二者在与社会公众的互动关系上存在差异，启事发布之后，理论上发布者与社会公众会产生信息互动传递，以实现启事的发布目的，而声明则是发布者单向给社会公众发布信息，并不需要得到社会公众的信息反馈。第三，启事的内容里语气恳切，而声明的内容里常带着严肃的提醒、警示的语气。第四，启事侧重于发布信息，声明侧重于表明态度、主张。

消息与通讯均为新闻体裁。新闻是什么呢？这个问题的答案是很难统一的，由于国家制度不同、文化不同、背景不同，对新闻价值的认识也就不同。美国前《纽约太阳报》的主管达纳说，新闻是“社会上大多数人感兴趣，而且在此以前从未对它注意过的那些事情”。约翰·B.博加特提出过一个经典的新闻概念：“狗咬人，不是新闻；人咬狗，才是新闻。”斯坦利·瓦利克尔提出，新闻是建立在三个“W”的基础上：“妇女（Women）、金钱（Wampun）和坏事（Wrongdoing）”。在我国，《新唐书》中曾有“恨天下无书以广新闻”的记载，这里的“新闻”是指“最近消息”。1943年陆定一提出：“新闻就是新近发生的事实的报道。”1981年中宣部对新闻定义作了诠释：“新闻反映新发生的、重要的、有意义的、能引起广泛兴趣的事实，具有迅速、明了、简短的特点，是一种最有效的宣传形式。”

消息，它是对新近发生的有社会意义并引起公众兴趣的事实的简短报道。因此，消息的特征表现为真实性、时效性和简短的篇幅。俗语说“麻雀虽小，五脏俱全”，一则完整的消息，同样应具备“何时”“何地”“何人”“何事”“何故”“如何”等几个要素。通讯，是以叙述、描写为主要表达方式，将具有新闻价值的人物或事件及时、具体、生动地予以报道的新闻体裁。与消息相比，通讯为了对人物或事物进行具体、生动的报道，篇幅就显得更长了。

第一节　启事与声明

任务一　启事的写作

任务目标

理解和掌握启事的含义、类型、结构和写法以及写作注意事项。
能够撰写格式规范的启事。

知识要点

一、启事的含义

启事是机关、企事业单位、其他团体或个人需要向社会公众说明事情、请求帮助时所使用的应用文体。启事通常采用报纸登载、电视播发或在公共场所张贴等方式发布，应用范围广泛。

二、启事的特点

1. 内容的公开性

启事发布的目的是向社会公开说明事情，同时需要社会大众给予一定帮助，因此它是对整个社会公开的。

2. 广泛的参与性

从发布主体的角度来看，只要是合法的组织或个人采取合法的方式发布启事，都是被允许的。从受众的角度来看，启事的内容涉及社会生活的方方面面，常常能引起大众的广泛参与。

3. 鲜明的实用性

启事是通过发布信息的形式，以求达到解决问题的目的，具有非常实用的特点。

三、启事的类型

启事一般可以分为三种类型。

1. 找寻类启事

如寻物启事、寻人启事等。

2. 征招类启事

如征文启事、征婚启事、招生启事、招聘启事等。

3. 周知类启事

如挂失启事、庆典启事、更名启事等。

四、启事的结构和写法

启事由标题、正文和落款三部分组成。

1. 标题

启事标题有三要素:发文机关、事由和文种。写法也可分为三种。

(1)单一要素写法:仅以事由,或仅以文种作为标题,就写“征文”“招聘”或“启事”。

(2)复合要素写法:写上事由和文种作为标题,比如“寻人启事”“征婚启事”等等。

(3)完整写法:由发文机关、事由和文种构成,比如“×××公司关于招聘业务员的启事”等。

2. 正文

不同性质的启事写作正文的侧重点不同。

(1)找寻类启事

寻人启事首先要交代清楚找寻对象的特征,比如走失人的姓名、性别、年龄、外貌特征、衣着装束、说话口音等内容,便于社会公众鉴别走失人。其次,要写明走失的时间、地点以及走失的具体原因。再次,要写上联系人和联系方式,以便于社会公众反馈信息。最后,写上奖赏条件或酬谢语。

寻物启事首先要写明丢失物的主要特征,比如丢失物的名称、质地、外观、规格、数量、品牌等。其次,写明丢失的时间、地点。再次,要写上联系人和联系方式,以便于社会公众联系。最后,写上奖赏条件或酬谢语。

(2)征招类启事

征招类启事在征招对象的同时,也常常带有自我推介的目的,发布主体与对象之间形成一种“双向选择”的关系,因此在写作时既要写清楚征招方的基本情况,又要写清楚对征招对象的要求。以×××公司的招聘启事为例,启事的内容首先要写明公司、岗位的基本情况,包括公司所在地、公司规模、业务范围、招聘岗位的工作性质、业务要求等。其次要写明公司对招聘对象的具体要求,比如招聘对象的年龄、性别、文化程度、工作经历、技术特长等。再次,要写招聘对象受聘后的待遇等。最后,要写应聘对象应聘程序及注意事项等。

(3)周知类启事

以更名启事为例,要先把更名单位概况、更名原因、批准单位等启事缘由介绍清楚,再写更名的具体内容,包括单位原名称、更改后的名称以及更改名称的时间节点,最后写相关补充内容,比如更名后隶属关系有无变动等。

3. 落款

包括署名和时间两项内容。署名时写明启事的单位或个人名称。标注的时间写上启事的年、月、日。

五、启事写作的注意事项

1. 内容要严密、完整

启事写作中值得注意的是,内容要严密、完整,而且要表述清楚,不遗漏应启之事。切忌含糊不清。用语要热情、恳切、文明。只有态度诚恳,语言有礼貌,言辞恳切,才能使公众产生信任感，达到预期效果。

2. “启示”与“启事”不同

《咬文嚼字》于2007年1月16日向社会公布的2006年十大语文错误，其中第六条提到常用文体中容易混淆的词是“启示”与“启事”。常见的错误如：“招聘启示”“征稿启示”。“启示”应为“启事”。“启事”意为公开说明某事，是一种公告性的文体；“启示”意为启发提示，和文体无关。

例文分析

【例文3-1-1-1】

招聘舞蹈兼职教师启事

××舞蹈培训学校是××市一所具有30年办学历史的民办学校。现因办学发展的需要，特招聘舞蹈兼职教师。

（一）招聘对象：大中专院校在校舞蹈及相关专业应届毕业生或在校生（限女生）。

（二）招聘岗位：舞蹈助教。

（三）招聘人数：6名。

（四）工作时间：每周双休日早9:00—晚7:00（午休两个小时）

（五）招聘条件：

1. 遵纪守法，品行端正，身心健康。
2. 舞蹈专业成绩优秀，文化成绩良好（担任班干部、学生会干部者优先考虑）。
3. 个人形象气质佳，五官端正，皮肤白净，身高160cm以上。

（六）招聘形式：

面试（略）

（七）报名办法：凡有意报名者，请将个人简历、身份证（或学生证）复印件、近期照片两张，在×月×日前，交到××舞蹈培训学校一楼前台。初审合格者，通知面试。

联系地址：××省××市××路××号

联系人：冉老师　覃老师

电话：×××××××××××
　　　×××××××××××

××舞蹈培训学校

××××年×月×日

例文评析：这是一则舞蹈学校的招聘启事。从招聘的内容来看，首先是要简要介绍清楚招聘方的基本情况，给启事受众一个直观的印象。其次，对招聘对象的具体要求，包括招聘人员的工作性质、业务类型，以及招聘对象的年龄、性别、文化程度、工作经历、技术特长等提出较为具体的要求。再次，招聘对象受聘后的待遇等重要问题，可根据实际情况选择公开或面谈。最后，应聘对象须办理的手续，以及应聘的具体时间、地点、联系人、电话号码等都要写清楚。

【例文 3-1-1-2】

寻人启事

×××，女，61岁，身高158cm，短发，戴黑框老花镜，身穿白色衬衫，黑色裤子，脚穿黑色布鞋，湖南长沙口音，患有老年痴呆症，于201×年×月×日在××市××区××广场走失后，至今未归。望知情者提供线索。联系人×××，联系电话：×××××××××××。谢谢。

201×年×月×日

例文评析：这是一则寻人启事。寻人启事首先要写的，也是最关键的内容是寻找对象的特征，以便于社会公众掌握更多的信息，提高寻人成功的概率。

任务实施

10月1日是我们伟大祖国的生日，学院决定在国庆来临前举办"我和我的祖国"征文比赛。请你代写一份"我和我的祖国"征文启事。

任务指导

该启事一是要写明征文的目的、对象、意义等，二是要写明征文的题材、体裁、字数、截稿时间、投寄办法、评奖方法等。

参考范文

"我和我的祖国"征文启事

今年10月1日是我们伟大祖国70岁生日，为营造喜庆的节日氛围，表达我校广大学子对祖国的赤子之情，学院决定举办"我和我的祖国"征文比赛，现将有关事项通知如下：

1. 参赛对象：本校在校生。
2. 征文内容要求：(略)
3. 形式要求：体裁不限，篇幅在2000字以内。
4. 时间要求：9月20日截稿。
5. 奖项设置：一等奖2名，二等奖5名，三等奖10名。获奖作品将在校园网上刊登。

收稿单位：党委学工部。

联系人：×××

联系电话：×××××××××××

能力提升

一、病文改错

1. 阅读下文，指出本文的错误，并说明理由。

遗失启事

不慎遗失出生医学证明一份，出生证编号：×××××××××××，婴儿姓名：×××，特声明作废。

声明人：父亲：××

母亲：××

201×年×月×日

2. 下文是一份启事，指出下文的错误，并修改。

寻人启示

我的女儿叫李××，6岁，圆脸，身穿粉红色连衣裙，四川人，说四川方言。8月5日，我带女儿去逛超市的时候不慎走失。请帮忙查找，有重谢。如有线索，请速与我联系，联系电话：×××××××××××。

李××

201×年×月×日

二、材料写作

××小区保安人员于201×年×月×日下午五点半左右在小区花坛处拾到一辆儿童自行车。为了方便失主认领，保安已把儿童自行车暂存于业主服务中心。请你代××物业公司写一份招领启事。

任务二　声明的写作

任务目标

理解和掌握声明的含义、类型、结构和写法以及写作注意事项。

能够撰写规范的声明。

知识要点

一、声明的含义

声明是党政机关、企事业单位、社会团体以及公民个人就有关事项或问题表明自己的观点或态度，或者向侵害自身权益者发出书面警告，或者向社会公众说明有关情况时使用的一种应用文体。

二、声明的特点

1. 严肃性

声明的使用目的就是表明自己的态度、立场，或者对侵权等不法行为发出警告，或者说明事件的真相等，是关乎是非对错的原则性大问题，因此发布声明就是一种严肃的行为。这就决定了声明的严肃性，即发布的内容必须是客观事实，措辞要严谨，态度要坚决，立场要鲜明。

2. 针对性

声明都是针对一定的行为或问题而发表的。写作内容非常清晰地表明自己对这些行为或问题的态度、立场，还指明具体的侵权行为或问题，具有较强的针对性。声明的针对性特征，对侵权等不法行为起到警告作用，对社会关注点起到澄清的作用，有助于公众弄清事实真相。

3. 警示性

警示性声明是为了揭露侵权等不法行为，防止侵权等不法行为的再次发生而发布的，这类声明具有较强的警示或警告的作用。告启性声明和澄清性声明则是说明情况、澄清事实，具有提醒、提示作用。

4. 说明性

声明都是通过对某些事件、行为的说明，以期达到澄清事实真相、警示或警告的目的，因此声明具有说明性的特点。

三、声明的类型

从大的层面上讲，声明分为外交专用声明和一般性声明两大类。在这里只讨论一般性声明。一般性声明主要分为以下三类。

1. 告启性声明

告启性声明是在丢失了重要的证件、文件、印章、凭证等情况下，为了防止他人和不法分子冒领冒用等行为发生，提醒相关单位和个人注意而发布的声明。这类声明的作用是预防侵害行为的发生，以避免或减少声明发布者的损失。

2. 警示性声明

警示性声明是指自己的权益有可能受到侵害或已经遭到侵害时，为了防止或制止侵害行为，维护自己的合法权益而发布的声明。这类声明的作用主要是对实施侵权者进行警示或警告，防止侵权行为的发生或者制止已经发生的侵权行为。

3. 澄清性声明

澄清性声明是指本来与自己无关的行为或事件影响到自身的声誉，或干扰到自己业务的正常开展等情况发生时发布的，旨在澄清事实，还自己以清白的声明。如别人利用与自己名称相近的商标制造假冒伪劣商品而累及自己的产品声誉时，就需要发表声明向公众说明情况，使公众明白事实真相。

四、声明的结构和写法

声明由标题、正文和落款三部分组成。

1. 标题

声明的标题有三种写法。

（1）单一型：直接用文种“声明”二字作标题。

（2）复合型：由事由和文种两个部分构成。

（3）完整型：由单位名称、事由、文种三个部分构成。

声明的标题上有时加“严正”二字，是为了强调声明的重要性和严肃性，或加强警示作用，如“×××公司严正声明”。有的声明单位授权××律师，在标题上也标明，增加了标题的信息容量，如“××公司授权法律顾问××律师声明”。

2. 正文

声明的正文部分一般由发表声明的缘由、声明事项和声明者的态度几个部分构成。

（1）声明的缘由：这一部分简明扼要地交代发表声明的原因。如，“近一个时期以来，市场上出现了两种《怎么写好高考作文》的盗版书。盗版者严重侵害了原作者×××先生和××出版社的合法权益。为此，×××先生和××出版社共同授权律师×××发表声明如下”。

（2）声明事项：这是声明的核心内容，一是要做到简明扼要地交代发布声明的内容和目的，二是要在法律规范和社会伦理底线的范围内发布事项和要求，增加声明事项的合理性，提升社会公众对声明的支持度。

（3）声明者的态度：声明者的态度要简明扼要、直截了当地提出来。声明者的态度就是声明的底线，对约束侵权等不法行为，维护自身权益具有明确作用。

3. 落款

（1）声明者：声明者可以是组织，也可以是个人。

（2）日期：写明发布声明的时间。

五、声明写作的注意事项

声明与启事是两种常用的，有许多共同之处的应用文种，因此稍不留意就很可能出现混用的现象，把启事写成声明，或把声明写成启事。声明与启事的共同点体现为：行文上都具有简洁、明确等特点；对象上都是面向社会大众；发布形式上都可以通过报刊登载、电视播发或者公共场所张贴等形式；在社会上的“可见度”都是比较高的。那么，声明与启事有哪些不同点呢？要找到声明与启事的不同之处，得从以下两个方面来看。

一是看内容上有没有对公众提要求。声明只告知公众某件事情，侧重于说明自己的态度、立场，不提要求，比如遗失声明，只向公众宣布遗失了物品，宣布该物品作废，并不会要求公众协助寻找。启事则不同，它在向公众告知某件事情的同时，还要求公众协助办理此事。

比如寻物启事，在向公众宣布遗失了物品之后，紧接着再向公众寻求帮助。

二是要看语气。声明发布的目的是保护自身的合法权益，因此声明的语气严肃，带有警示或提醒作用。启事发布的目的是希望获得公众的帮助，它的语气就不会像声明那样严肃认真，而是显得真诚、恳切。

例文分析

【例文3-1-2-1】

遗失声明

本公司不慎丢失营业执照副本一份，号码为：××××××××××××；增值税发票一本，号码为：××××××××××××。从登报之日起，声明其作废。如由此引起的一切法律和经济责任，本公司概不负责。

××商贸有限公司

201×年×月×日

例文评析：声明的正文内容应该做到要素齐全，行文规范、简洁、明确，充分体现声明这一文种的特点。以上这份声明简洁而内容俱全，短短几十字就把声明的原因、内容、对遗失后的态度立场表达清楚了，增添了声明的严肃性。

【例文3-1-2-2】

声　明

近来，我校个别教师以帮助学生辅导作业为由，私下收受家长和学生的钱物，在社会上造成了不良影响。为此，我校郑重声明：一、我校从未组织教师开展校外辅导。二、个别老师的作为纯属个人行为，与学校无关。

特此声明。

××学校

2011年×月×日

例文评析：这是一则澄清性的声明。其发布目的是向公众说明个别老师的行为纯属个人行为，非校方所为，希望大家不要产生误会。

【例文3-1-2-3】

××公司授权××律师事务所×××律师的声明

"××牌"是××公司于××××年依法申请的注册商标，该公司享有此注册商标的所有权。近来发现有企业未经该公司许可，擅自生产销售标注该公司“××牌”注册商标标识的同类商品。此种行为是严重的侵权行为。为维护该公司合法权益，本律师经××公司特别授权，郑重声明如下：

凡有上述商标侵权行为的企业，必须立即停止其非法行为。否则一经发现，本律师将诉诸法律，依法追究侵权者的法律责任。

××律师事务所×××律师

201×年×月×日

例文评析：澄清性声明是指本来与自己无关的行为或事件连累到自身的声誉，或影响到自己业务的正常开展等情况发生时发布的，旨在澄清事实，还自己以清白的声明。如别人利用与自己名称相近的商标制造假冒伪劣商品而累及自己的产品声誉时，就需要发表声明向公众说明情况，使公众明白事实真相。

任务实施

××公司与××大学曾经有过一段时间的培训业务合作，后因双方存在分歧而终止了合作。合作终止后，××大学发现××公司仍然以××大学合作伙伴的名义进行招生、培训宣传。××大学认为××公司的这种做法是严重的侵权行为。请你为××大学草拟一份声明。

任务指导

从新闻媒体的报道中，我们偶尔发现，一些公司，特别是知名度不高的小公司，在经营活动过程中，为了提升公司的知名度、可信度，会采取“擦边球”等非法的手段，绞尽脑汁地把一些知名的组织、个人与公司联系起来，进行广泛的宣传。这样的做法对公司来说，短期内可能会收到明显的效果，但从长远来看，这无疑是饮鸩止渴，害人又害己。以上公司的这种做法违反了哪些法律规定呢？正当权益被不法公司侵害的组织和个人，为了维护自身正当权益，可以采取哪些措施呢？请自行查阅法律文书或咨询专业人士。

参考范文

声　明

兹有××公司冒用××大学的名义对外宣传、招生及开展相关经营活动，鉴于此，我校特此声明如下：

一、我校与××公司合作已于××××年×月×日正式终止，双方不再存在任何合作关系。

二、合作终止后，我校未与××公司合作开展招生、培训等相关经营活动，也未授权其使用我校名义进行招生、培训等相关经营活动。

三、××公司冒用我校的名义进行招生、培训等相关经营活动的行为与我校无关。对于××公司的侵权行为，我校将保留追究其法律责任的权利。

特此声明。

××大学

××××年×月×日

能力提升

一、病文改错

阅读下文，指出本文的错误，并修改。

遗失声明

×××律师事务所不慎遗失营业执照正本，声明作废。

×××律师事务所

201×年×月×日

遗失声明是指自然人或者法人丢失了某些社会性质的证件或者类似的东西时，为了补办一份，法律上必须先确定遗失者所遗失的证件已经在法律上无效，这个过程就是遗失证明。具体的程序是遗失者按照法律的相关规定，到户籍所在地的派出所申报，同时在市级公开发行的报刊上刊登。按照法律的规定刊登之后，即解除了遗失者的社会责任，他人再冒用遗失的证件而产生的各种后果，遗失者就不需要承担相关责任。

二、材料写作

某单位公章不慎遗失，请你代该单位草拟一份遗失声明。

第二节　消息与通讯

任务一　消息的写作

任务目标

理解和掌握消息的含义、类型、结构和写法以及写作注意事项。

能够根据实际情况撰写消息。

知识要点

一、消息的含义

消息即狭义的新闻,它是对新近发生的有社会意义并引起公众兴趣的事实的简短报道。消息是对新闻事实最为快捷的报道,它常以最强的时效性告诉受众发生了什么事件,在突发事件的报道中占绝对优势。但为了强调快捷,突出时效性,消息就不得不牺牲内容的生动性和丰富性,因此消息具有"短、平、快"的特点。消息的写作要注意以下的七个要素,即何时、何事、何地、何人、如何(结果)、为何(原因)、何出处等。从传统意义上讲,新闻通常包括五个要素,即何时、何事、何地、何人、如何(结果),也就是"五个W",后来加上了"原因",在当前大量使用网络的情况下,"出处"成为消息的又一要素。

二、消息的特点

1. 真实性

真实是新闻的灵魂所在。消息的采写要坚持实事求是的原则,坚持真理,真实地报道社会生活事件。新闻与社会大众的生活息息相关,它的传播和影响面很广。如果哪个媒体传播虚假的新闻,就是欺骗大众,就可能会给大众的心理造成伤害,可能会给大众的生活造成损失,同时,这样的媒体也注定会被大众所抛弃。

2. 时效性

时效性就是新闻的生命线。新闻媒体以最快的速度报道最新的内容,才能满足社会公众对信息的需求,才能得到更多的关注。

3. 重要性

新闻要服务国家大政方针,贴近生活,关注到那些关系大多数人生活的事情,只有对大众具有一定的重要性,才会吸引大众,影响大众。

4. 通俗易懂

新闻是向大众说话,因此记者应该站在公众的立场上,为公众发声,还应该是一个翻译家,用老百姓常用的词汇,用故事说话,用现场说话,把很深的道理讲得深入浅出。

5. 短小灵活

消息是对新闻事实的最为快捷、撮要式的报道,它常以最强的时效性告诉受众发生了什么事件。短小的篇幅,使得消息能够以较快的速度,以最便于理解的形式呈现在读者面前。

三、消息的类型

消息的分类有不同的标准。具体如下。

1. 按照篇幅划分

消息可分为长消息、短消息、简讯和一句话新闻等。

2. 按照内容划分

消息可分为经济消息、时政消息、文娱消息、体育消息等。

3. 按照报道侧重划分

消息可分为动态消息、综合消息和述评消息等。

四、消息的结构和写法

消息的文本结构一般由三部分组成，分别是标题、导语和主体。消息的内容一般表现为导语＋主体，倒金字塔结构，结果在前，过程在后，新发生的事实在前，旧事实在后，重要的事实在前，次要的事实在后。

1. 标题

标题有正题、引题、副题三种。正题也称主题，是概括报道的事实，在一篇消息报道中不可或缺。引题常置于正题之前，起到交代消息报道背景、烘托气氛等作用。副题则是对消息报道内容作提要，或提示消息报道事实的结果等。消息的标题要做到准确、简明地概括整篇消息的内容，引导读者快速地理解报道的事实。

2. 导语

消息的导语要突出中心，吸引读者。它比一般文章的开头重要得多，是新闻报道的中心点、关注点和吸引点，写作上要用广告的方法，张扬、显露，把最有价值的东西显露出来。这样处理的目的就是要吸引读者，并让读者以最快的方式，以最短的时间了解新闻信息。

3. 主体

导语与主体之间紧密联系，不可脱离。主体的功能是展开导语和补充导语，写作上要紧紧围绕导语而进行，并且段与段之间有严密的逻辑关系。消息写作的要求：消息的语言要简洁而明晰，严谨而生动。一方面要言之凿凿，滴水不漏，在真实感和分寸感等方面都无可挑剔。另一方面，语言生动又是造就新闻作品可读性的不可或缺的元素。

五、消息写作的注意事项

1. 中心信息要突出

比如对一场重大国际性体育赛事的报道，记者写作时绝对不能把一场场比赛简单地堆砌起来，而是要根据媒体的特点，选择其中重要的，有侧重地进行报道。消息报道切忌多中心，或者无中心的现象，给读者造成困惑。

2. 正确处理好程序与信息的关系

在会议报道中，常见的问题是一些消息报道着重强调会议的召开时间、地点、谁主持、谁讲话等等，反而弱化了会议内容所透露出来的信息，这是不对的。我们一定要弄清楚一点，也就是一个会议最重要的是会议透露出来的信息，会议程序是为信息服务的。

3. 少一些套话，多一些实质内容

消息报道要多一些“干货”，少一些套话、大话，把新闻报道的质朴之风传给读者。比如“谱写了×××工作的新篇章”“为了增强×××意识，开展了×××系列活动”这一类词、句应该尽量少用或者不用。

例文分析

【例文3-2-1-1】

中埃青年交流联谊会在亚历山大举行

据新华社埃及亚历山大8月26日电(记者李碧念)　中国驻埃及亚历山大总领事馆25日举办中埃青年交流联谊会,11名中埃两国大学生分享了参加首届中埃国际夏令营的精彩故事。

——摘自《人民日报》2019年8月27日第3版

例文评析:这则消息很简短,但消息的基本要素都有,充分体现出消息"短、平、快"的特点。

【例文3-2-1-2】

澳大利亚科学家在蛋白石中发现恐龙群化石

澳大利亚科学家最近发现,开采于澳大利亚新南威尔士州莱特宁岭的蛋白石中包含着一个恐龙"群体"的化石,这是在澳大利亚发现的第一个恐龙"群体",它们属于一个新的恐龙物种。

蛋白石是一种含水的非晶质二氧化硅,因主产地是澳大利亚,又称"澳宝"。位于新南威尔士州内陆的小镇莱特宁岭是世界著名黑色蛋白石产区。

澳大利亚新英格兰大学等机构研究人员在新一期美国《古脊椎生物学杂志》上报告说,经鉴定分析,他们确认开采于莱特宁岭的一批蛋白石中包裹着至少4具距今1亿年前的恐龙骸骨,它们属于一种新的食草恐龙,其中一具遗骸是世界上迄今发现的最完整蛋白石恐龙骨骼。

领导这项研究的新英格兰大学菲尔·贝尔博士介绍说,这组蛋白石化石中约60块骸骨来自一只成年恐龙,其中还包含部分头骨,这具较完整的蛋白石恐龙骨骼十分珍贵。

研究人员起初以为其中仅有一具骸骨,经仔细观察后发现有4块肩胛骨,而且大小不一,因此推断它们来自一个小的恐龙群体或家族。

(据新华社悉尼电　郭阳)

——摘自《人民日报》2019年6月11日第18版

例文评析:以上这则消息体现出常见的结构形式,先把新闻事件的核心信息写出来,接着再写其他信息。核心的信息可以迅速抓住读者,告知读者消息的主要内容,其他信息则是对主要信息的完善和补充。

任务实施

××学校将于2019年9月1日起全面实施于2018年12月1日修订的《全日制本科学生学士学位授予管理办法》(以下简称《办法》),《办法》对现行的“不授予学士学位条件”中的两处内容作了修改,即:“非英语专业学生大学英语四级考试(CET-4)成绩未达到300分者不授予学士学位”修改成“非英语专业学生大学英语四级考试(CET-4)成绩未达到425分者不授予学士学位”;“在校期间补考科目达到8门次以上(含8门次)或重修课程门次达8门次(含8门次)者不授予学士学位”修改为“在校期间补考科目达到4门次以上(含4门次)或重修课程门次达4门次(含4门次)者不授予学士学位”。

请以校报记者的身份,写一篇消息。

任务指导

写作时一是要提炼标题,二是导语要突出中心,把最有价值的东西显露出来,以吸引读者,使读者在最短的时间内了解新闻报道的中心点、关注点和吸引点。

参考范文

鄱阳湖将全面禁捕

为保护鄱阳湖区生物资源,江西省将从2021年1月1日起,全面禁止鄱阳湖区天然渔业资源生产性捕捞,禁捕期暂定10年。同时,对同样列入长江流域重点水域的水生生物保护区和长江干流江西段从2020年1月1日起禁捕。

以水生生物为主体的水生态系统,在维系自然界物质循环、净水水域生态环境等方面发挥着重要作用,是保障国家生态安全的重要基础。去年,国务院办公厅印发《关于加强长江水生生物保护工作的意见》,提出到2020年长江流域重点水域实现常年禁捕,并明确到2035年,长江流域生态环境明显改善,水生生物栖息环境得到全面保护,水生生物资源显著增长,水域生态功能有效恢复。

……

——摘自《人民日报》2019年8月27日第1版

能力提升

一、病文改错

阅读下文，指出本文的错误，并说明理由。

美国驱逐叙利亚在美国的外交官

本报讯 当地时间6月15日深夜，叙利亚外交部新闻发言人表示，叙利亚即日起终止与美国的外交关系。叙利亚与美国的外交危机由来已久，起因还是由于美国方面支持叙利亚反对派武装的原因导致的。前一阵子，美国方面由于对叙利亚政府武力镇压反对派武装，所以宣布关闭了在大马士革的大使馆，驱逐了叙利亚在美国的外交官。

叙利亚总统巴沙尔强调，“我们在国际上并不孤立，某些国家想孤立我们，但他们没有达到目的。”

二、材料写作

××学校正在举办学生社团文化活动月，今天最引人关注的是活动月的重头戏“校园十大歌手”大赛的决赛。经过激烈的竞争，××学院的小云同学发挥出色，以一曲土家民歌获得冠军。请以××学院学生记者的身份写一篇消息。

任务二 通讯的写作

任务目标

理解和掌握通讯的含义、类型、结构和写法以及写作注意事项。

能够根据实际情况撰写通讯。

知识要点

一、通讯的含义

通讯是新闻文体中对新闻事实进行详细报道的新闻报道形式，一般运用叙述、描写、抒情、议论等多种手法，具体、生动、形象地反映新闻事件或典型人物，是报纸、广播电台、通讯社常用的文体。与同是以报道事实为主的消息相比，通讯的内容要更加详尽，更加生动。

二、通讯的特点

1. 真实性

通讯必须以事实为依据，不能夸大，不能随意捏造，不能一味地追求语言华美而忽视了新闻内容的真实性，这样就严重背离了新闻通讯的初衷。

2. 公开性

通讯是被大家阅读和欣赏传播的一种公开的文体，通过新闻报道进行宣传、反映问题等等，所以新闻报道的发布通常会考虑受众度和阅读者的需求等。

3. 形象性

通讯的重要元素是内容，最终是为读者服务的，所以新闻通讯打造的内容应当形象、生动，具有可读性，这样才能更容易被公众理解和传播，增强文章的感染力，提高传播效果。

4. 时效性

比较快速地把新闻信息发布出来，是通讯保持鲜活生命力的保证。如果事件发生了很久再进行报道，很显然就失去了新闻的价值。

三、通讯的类型

通讯可按照对象、表达方式、采写方式等进行分类。

1. 按照对象进行分类

可分为人物通讯、事件通讯、工作通讯、风貌通讯等，其中最为常见的是人物通讯和事件通讯。

2. 按照表达方式进行分类

可分为叙述型通讯、描写型通讯、议论型通讯。

3. 按照采写方式进行分类

可分为叙事记述型通讯、调查分析型通讯、谈话实录型通讯。

四、通讯的结构和写法

1. 通讯写作要明确主题

有了明确的主题，才能对繁多的材料进行取舍，才具备加工材料的标准，才能对写作的结构安排了然于胸，使从起笔、过渡、高潮直至结尾，始终围绕着主题展开。

2. 材料的选择要精当

按照确定的主题要求去选择驾驭材料，把最能反映事物本质的、具有典型代表意义的和最富有感染力的材料充分地运用起来。对于不符合主题要求的材料，坚决地剔除。

3. 要处理好写人与写事的关系

通讯写作中离不开写人和写事，写人离不开写事，写事是为了写人。写人物通讯自然是以写人为侧重，写事件通讯等其他通讯也不能不写人。当然，写人也离不开写事，一旦缺少了事例和情节，那是写不好人的，鲜活的人物形象都是在事例的细节里丰富起来的。

4. 写作的方法、角度要根据情况灵活变化

通讯的写作方法要灵活多变，除了常见的叙述、描写、议论之外，也可以在适当的地方穿插对话、自叙和作者的体会、感受，既可以用第三人称的报道形式，也可以写成第一人称的访

问记、印象记或书信体、日记体等。通讯所报道的新闻事实，观察的角度可以是不一样的，除了常规的以正面的视角之外，还有反面、侧面，除了平视之外，还可以鸟瞰，仰望，可以远眺，还可以近看。角度的变化，引发的印象效果差异巨大。当然，视角的选择要结合新闻事实的实际，精心选择，写出别具一格的稿件。

五、通讯写作的注意事项

1. 忌中心信息不突出

与消息相比，通讯由于篇幅相对较长，内容较多，容易出现中心信息不突出等问题。比如梳理写作大型活动的报道时，就不能简单地把一个个话题、观点、事件简单堆砌起来，而应根据自身的需要，进行适当的裁剪选择，围绕中心进行报道。

2. 忌重复啰唆

通讯与消息一样，要正确处理好程序与信息的关系，不能重复啰唆。

例文分析

【例文 3-2-2-1】

30位“大先生”齐聚《强国课堂》为青少年上好“开学第一课”

本报北京9月5日电（中国青年报·中国青年网记者　孟佩佩）今天上午，针对青少年推出的首个“强国”主题公益在线素质课程《强国课堂》在北京举行新闻发布会。该活动由中国青年报社、国务院国资委新闻中心、团中央青年志愿者行动指导中心主办，好未来旗下学而思网校等单位承办。举办单位有关领导出席了新闻发布会。

发布会上，中国青年报社相关负责人表示，希望通过《强国课堂》，请“大先生”分享他们生命中的风景和感悟，让青少年于轻松处得到启迪，于细微处体验思想的魅力，并激励青少年在新时代“敢于有梦、勇于追梦、勤于圆梦”，树立强国信念、拓展强国视野、提升强国本领，为“强国一代”加油。

国务院国资委新闻中心副主任张义豪表示，希望通过《强国课堂》，邀请央企中的先进典型和代表人物进行访谈录制，与学生近距离接触，推动青少年向榜样看齐、向先进学习，同时将国资央企最新的发展成果和中国特色现代国有企业制度最鲜活的实践案例带进课堂，讲好央企故事，传播央企声音。

学而思网校总裁刘庆逊在会上提到，科技将成为推动教育进步的重要方式，科技也会把更多优质的教育资源带给更多的孩子。他希望《强国课堂》通过学而思网校平台，在孩子们心中种下梦想的种子。

在发布会上，《强国课堂》正式上线，首批将推出4位“大国重器”嘉宾的课程：国际一流武装直升机直10、直19的总设计师吴希明，中国自主核电“华龙一号”总设计师邢继，十年“焊”海、博弈深蓝的港珠澳大桥岛隧工程项目总工程师林鸣以及“中国天眼”FAST早期数据中心实验室主任谢晓尧。嘉宾们分享自己的工作经历、追梦之旅、人生理想，故事中有斐然成绩，也有困难辛酸。

恰逢开学季，凝聚了30位“大先生”科学智慧与人文洞见的《强国课堂》可以为同学们提供一种学校之外、学科之外的选择。

对青少年来说，榜样的力量是无穷的，偶像的魅力是无限的。《强国课堂》为青少年准备的“开学第一课”，将重新定义“偶像”。在后续课程中，还将有敦煌研究院名誉院长、被称为“敦煌的女儿”的樊锦诗，从事南极科考36年、被称为“三极”（南极、北极和青藏高原）科学家的刘小汉等“大先生”陆续开课。

据悉，《强国课堂》第一季共30期，每期10—15分钟，讲师阵容堪称“超豪华”，他们中有超级总师、两院院士、大国工匠、文化名家，是全国各行业、各领域的领军人物。他们的共同点是：身上都有一种不懈地追求事业、蓬勃向上的精神力量。这些“大先生”将通过《强国课堂》向青少年们讲述自己的成长经历和奋斗历程，分享知识、经验及感悟，这对青少年树立远大理想、为建设强国而努力读书，具有强大的榜样力量和激励作用。

时代在变，对人才的渴求不变。在青少年时期，帮助孩子积蓄精神力量，树立人生理想尤为重要，需要社会各界的通力合作。在《强国课堂》的筹备阶段，多家单位参与并提供支持。

国务院国资委新闻中心作为央企故事的生动讲述者、自觉传播者，积极动员“大国重器”超级总师参与录制；团中央青年志愿者行动指导中心联合《强国课堂》，举办两期“青春志愿行”支教活动，让屏幕上的“大先生”来到边远地区的孩子们身边；学而思网校作为联合举办方，不仅打造了精良的《强国课堂》课程内容，更借助在在线教育领域的深厚积累，将课程送到全国各地的青少年身边，让“开学第一课”深入孩子们的心中。

——摘自《中国青年报》2019年9月6日第1版

例文评析：这个案例围绕“首个‘强国’主题公益在线素质课程《强国课堂》”的新闻发布会展开，介绍了《强国课堂》的意义、内容等等，清晰地向读者展示了文章的中心信息。

【例文3-2-2-2】

黄河边的“救命粮”

七月十五红点，八月十五红满，山西吕梁的枣子快要红了。

黄河水一路咆哮经内蒙古高原奔腾向东，在山西西北部遇到吕梁山脉的阻挡，掉头南流，穿行于山西、陕西两省高山之间。此地名为“秦晋峡谷”，这个峡谷不一般，硬生生使得汹涌黄河在此回旋了一个近乎360°的大弯，咆哮的河水经此变得温和起来。这里被誉为“天下黄河第一湾”，山西石楼和陕西清涧两县隔河相望。

有了黄河“保媒拉纤”，秦晋之好持续千年。千年来，黄河还赠予了晋陕两省一份特殊“礼物”——黄河两岸的“河滩枣”。沿黄一线，历来被认为是红枣栽培历史最为悠久的地方和红枣最佳适生区。中国有五大红枣产区，晋陕均在其中。

“河滩枣”顾名思义就是生长在黄河边上的红枣，俗称“滩枣”，学名“木枣”，是山西四大名枣之一。黄河两岸，山西有兴县、临县、柳林、石楼、永和、大宁等县，陕西有府谷、神木、清涧、延川诸县，这十多个县区均有悠久的红枣栽培历史。但因沿黄多数县区生态环境恶劣，多为国家扶贫开发工作重点县。

以吕梁为例，上世纪90年代，吕梁山枣区曾是山西乃至全国最大的集中连片的枣生产区域，以木枣系列为主要栽培品种，面积约200万亩，年产量约30万吨，约占全省产量的一半以上，从业人员保守估计有七八十万人。

在吕梁，红枣有着“铁杆庄稼”的美称，一度成为吕梁山区脱贫的支撑产业之一。对于“铁杆”二字的含义，石楼人有句口口相传的解读：春不争花，夏不争叶，冠不争光，根不争肥。

“枣树萌芽迟，花开在夏天，当年开花，当年结果。对土壤营养条件要求低，黄河沿岸黄土浅薄，60厘米的土层就可以生长，耐寒耐旱耐饥饱。”石楼林业局经济林站站长刘海林解释说，枣树是“生性宽厚”的作物，枣树地只要不种高秆作物，芝麻、土豆、豌豆和它同在一片地里都能生长，可以显著增加枣农收入。在他看来，石楼人的特性就如这顽强的枣树，性情温顺，诚笃可靠，苦干实干。

“石楼红枣大概种植面积25万亩，上世纪九十年代初期到中期，全县红枣每年能产1.5亿市斤以上，在枣区能占到枣农总收入90%以上，曾是我们发家致富的有利资产。”刘海林举例，在人们仍将“万元户”作为奋斗目标的年代，不少石楼枣农的收入已经年过两万元，“当时石楼前山乡柏卜湾村枣农不少，村里家家户户几乎都用上了水冲厕所，村党支部还曾被授予吕梁行署的红旗党支部。这些靠的就是枣农的勤劳。”

“枣果含糖高、耐储藏，可以作为粮食、水果、干果一年四季食用。”刘海林说，在粮食匮乏的年头，老一辈人将红枣煮软煮化，挑出枣泥配红薯和成面，哺育初生的幼儿，既是辅食也是主食，是曾经石楼人荒旱时节的“救命粮”。当地百姓跟红枣的感情很深，据他了解，石楼“木枣”的称谓可能就源自“母枣”的谐音。

但过去的“救命粮”如今正面临诸多困境：裂枣烂果问题、劳动力流失管护跟不上、难以形成产业链、缺职业枣农，再加上科技难以形成生产力、果树老化等因素，以致红枣枣果品质下降，销售难。在他看来，每一道坎儿都令枣农深受其害，“烂果是我们最心疼的事情，秋天一下雨，心沉沉的，看到树上的枣吧嗒吧嗒往下掉，就像是（枣农的）泪水摔在地上碎成八瓣一样”。

“咱们现在缺少高品质的枣，同质化低水平的产品竞争又导致行业利润摊薄，处在枣产业下游的农民从枣业得到的收入有限，以至于近年来石楼红枣的有效产量达到历史新低。”这些情况让刘海林心急。

据了解，过去几年，石楼县曾不止一次开展枣树抗裂果选育、嫁接改良新品种等工作，起初收效还行，但架不住职业枣农流失、枣树粗放管理、市场波动等带来的影响，最终收效有限，甚至出现“装进篮子里就是枣、收不回来就当肥”等现象。

眼下，对于当地政府和枣农来说，在精准扶贫过程中，如何令沿黄枣树点“树”成金，仍是一道待解之题。

——摘自《中国青年报》2019年9月4日第1版

例文评析：这一篇通讯，内容翔实，事例丰富，写作手法多样，以“河滩枣”为切入点，把脱贫攻坚一线的场景写得生动形象，值得学习。

【例文 3-2-2-3】

西瓜兄弟

记者随军路过淮阳县李楼村时，听到群众间流传着西瓜的故事。当地有李姓西瓜兄弟两人，每人每年种一亩左右好西瓜，这方圆一二十里地内，也只有这兄弟俩种西瓜，因此大家都叫他们“西瓜兄弟”。西瓜老大的地在村东大路边上，今年虽然雨水多，可是他的瓜地高，西瓜还是长得又大又甜。瓜刚熟的时候，村东走过来一队蒋匪保安团，那些饿狼一看见老大的西瓜，顿时你抢我夺，不一会儿，一亩多地西瓜就一个也不剩了，地里只留下一片踩烂的瓜藤瓜叶与吃剩的瓜皮瓜子。

在蒋匪过去二十天后，村里忽然来了八路军，巧的是这回八路军从村西南老二的瓜地边走过。“我这瓜地完了！”西瓜老二想：“我这命不要啦，我就躺在瓜地里，看他八路军摘我的瓜吧。”西瓜老二灰心丧气地往西瓜棚底下一坐，看着八路军过来。谁知道部队有多少呢？往北看不见尾。“这西瓜长得好呀！”领头的一个兵说。“还有三白瓜哇！”“这瓜一个怕有三十斤。”“吃上两个才解渴呢。”路过的兵你一句我一句的赞叹不止。一听见说西瓜两个字，西瓜老二的心就痛得像刀扎；但是他却奇怪，这些人说说就完啦，连脚都不停，一股劲往前走。西瓜老二把头偏西边一看，南已看不见队伍的头，北还不见队伍的尾，他自言自语地说：“这八路军就是怪呀！”说着就站起来，提着瓜刀，跑到地里抱起一个大西瓜，往路边一放，剌剌地切开了。“吃西瓜，弟兄们！”西瓜老二向八路军叫，但却没有人答应他。“走路渴啦，来吃块瓜？”西瓜老二又向另外一些士兵叫着，但回答都是：“谢谢你，老乡！俺不吃。”这一下西瓜老二可急了，大声嚷起来：“看你们八路军！把瓜切开了怎么不吃呀！”这时有个16岁的小司号员问：“老乡！你这西瓜多少钱一个？”“不要钱，随便吃吧！”西瓜老二边说，边拿起瓜往小司号员跟前送，小司号员连说：“俺不吃，俺不吃！”脚不停地就朝前走了。西瓜老二捧着瓜，直愣愣地在西瓜地边站着，队伍还是肩并着肩地往南走，前不见头，后不见尾。

——新华社1947年10月15日播发

例文评析：这篇通讯的特点是借助扰民的国民党军队这一背景事实，来衬托八路军不扰民的事迹，凸显我军的优良传统。一正一反两个事例放置在一起，使正者更正，反者更反，效果更加明显。

任务实施

你参加过暑期“三下乡”等志愿者服务活动吗？请选择其中某次活动，写一篇纪实报道。

任务指导

在写作过程中，第一是要注意观察体验，广泛收集素材，第二是要注意围绕中心，从繁杂的素材中进行合理的选择，第三就是要表达。以上是写作的关键几步。通讯由于篇幅相对较长,内容较多,一定要认真把握。

参考范文

企业成“学校”“青马”来悟道

——2019全国“青马工程”国企班社会实践纪实

当全国“青马工程”国企班的学员们走进腾讯总部时,他们为随处可见的创新元素深深折服。

“腾讯员工的精气神儿太好了,从着装到谈吐都展示出对企业充满信心,”中国黄金集团有限公司的刘茜感慨万千,“这让我备受激励!”

刘茜是全国青年马克思主义者培养工程国企班的一名学员。今年,团中央首次联合国资委党建工作局、铁路总公司,面向国有企业选拔60名青年技术和管理骨干,组成全国“青马工程”国企班。

5月,国企班与高校班、农村班一道,在中央团校进行公共理论课程和分班专业课程学习;7月,赴江西井冈山参加体验式教学。8月19日至27日,“青马工程”国企班学员分成三组,分赴京津、广东开展社会实践。

此次社会实践让各位学员受益匪浅。“作为‘青马工程’的一员,我将用所学、所思、所感影响带动身边的青年为企业的发展、社会的和谐、祖国的繁荣添砖加瓦,努力奉献!”中国兵器工业集团有限公司第201研究所李德维说。

做改革开放精神的传承人

习近平总书记在庆祝改革开放40周年大会上指出,改革开放铸就的伟大改革开放精神,极大丰富了民族精神内涵,成为当代中国人民最鲜明的精神标识。第三组学员来到深圳、广州、佛山、珠海,全面了解、亲身感受了广东改革开放40年的壮阔历程和辉煌成就。

在深圳市改革开放展览馆,学员们为改革开放的伟大成就深感振奋,纷纷表示要学习前辈身上忠诚的政治品格、深厚的家国情怀,在今后的学习和工作中发扬敢闯敢试、敢为人先的精神。

中国化工集团的王洋文说:“非常有幸来到改革开放的前沿阵地,感受40年前后翻天覆地的变化,也感受到了创新驱动发展战略所释放的巨大动力。今年是新中国成立70周年,在实现‘两个一百年’奋斗目标的历史征程中,作为‘青马人’,我们也要写下属于当代青年人浓墨重彩的一笔。”

参观完广铁集团的中枢运行指挥中心和应急管理中心,中交一公局集团的谢菲说,自己是湖南籍在京青年,“已经记不清多少次乘坐广铁集团的列车求学、出差、旅行,从绿皮车到和谐号,享受了广铁集团的高品质服务。这次参观对铁路运营有了更深、更直观的理解,为铁路事业蓬勃发展感到振奋,也为铁路装备自主创新能力感到振奋,更为铁路企业改革发展成就和运输精细化管控质效感到振奋。”

“广东就是对‘四个自信’的最好诠释,作为央企的青年员工,我将为企业的第三次创业贡献力量!”参观完展览,新兴国际的王焱说。

……

“要在创新中发展,在发展中创新”

中国铁路广州局集团不断构建完善“专职团干部+兼职团干部+青年骨干”的工作体系,努力把共青团打造成培养青年人才的重要平台;积极开展智慧团建,突出政治理论学习,常态化开展成长观教育。此举让“青马工程”国企班第二组学员纷纷竖起大拇指。

“我印象最深的是,他们每年做出学习安排、每半年确定党团课内容、每季度制定研讨交流专题、每月分解学习计划,组织开展自学和集中学习研讨、党团课教育活动。”中国普天信息产业集团公司北京普天太力通信科技有限公司王雅南说,“这种模式挺好!值得我们借鉴。”

……

“应当找准企业发展需求和共青团工作的最佳契合点”

在中国运载火箭技术研究院,获评“2018大国工匠年度人物”的特种熔融焊接工高级技师高凤林把基本功的练习贯穿到每一天,吃饭时拿筷子比划着焊接送丝的动作,喝水时端着缸子练稳定性,休息时举着铁块练耐力,他的故事让学员震撼。

在中国商飞北研中心、中国原子能科学研究院、铁道兵纪念馆、中国铁路北京局集团有限公司北京动车段等地,国有企业砥砺奋斗的征程,让学员们大开眼界。

对照青年政治人才的“六条标准”,国企的青马学员如何锤炼过硬的能力素质?如何锻造忠恕任事的优良作风?共青团如何助力培养“工匠精神”?社会实践过程中,国企班学员各抒己见、建言献策。

……

“青马工程”国企班学员通过实践锻炼,在基层一线寻找接续奋斗、艰苦奋斗、永久奋斗的精神状态,保持奋发进取、有所作为、敢于担当的昂扬斗志,让大家仰望星空的同时脚踏实地,立志投身到经济建设主战场、脱贫攻坚第一线、改革开放最前沿去经受风雨、接受磨炼。

(实习生 张清霞 赵钗均 刘开杨 中国青年报·中国青年网记者 田文生)

——摘自《中国青年报》2019年9月5日第1版

能力提升

一、病文改错

阅读下文,指出本文的错误,并说明理由。

一月二十日,××城市,风刮得很大,我骑自行车,只是低着头,往前紧蹬。临近××大路口,把一个边走路边低头数钱的老大爷顶了个趔趄,他手中的一把人民币“啦”一声掉在地上。我慌忙跳下车,想赶紧把钱给老人拾起来,可是已经来不及了,飘落在地上的钱已被呼呼的北风刮了起来,纷纷向四处飘扬。正在这时,只见过往行人都不约而同地向钱飘走的方向跑去,有的还高喊着:“钱跑了,快捡啊!”霎时间,整个路口热闹得像热锅上的蚂蚁。

这突如其来的情况,使老人大为吃惊,随后便焦急地拍着大腿说:“风刮人又抢,这可怎么得了,钱又要没了。”我本想安慰老人几句,可说什么好呢?没有多久,风似乎有些小了,

“抢钱”的人从四面八方陆续朝老人潮水般奔涌而来，把“抢”来的钱都一一交在他的手里。老人惊恐不已，不停地向众人点着头。

人们众星拱月般簇拥在老人的周围，一再关心地要老人把钱数数。看得出来，老人有点情面难却，使用微颤的双手数了起来，旁边还有人帮着数数。数完，只见老人略为迟疑了一下，接着又数了一遍。还是二十六张。老人抬头用疑问的目光瞅着围在四周的人们，并自言自语地说：“不对……，”老人的话还没说完，一个戴红领巾的小学生抢着喊开了：“谁还没把钱送来!”老人忙接着说：“不是少了，是多了”。“怎么会多呢，是您记错了吧?”有人诧异地问。老人肯定地说：“没错，我在家里数得清清楚楚，明明是二十五张，都是五元一张的。”人们不解地互相对视着。那个小学生又喊开了：“谁又多送了!”语音刚落，只见一个中年妇女不好意思地说：“是我的。我拿着一张五元的钱，准备到商店买东西，刚才光顾帮老大爷‘抢钱’了，竟忘了自己手里拿着钱，一起都交给了这位老大爷。”说完，人群中爆发出一阵欢快的哄笑声。

我沉重的心情一下子变得轻松了。

二、材料写作

近日，××学校表彰了一批“三好学生”和优秀学生干部，其中受表彰的学生中，获得“三好学生”荣誉称号的王××和获得优秀学生干部荣誉称号的莫××是来自××学院的优秀学生代表。为了给广大学生树立榜样，推进良好学风的形成，××学院拟对以上两名优秀学生的事迹进行宣传。请结合你身边的典型案例，写一篇通讯。

第四讲　论文写作

论文写作是当代大学生必须要经历的一个过程，在临近毕业时，不乏大量的学生为论文而头痛，究其原因，无非是两个方面出了问题：一是专业知识不牢固，自身的知识结构驾驭不了论文的写作；二是论文写作方法欠缺，写出来的文章逻辑不清晰、表述不准确、结构不合理等问题随处可见。专业知识的积累靠平日的勤奋学习可以获得，写作方法这一问题就是我们这一章要提及的问题。我们将从学术论文的文献整理、论文选题、论述过程三个大的方面对学术论文的写作进行解剖，让刚刚进入学术研究的学子们能够了解学术论文的构成，找到学术论文写作的规律，从而能够初步写出一篇合格的学术论文。本章分为两个部分，第一个部分是学术论文写作，第二个部分是申论写作。申论写作和学术论文写作有一定相通的地方，因此，本书将这两个部分编为一章。首先，它们都是以议论为主的文体，这就决定了它们的表达方式是一致的；其次，它们的论证方法都有一定的交集，比如数字论证、举例论证、反向论证等等；再次，它们都需要注意论证的逻辑，都有总—分—总的布局思路。在学术论文和申论的学习过程中，我们能深深体会到这一点。不过，它们也还是存在着较大的区别，从篇幅上来看，学术论文往往篇幅较长，字数常在5000~15000，而申论因为时间限制，通常篇幅较短；从论证材料来看，学术论文的支撑材料往往是学术资料，而申论的学术性则不必那么强，可以更贴近生活；从创新度来看，学术论文对创新的要求较高，要能在前人的基础上再进一步，而申论只要能够将自己的观点阐释清楚，兼顾到社会生活的各个方面就够了。因此，学术论文和申论既有共同点又有异质性，我们将在今后的学习当中逐渐体会。

第一节　学术论文写作

任务目标

理解和掌握学术论文的含义、结构和写法以及写作注意事项。

能够撰写具有一定学术性的论文。

知识要点

学术是对一门学科进行深入系统的研究，是对客观世界的发展和规律进行科学论证。学术论文即是对科学研究的论述过程和结果，也称科研论文、研究论文或科学论文。《科学技术报告、学位论文和学术论文的编写格式(GB/T 7713-1987)》对学术论文这样定义：“学术论文是某一学术课题在试验性、理论性或观测性上具有的新的科学研究成果或创新见解和知识的科学记录；或是某种已知原理应用于实际中取得新进展的科学总结，用以提供学术会议上宣读、交流或讨论；或在学术刊物上发表；或作其他用途的书面文件。”因此，学术论文的根本之处就在于创新，新的概念、新的思路、新的成果等都可以作为学术论文的讨论范围。综上所言，学术论文就是对某个学科领域中就某一学术问题做比较系统、专门的研究和深入探讨，表述创造性科研成果的理论性论文。了解学术论文的形态以及特征，对于当代大学生来说具有重要的意义：一是可以具备阅读学术论文的能力，从而把握学术前沿的信息；二是初步具有学术论文的撰写能力，为以后在本专业的发展打好表达基础。

一、学术论文的特征

1. 科学性

学术论文的根本特征是科学性。一篇学术论文是否具有价值、能不能够在学术期刊上发表出来，科学性是其核心标准之一。

首先，学术论文涉及的问题要具有科学性。学术论文从选题到设计，从研究思路到实验方法，都必须符合客观规律，符合世界发展的客观事实。在内容上要做到准确、切实，研究方法、实验数据、研究结论等都要忠于事实和材料，对客观事实做确切的记载，不仅能真实地揭示主客观事物的本质及其发展的规律，而且能够真实地反映科学研究的新发现、新技术、新方法和新理论。

其次，学术论文的语言和结构必须具有科学性。学术论文的语言要简洁、得体、准确，没有歧义，避免模糊性词语，必须符合现代汉语规范的要求。在结构上，学术论文要求层次分明、结构合理、观点明确、论证过程要符合逻辑，整篇文章要能自成体系。

再次，学术论文的结果要具有可重复性。学术论文既然是科学，就要求它具有普适性，理工科的学术论文在实验方法、实验步骤上都要详细记录，要使他人在论文的基础上做出的相同实验也能得到相同的结果，否则，则说明论文数据不可靠，因此，学术论文要能够经得起实践的检验。

2. 创新性

创新是以新的思维、新的发现、新的发明和新的描述为根本特征的人类活动。科技的发展离不开创新，社会的发展也同样离不开创新，古往今来任何社会实现跨越或者科学技术实现飞跃都与创新有关。可以说，一个国家有没有竞争力，关键的因素就在于有没有创新出现。学术论文既然是要研究人文社会科学和自然科学中的问题，自然要做到想他人所未想、言他人所未言、做他人所未做，因此，学术论文就是创新的书面表达形式，学术论文的本质就是创新。学术论文在形成的过程中也基本是按照开拓新领域、发现新问题、提出新思想、探索新方法这一方向成型的，因此，学术论文必须依托于现有知识和信息并超越已有知识和信息。从学术论文产生的目的来看，它的作用在于发掘科学对人类的贡献以及人文知识对人类社会的促进，它不能仅仅是对现有知识的推理，也不能是对以往知识的重复，它必须是首创，是前人所未发现的，具体反映到学术论文上，就要从论文题目的选择、题材的筛选、立意的角度、结构的把握等多个方面入手，力求从新的角度看待老的问题、从旧的材料中得出新的数据、用新的方法研究以前的问题等，从而找到新的发现、得出新的结论，或许和前人相比而言并不算大的突破，甚至只是对某一个现有理论进行了补充和完善，即使是向前挪动一小步也是具有重要意义的，社会和科学的发展不正是一步步走出来的吗？即使成果很小，也能为以后的人们提供支撑材料，对于社会和科学的发展都同样起到推动作用。

3. 专业性

学术论文涉及的研究对象具有专业化倾向，一般说来是某个学科里面一个具体的知识，当然在研究过程中我们也常常看到一些学者进行交叉学科的研究，或者是用其他学科的理论来研究本学科的现象，如心理学在人文学科中的应用、生物与物理的结合等。作为反映科学研究过程和结果的学术论文，其内容所反映的应是科学技术发展的前沿水平，而非低水平层次上的简单重复。在写作学术论文时，作者需要运用科学的方法，对自己所处的专业领域内的学术问题进行系统化、专门化的分析，要力图通过深刻的思维过程、客观的分析和科学的推理，进行去粗取精、去伪存真、由此及彼、由表及里的“加工提炼”，使知识专门化、系统化、严密化，深刻揭示和剖析事物发生发展所蕴含的科学规律。除此之外，学术论文的语言也具有专业性，学术论文当中会不可避免地出现专业术语、学科符号、专用公式等具有专业特色表达方式，这是其与一般应用文本的本质差别。从阅读对象来看，学术论文的阅读者通常也是这一领域的研究者，他们也同样具备这一专业应该具备的知识，在阅读学术论文时，也具有专业的评判条件。

4. 规范性

学术论文作为一种应用文体，必须要有一般应用文体具有的一般特征，而规范性是一般应用文体都应具有的基本要求，学术论文也不能例外。再则，学术论文向来以严谨著称，一篇不能容许有半点偏差的论文，更要在各个方面体现出它的规范性。学术论文的规范性主要体现在四方面：一是学术论文的格式具有严格的规定，所有学术论文必须符合《科学技术报告、学位论文和学术论文的编写格式(GB/T 7713-1987)》的要求，作为一篇规范的学术论文，标题、作者署名和单位、摘要、关键词、中图分类号、引言、正文、结尾、致谢、参考文献和附录都必不可少，且顺序不能颠倒混乱。另外，《中国学术期刊(光盘版)检索与评价数据规范规定(CAJ-CDB/T1-1998)》也是现行主流的编写标准，已为3000余种中国期刊采用。二是学术论文的结构体系具有规范性。学术论文要符合提出问题、分析问题、解决问题、得出结论这一完整的逻辑撰写步骤，其构成要素也应按照内在逻辑结构排列。三是语言文字、标点符号也要具有规范性。学术论文不同于文学作品，常用的表达方式为议论和说明，不能使用象征、夸张等修辞手法，要求使用书面语，避免口语、方言、谚语等出现在学术论文中，要求语言具有质朴、准确、客观、简洁的性质。甚至学术论文中的标点符号也必须严格遵循国家发布的《中华人民共和国国家标准标点符号使用法》，不能随便使用。四是图表制作与参考文献书写格式的规范性。学术论文中的图标、表格、图形的制作与展示，要做到精确和标准，要按照《信息与文献　参考文献著录规则(GB/T 7714-2015)》来进行制定，从而使学术论文通篇结构都具有规范性。

5. 应用性

当下，各大高校都在加大将学术研究成果转化为实际生产力的投入，这说明学术研究的一个重要目的是将实验室的成果应用于社会生产之上。学术论文既然是学术研究的书面表达，其最终也必将服务于社会、造福于人民，因此学术论文是否具有价值，应用性是其中的一个重要指标。如果一篇学术论文仅仅在理论上解决了某个专业理论的问题，那它还不能是一篇成熟的论文，必须在实践上证明确实可行，才真正具有学术价值。在当今社会，科学理论每天都在更新，更要求我们的科学研究具有应用性，例如对于临床医学专业而言，除少数纯理论研究的学术论文之外，绝大多数医学论文应结合医疗、预防等工作的实际，力求解决临床实际问题，造福社会和大众。尤其是对于应用型学科来说，学术论文的应用性体现得更加突出。

学术论文的实用价值越大，效果也就越好，指导作用也就越大。论文发表后在教学、科研、生产、管理上应用，能产生较大的社会效益和经济效益。为了体现学术论文的应用性和社会价值，论文的论点要正确，选题要真实，论据要科学，论证要周密，提出的策略、方法、措施、方案、结论等要有针对性。

二、文献的梳理与使用

文献是撰写论文的必备资料，是中心观点的来源，是论证过程的基础，很多审稿人甚至先不看文章直接看参考文献，从而判断论文是否可靠，比如论文涉及的文献是否包含了这一领域的权威文献，从文献就能看出研究者对这一领域是否有全面的把握。从学术传承来看，学术研究必然是在前人的基础上进行更深一步的探索，尊重文献就是尊重前人在这一领域所付出的努力，也能够让读者清晰地看到这一研究的发展脉络。既然文献在学术论文的写作中如此重要，就一定要重视对文献的梳理和使用。

1. 文献的梳理

多数刚刚入门的研究者在梳理文献时都会出现一个常见的问题，就是在引言中把所有相关的文献逐条罗列出来。如果文献过多，这样的梳理方式便占据了论文的许多篇幅，使文献综述有喧宾夺主之嫌，这种方式是不值得提倡的。对于文献梳理，必须要注意以下几个方面的问题：

其一，现代信息时代的到来迎来了知识大爆炸，三大数据库里面的论文就够我们慢慢遴选，面对庞大的文献数量，我们该如何选择自己需要的论文作为文献呢？如果我们对这一领域比较熟悉的话，可以先选择一些具有代表性的作者的论文，他们或者是这一问题的权威学者，或者是近期在这一问题上集中探讨比较多的学者，从他们的研究基本上能看得出某一问题研究的基本情况。如果对专家不太熟悉的话，也可以从刊物入手，选择近期在某一学科权威期刊上发表的学术论文，也能够基本了解这一学科当前的学术动态。

其二，当我们把要研究的文献收集好以后，就需要进一步缩小范围，需要不断地变化视角来归纳文献，将收集到的文献进行分类也是非常有必要的，既可以按照时间顺序来归类，也可以按照不同的角度甚至相反的观点来归类，这样梳理文献才能做到条理清晰、逻辑明确。

最后，也并不是所有的引言当中都要进行文献综述，引言的写法有很多种，有时只要将文献进行提炼，将其主要的观点表达出来就可以了，特别是一些作为常识的知识点，更没有必要进行大篇幅的铺陈。

2. 文献的使用

一些刚开始进行学术论文写作的作者通常会认为,在论文中做了注释就是使用了文献,文献的使用合不合理,关键是看文献是否在文中具有不可代替的作用,文献所表达的意义是否与论文的观点一致。通过总结发现,在文献的使用上有以下几种错误倾向:

一种是为了显示自己占有文献数量庞大,于是将大量关联不大的文献引进论文之中。引用文献不是为了证明作者阅读了大量的参考文献,而是为了论证观点的需要,因此,将大量关联不大的文献穿插进论文之中,只要仔细阅读并与论文观点相对照时,读者就能看出文献与论文的观点关联度很低。

另一种错误的倾向是,一些作者往往自己疏忽于查证,引用的观点不是出自一手文献,由于种种原因而没有去佐证或者不知晓文献的最原始出处,只在某一论文之中看到某一材料,于是就将该材料在其论文的出处原封不动地照搬过来。这种情况往往出现文献来源对不上号的问题,因为其参照的论文文献来源可能标记错误了,而作者并没有去进行核查,导致跟着上一位作者一起标注错误。

故而文献的使用不能采取投机取巧的方法,须踏踏实实地做。文献的规范使用可以看出一名学者在对待学术的态度上是否严谨,在研究之前是否做足了功夫。因此,使用文献时一定要慎重处理,无论是第一手的材料还是转引,都要求去阅读和查对。例如研究马列主义哲学的,马克思、恩格斯的著作常常编撰为一本书,但有的作者没有阅读过原著,而是从其他文章中直接转引到自己的论文中。同时还因自己没有弄清楚所引用的观点出自马克思还是恩格斯,出错的可能性是比较大的。尤其是对于国外文献,则非常有查阅的必要,不能嫌查阅国外文献麻烦而草草引用。

对于网络文献的使用要注意,很多刚学习学术论文的研究者由于资料不好找,便习惯于从网络上获取资料,这时我们需要注意的是,我们可以在各个网站上获取材料,比如超星数据库、读秀搜索、大成老旧期刊数据库等,获取的是原始材料的PDF文档。但是不能够直接引用一些非学术网站的论点以及相关的阐释,这些非学术网站的信息往往只是初级层次,并未进行深入的了解和报道。当然对于网络来说,有些数据还是具有权威性的,例如权威机构的网站、权威学术机构的学术网站、国际知名的研究机构网站、统计部门的统计数据,这些是可以作为学术论文的参考文献的。

三、学术论文的写作

了解学术论文的基本特征之后,就能抓住事物的本质有的放矢,从而写作一篇合格的学术论文来。在写作过程中,我们还要注意一些细节上的问题,接下来我们就如何撰写好一篇学术论文的问题展开论述。

1. 选题

选题的好坏关乎研究的成与败,甚至可以说,一篇学术论文的价值大不大,选题占据了一半以上的因素。现在的学生中有人认为,人文社科类的学术没有自然科学类的要求具体,题目也无所谓好坏,只要能自圆其说就是一篇学术论文。这种观念是错误的,一个好的选题往往代表着好的研究方向。从选题来看研究对象有没有意义,也常常是期刊编辑对论文进行评判的标准。好的选题,即使论证过程稍有不足,也具有一定的启示意义;不好的选题,即使论述得再严密也缺乏意义，由此可见，好的选题具有非常重大的意义。那么，什么样的选题才是比较好的呢？可以从以下几个方面来判断：

一是研究对象是否具有学术价值或应用价值。研究对象的价值首先看其研究的目标取向，看其所反映目标是否有价值，是否值得研究。而成功的选题应该是揭示研究的目标取向，也就是要使研究达到什么样的目标，选题直接决定了研究能够达到的程度。那么是否有一种选题可以不表现出研究目标取向呢？答案是没有。如果选题没有将目标取向表现出来，只能说明该研究是没有目的性的，是盲目的，那么该研究也没有任何价值了。又或者该研究前人已经做得比较深入详尽，自己又没有办法更深一步，仅仅只能对前人的成果进行复述，那么这种选题意义也不大。

二是看研究的范围是否具有价值。选题应该具有具体的研究范围，不能贪大贪全。一些研究者在选定范围时常犯两种错误，一种是将题目定得太大，比如人文学科的“中国妇女运动研究”，这种大而宽的题目往往会使研究深陷困顿之中，做出来的文章犹如蜻蜓点水。另一种是将题目定得太小，比如一位文学硕士将自己的毕业论文选题定成“〈荷塘月色〉中象征的运用”，这种太小的题目导致这位学生的论述没有办法展开，论述自然也就无法深入，甚至还会使研究深陷在琐碎的细节中无法自拔，从而使研究失去了价值和品位。更何况细节虽然能够反映出某些问题，但并不能代表整体，不能真正反映事物发展的趋势，限于研究者的视野过小，无法做到从某一细节处发现事物发展的基本规律。

三是要具有怀疑的精神。社会和科学都是伴随着怀疑精神而进步的，哥白尼对“地心说”的怀疑改变了人们的宇宙观，笛卡儿对既往哲学的怀疑带来了理性主义之风，马克思对资本主义的怀疑带来了《资本论》，现代科学和医学上的很多理论都是建立在对以往不合理之处的怀疑之上的。学术研究既然是科学，就必然要去怀疑并经得起怀疑。即使一些学术观点在当时是对的，但是当时间和条件都已变化，其观点的真理性也将存在商榷的必要。因此，在选题时可以大胆质疑，但质疑必须要有所依据。是在有理有据的基础上的怀疑，这样的选题可信度和可行性比较大。

综上所述，选题需要注意的地方还有很多。选题选得好，研究起来就会比较顺利，甚至事半功倍也是有可能的。另外，选题方向定了以后，题目的拟定也是一大问题。在此，提出几点参考意见：

一是标题长短要有控制。标题如果做得太长，论文的作者则不可避免地会有缺乏概括能力和抽象能力之嫌。

二是标题当中的概念要少。概念过多容易使读者抓不住中心，而在读者的印象中就容易变得模糊，概念多了以后还必须花费大量的篇幅去阐释概念，挤占了论证的有效篇幅，导致说服力下降，看似面面俱到，但研究出来的结果并不尽如人意。

三是表达要精准。题目不能产生歧义，不能模棱两可，这样做的好处可以使学术论文撰写时不偏题、不离题。

2. 论述

学术论文的写作就是论述的过程，要求论述者有严密的逻辑思维。一些论文之所以缺乏逻辑就是因为在写作过程没有注意到各个部分之间的关系，其中最明显的问题就是没有办法使论述深入。关于论证的逻辑，可以参看以下几点：

(1)结构关系

学术论文的各部分如何构成的问题实际上就是解决各部分之间的逻辑关系的问题。从逻辑上看,论证一个论点通常可以用两种方式,即演绎和归纳。演绎主要依靠推理,其逻辑方式是渐进的;归纳主要依靠总结,其逻辑方式是并列的。在学术论文写作过程中,这两种方式都需要用到,需要注意的是,在处理各个部分关系时,通常用的是演绎,在每个部分论证时,通常需要归纳,这样论文能够有层次感和立体感。

(2)专业素养

一篇学术论文是否能体现出严密的逻辑结构,作者的专业素养也起到很大的作用。如果专业素养较差,作者的基础知识不牢固,在写作时只有东拼西凑,作的文章也就呈现出零散化、碎片化的状态。如果作者对所有知识了然于胸,心中自有成竹在握,写作时对各部分的安排也十分清晰,文章的结构自然就成合理化分布。

(3)学理性

学术论文在语言表达上要求有学理性。和生活中的口语不同,口语的要求是通俗易懂,具有生活气息,而学术论文论述的是专业问题,主要的阅读对象是专业人员,因此,在论述学术问题的时候就要用到学术语言,以体现学术论文的严谨性和规范性。

(4)学术态度

学术研究是一个求真的过程,故而研究者在论文写作中态度要严谨。严谨的学术态度是一名科研工作者应具有的基本素质,特别是在对待数据和文献的态度上可以明显地看出研究者的基本态度。一些研究者没有使用权威机构发布的数据,或者说是随意使用,甚至改动数据,使之失真,这些都是不可取的。

(5)关键词

学术论文要求写关键词,关键词就是论文的核心观点,论文中所有的材料及文献都必须为这个核心观点服务,否则就可能存在偏离主题的危险。但是目前存在这样的情况,有的作者为了凑字数而弄出许多个关键词,并在每一小节中都讲述一个关键词,没有主旨和中心观点,从而使论文类似于餐饮店里的拼盘。这样做虽会使论文的篇幅加长,但读者有可能会不知作者所云。这样的论文是不可取的,与其说是学术论文,不如说是学术散文。

3. 结尾

论文的结尾是整篇文章的总结,也可以对还存在的、未解决的问题做出回应,因此结尾应该包含论文主体部分内容的简述,用最精练的话将文章总体内容呈现出来,好的结尾可窥看出论文的整体品质。从目前论文写作的情况来看,论文的结尾通常有如下问题:

其一,论述完毕直接结尾,没有进行总结和归纳,这种论文是不完整的,是缺少要素的。

其二,用公文的手法结尾,在论文写完后,没有进行学术上的升华,而是用一种公文写作的惯性去谈体会、谈写作的思路等,这种情况也是不可取的。

其三,结尾写得太简单太单调,使有无结尾没有什么区别。这样草草了事的结尾也是没有多大意义的。

那么我们在学术论文的写作中应该怎样结尾呢?学术论文的结尾有这几个方面的要求:

一是要学会从整体看问题,要能够包括主体内容。论文的前面主要是论证,证实或者证伪,但尚未突出自己的观点,所以必须要有一个结尾来提炼作者的观点,使读者更清楚作者的观点。

二是要有大气磅礴之势,有行云流水之气。前面的论证是一个小心求证的过程,不能展示作者的文笔,但在结尾部分可以充分展示作者的文采来归纳和抽象论文的要义。

三是结尾除了归纳观点外,也可以对该问题研究的发展趋势进行科学的预测,以及对该问题的进一步思考。

4. 论文修改

论文写好以后并不代表论文写作就结束了,论文的修改是论文写作中重要的环节之一,甚至有观点说文章是改出来的,这句话是存在着一定合理性的。可惜,当今的许多人懒于修改,也懒于去找材料和文献来佐证,这就违反了学术论文的精神。因此,我们务必要积极检查自己的文章,在这过程中可以从以下几个方面入手:

其一,文章的结构关系到文章是否合格。修改时,先看结构上是否合理,文章的几个部分是否具有紧密的关联性。

其二,数据是文章的立身之本,看数据是否存在偏差是检查的重中之重。

其三,注释是论文的立论支撑,对注释进行检查是论文写作的必要过程。特别是在投期刊时,还要有针对性地看所投期刊格式,进行专门的校对。

其四,除了对各部分的关系进行逻辑梳理外,还要看每部分之间的逻辑是否连贯。

其五,对文献标注进行核查,检查文献是否都准确无误。

其六,对论文的语言细致斟酌,看表达方式是否要进行修饰。

能力提升

根据自己所学专业写一篇学术论文,要求语言规范、表达流畅、结构合理、逻辑性强,字数要求不少于5000字。论文注意观点明确、论据充分、言之成理。

第二节 申论写作

任务目标

理解和掌握申论的含义和写作注意事项。

能够熟练地作答申论。

知识要点

申论是随着现代社会的发展，在国家机关公务员招聘考试中，根据一定的材料进行写作的一种现代型文体样式，在考试中占比较大。申论考试作为一种现代型人才选拔的方式，以科学性为主，考察考生实际运用能力。与古代的策论相比，申论在当代具有更强的合理性，策论作为古代科举选拔的一个内容，相较于当代的申论，局限性很多，申论却很好地处理了个人与社会的关系，从而适应时代的发展。

申论与其他的议论性文体有所不同。它融入了新闻的真实性，说明文的科学性，同时避免了散文的主观抒情性，客观讲事实。在作答过程中，申论要求在不改变其本质意义的基础上，根据自己对某段材料的理解，进行阐释从而发现其中的关系，也就是科学论证。申论考试不同于其他的作文式写作，申论侧重于实际操作，而避免夸夸其谈，从实际材料中提取有用观点，再综合自己看法进行论述，使考生的能力得到最大程度的展现。

一、备考须知

提升政治素质是申论考试的必备基础，政治素质不是与生俱来的，是可以通过平日的留心来培养的。提升政治素质，首先要关注时事政治，时事政治不仅仅是备考资料，作为一名合格的中国公民，国家大事是我们必须要时刻关注的。每天的新闻联播、热点新闻都是提高政治素质的途径。养成良好的政治素养，储备知识，考试时自然而然迎考，就不会出现忘记知识点的说法。

我们也可能会遇见这样的情况，即使每天关注时事政治，但过不久回头想想自己看了哪些热点时，会发现能记住的并不多，甚至一件也记不住。这种情况是正常的，千万不能灰心，这与学习记忆是一样的，我们需要多次重复才能记住知识点。关注时事也是一样，需要我们不断温习，反复识记。我们会发觉，有意识地去记忆和无意识地去记忆取得的效果是不一样的：无意识的记忆不具有重复性；有意识的记忆，大脑会自动进行检查，看是否被遗忘，这就无形中形成了重复记忆，从而印象更加深刻了。要做到有意识地去关注时事，我们还可以用一些方法，比如当我们遇到一些需要记住的信息时，我们可以用"3W"的方法加以记忆。所谓"3W"的方法，就是有意识地去联系"what，why，how"这三个方面的问题，然后加以整理、逐步解析，这样将事情在脑海里分析过后，自然能够记忆得比较清楚。

我们现在以号称"2017年中国媒体十大流行语"之一的"人工智能"的话题为例来进行分析。

"what"是什么，在网络上通过查询百科即可，百科对其的定义为："人工智能（英语：Artificial Intelligence，缩写为AI）亦称智械、机器智能，指由人制造出来的机器所表现出来的智能。通常人工智能是指通过普通计算机程序来呈现人类智能的技术。"现在的智能手机功能非常强大，只要搜索就能立马得到结果，我们只要记住其中的"机器智能""计算机程序"等关键词就足够了。

"why"即原因，人工智能产生的原因是什么，这些原因同样可以通过网络查询得知。例如百科中就查到："人工智能将涉及到计算机科学、心理学、哲学和语言学等学科。可以说几乎是自然科学和社会科学的所有学科，其范围已远远超出了计算机科学的范畴，人工智能与思维科学的关系是实践和理论的关系，人工智能是处于思维科学的技术应用层次，是它的一个应用分支。从思维观点看，人工智能不仅限于逻辑思维，要考虑形象思维、灵感思维才能促进人工智能的突破性的发展，数学常被认为是多种学科的基础科学，数学也进入语言、思维领域，人工智能学科也必须借用数学工具，数学不仅在标准逻辑、模糊数学等范围发挥作用，数学进入人工智能学科，它们将互相促进而更快地发展。”我们可以从这一段话中找出原因，人工智能能够得到快速发展，根本的原因是它融合多学科的优势，人工智能已经超出了计算机的学科范围，其应用性有着无比广阔的前景。

“how”即是怎样看待问题，是我们所持有态度的反映。有些问题的答案网络上是有材料的，“人工智能”就是如此。同样是利用百科就可以查询到这样一段话：“这样的智能机器将不再仅仅是对人类大脑的简单模仿，它们的智能在许多方面会远远超过人脑。霍金斯认为，从人工智能到神经网络，早先复制人类智能的努力无一成功，究其原因，都是由于人们并未真正了解智能的内涵和人类大脑。所谓智能，就是人脑比较过去、预测未来的能力。”我们可以分析这段材料得出，“人工智能”的存在意义就是它能够在计算方面远远超过人类自己的大脑，和人类大脑相比而言具有无可比拟的优势，因此，“人工智能”在今后必将取得更为长远的发展。

【例文 4-2-1】

分析下列材料的总论点。

习总书记说：“惟创新者进，惟创新者强，惟创新者胜。”创新是发展的不竭动力，推动着中国社会经济政治的发展。党的十八大以来，从天眼探空、神舟飞天到蛟龙探海、墨子传信，从高铁奔驰、北斗组网，到超算发威、大飞机首飞，科技领域的每一次发展，都引领着经济社会的发展。但是，科技创新仍然面临着许许多多的问题，人类仍在继续探索。而现如今，国与国之间的竞争拼的就是科技创新，打科技仗，谁创新了，谁就遥遥领先于世界。

例文评析：这一段的总论点是创新引领未来，促进社会发展。

例子有很多，永远也列不完，可根据自己手机的实时热点进行整理，分类识记，反复练习，积累知识，从而安心备考。坚持不是口号，实际行动才是站稳脚跟的奠基石。

二、阅读方法

申论考试以理解和提取材料为主，总结出自己的观点。“书读百遍其义自见”，阅读量是不可小觑的。

1. 做标记

申论中，要想既快速又有效率地抓住文章的中心思想，提炼出有效的信息，那么就得找到方法——准确标记。分清主次，快速浏览，根据题目标记出最重要的信息，也就是集中注意力在审题上，不偏离文意，加以标注。

2. 加强对高频词的理解

不管对于什么考试，校内或者社会考试，给定材料以后都会出现高频词，也就是热点词语，因此大家需要特别熟悉这些词语。因为只有加深对这些经常出现的词的理解与熟悉度，在考场上才能把握出题者的意图。

3. 找中心句

犹如每一篇文章都有一个中心思想一样，一段材料同样也有，并且是综合每一个段落而得。连接段与段之间的句子，首句或者末句，一般就是中心句，中间的基本不可能。找出中心思想，就知道出题者的意图从而下笔答卷。

4. 找过渡段与过渡句

过渡段是衔接段与段之间的段落，在阅读材料时应该先找出材料的过渡段，然后再进行分析；过渡句衔接句子之间的关系，最有可能是材料的重点，也是解题的关键。详细阅读材料在考场上是不可能的，一眼看到中心句也不可能，因此，平时的反复练习是非常必要的。

三、数据型材料解题方法

申论考试中有三种类型材料，每一种类型都是公务员考试以来经常出现的，因此想要很好地理解材料，得到阅卷老师的青睐，吃透材料是必不可少的。现在以数据型材料为例解读。

1. 中心句

阅读方法：大段的数据往往不是阅读的重点，数据前面的中心句才是问题的关键，而中心句往往在段首或者段尾，大量的数据并没有决定性的作用。

【例文 4-2-2】

尽管我国公共文化设施总数不断在增加，但相对于一些发达国家而言，我国公共文化设施总体的发展程度仍然较低。据悉，英国伦敦市拥有400多个大小剧院、音乐厅及现场音乐表演场地，每10万人拥有1.4个剧场，每10平方公里拥有1.3个剧场，每年大型剧场的入场人次达1240万；拥有近600家图书馆，395家公共图书馆，平均每10万人拥有5家公共图书馆，人均藏书量5本；拥有22座国家级博物馆，200余座非国家级博物馆，每10平方公里有1.1座博物馆，即每个社区附近都会有博物馆，而我国平均每40万人才拥有1座博物馆。

例文评析：阅读这段材料，如果我们花费大量的时间去分析数据必将得不偿失，这一段的中心句就是“尽管我国公共文化设施总数不断在增加，但相对于一些发达国家而言，我国公共文化设施总体发展程度仍然较低”，后面的数据都是对这一论断的补充，因此后面大量的数据阐释可以一带而过。

【例文 4-2-3】

2013年2月18日，据环境保护部介绍，74个实施空气质量新标准的城市，春节期间（2月9日至15日）平均达标天数比例仅54.7%，超标天数占比45.3%。PM2.5平均超标率为42.7%，最大日均值达426微克/立方米，最大超标4.7倍。74个城市中，空气质量属轻度污染的占23.1%，中度污染占10.5%，重度污染占8.8%，严重污染占2.9%。天津、石家庄和T市除夕夜（22时至次日2时）PM2.5的浓度较高，分别为577微克/立方米、527微克/立方米和520微克/立方米。环保部有关负责人说，春节期间，污染物浓度变化既与烟花爆竹集中燃放有关，也与大气扩散条件密切相关；不利气象条件及烟花爆竹燃放的共同作用，是造成部分城市空气质量下降的主要原因。

例文评析：这段材料和上一个案例的相同之处在于都是大量的数据，不同之处在于中心句的位置不同，这一段材料的中心句显然是最后一句：“不利气象条件及烟花爆竹燃放的共同作用,是造成部分城市空气质量下降的主要原因。”

2. 关键词

阅读方法:除了中心句以外,在阅读中能找到关键词也非常重要,关键词一般都会出现在数据的周围。

【例文 4-2-4】

针对博物馆、美术馆、科技馆、纪念馆和陈列馆的调查数据显示,24.4%的受访者一年中从未去过这5类场所,61.6%的人平均每年去1到5次,而市民对文化馆的年均光顾次数则更低,93.7%的人平均每年到馆次数在5次以下;其中,35.1%的人每年到馆次数为1到5次,58.6%的人没去过文化馆。针对公众满意度的调查结果显示,对基层文化场所和文化馆的服务表示满意和基本满意的市民,分别只有34.2%和40.8%。

例文评析:关键词是会重复的词语,对于重复出现的词语一定要多加留心,在以上材料中,“每年”“平均”“低”多次出现,结合“场所”来分析,就可以得出“每年去5类场所的平均次数非常低”的大致结论。

3. 词语之间的对比

如果材料中既没有中心句,也没有特殊性的词语,这就需要找到材料中具有对立性的词语或者句子。

【例文 4-2-5】

2018年中国城市化水平大约为59.58%;美国目前城市化率在83%左右,发达国家完成城市化后,城市化水平大多在75%以上。

例文评析:这段话中有一对明显处于对比的词语,即“中国”和“美国”,还有一对潜在对立的词语,即“发达国家”和“发展中国家”,因此,材料是由中美两国的对比来说明发达国家和发展中国家城市化率的差距。

四、怎样写好文章

1. 怎样论述

申论考试中作文的分值占比很大,也就是说,申论考试中,写好作文是成功的一半,那么应该怎样写好作文呢?

首先掌握两点:一是确立中心,实行总分总的格式。总分总的格式是惯用的方法,在许多的应用型文体中都可使用。首先总论点一句话概述,具有总括性;分论点逐条分析,结合材料综合自己的观点,逐步分析;最后再总结,论述清楚即可。二是论证,按照议论文论证方法来书写,在书写的时候注意结构的分化和语言要素的运用。还有一点需要注意的是,申论在字数上是有要求的,但是字数不是胡编乱造,没有一定的知识储备量,是写不出东西来的。

【例文 4-2-6】

网络时代的精细化。2017年陕西省临潼区发出了网格化管理人员的招收公告,这次网格专员招收是政府通过信息化网络服务群众的另外一种表现形式,每个区域被网格化区分,每个网格都有专门的格长,把这些格长负责的区域再通过互联网上传到网络上,这样居民就可以通过网络来查询要办理的事务，此项事务的具体负责人也可能查询到，让政府在进行社会治理的时候更加精细化，真正让政府通过精细化的互联网网格管理模式为人民服务。

例文评析：在上述材料中，其核心观点是网络使政务工作精细化，要论证这一观点，首先要判断这是正面材料还是反面材料，从上述内容来看，都是展现出网络的优点，因此我们要以论述其优点为主，再从反面提出要注意其缺点即可。最后，再进行总结，提出未来网络发展的趋势和前景，这样的论述就是比较全面的。

对于申论，只要审题准确，结合材料，论点清晰，论证有说服力，写好一篇文章，并不是什么大问题。

2. 积累是论述的基础

要想写好申论的论述，必须要有平日的积累，否则巧妇难为无米之炊，即使拥有再多的写作技巧也没有用武之地，这就要求我们平日里要多多留心，看见有用的信息最好用笔记本将它记录下来，时常翻开浏览一遍，时间久了就能熟记于心了。

（1）大概的时事论点

政治、经济、文化、生态是历来考试的热点话题，想要不考很难，只不过相比而言，政治考察相对于其他的几点考的较少而已。如2016年材料中，国人走出国门产生不文明行为、“不学礼，无以立”等考察社会、文化领域；2017年材料中城市水系建设，考察水生态和扶贫；2018年材料中城市建设、老子的“有”与“无”等考察政治、社会、文化领域。因此，大家在积累的时候更要注意这几个方面，使自己积累的材料能够派得上用场，胜算也就更大一些。

（2）注意事项

社会热点话题往往有两个方面，一是积极的，二是消极的，因此大家分析的时候需要从正能量的方面去看待这两方面的问题。例如2016年国人旅游的不文明现象就体现出了消极性。还有一种材料具有辩证性，往往体现在材料叙述争议性话题时，常呈现出正反两方面观点，例如2016年国考副省级真题第二题：“新技术的使用能否突破社会结构的屏障，是很多人关心的问题，谈谈你的看法。”遇到这样的问题，可以从正反两方面来进行论述，既要指出其积极的一面，也要看到其消极的一面。在论述时，可以说：“一方面，网络新技术的确有助于弥补农民工和信息垄断者之间的鸿沟，促进社会公平和平等。另一方面，利用网络新技术的能力不同扩大了社会两极分化，其引发的马太效应甚至强化了社会结构的屏障作用。”因此，运用辩证法看问题也是申论写作中常见的方法论。

【例文 4-2-7】

最近关于河南栾川县33岁男子常某拦路殴打20年前初中教师的事件引起了大量关注和激烈的辩论。在这起学生殴打教师的事件中，打人者常某声称自己当初上中学的时候多次被教师拳打脚踢，而且多次用脚踹头，对其心理造成了极大的阴影，多年来一直挥之不去。

例文评析：为什么我国现在大力提倡素质教育？因为学生不仅仅要学习书本上的知识，还要学会怎样做人。学生应当尊师重教，而教师不得随意打骂学生。学生是未来国家的栋梁，从小培养是必要的，师生之间相互尊重相互理解，平等相处，哪里还会发生这种事？因此，加强素质教育必不可少。

学生报复老师，这是学校教育的失败，也是家庭教育的失败，更是学生的失败，因为他不知道做人最基本的是怀有一颗感恩之心。从教师的角度来看,实行暴力教育,打骂学生,同样也是老师的失败。素质教育不仅仅是口号,更应该付诸实践,有人喊着素质教育的口号,仍然用应试教育的方法,这样培养出来的人还是有素质的吗?

因此,素质教育更应该提上日程,对于小学、初中、高中不同时期的教育方式也应该不同,对教师和学生的要求也要不同。针对教师,要对教师实行上岗培训,已经上岗的教师要利用假期的时间进行继续教育,对于立志成为教师的人员要在考试面试环节加强检查监督的力度。

教师是人类文明的园丁,不管是现在还是过去,抑或是未来,我们都应该正确认识教师这个行业,受教育者更应该摆正自己的态度,即使在自己的权益受到侵犯时,也应该学会运用法律的武器维护自己权益,而不是意气用事,一时冲动。

3. 写作过程

(1)标题

我们常把好的文章的开头说成是凤头,凤头是文章的亮点,是敲门砖,能够让人眼前一亮,有兴趣读下去。要写好一篇文章,首先得有一个好的标题。

①根据材料拟标题。材料中如若提及很多关键词,比如一个词出现多次,那么就应该重视这个词的作用。

②审题明确之后,自己在着手写作的时候应该适当加入自己的观点,形成自己独到的见解。

③引用名言警句,但是量不可多,一句两句即可。

④运用适当的修辞手法,例如,贪官污吏落马,人们常会将这样的"大人物"比作"大老虎",将职位低的一般官员、职员称作"苍蝇",这也是习总书记所说的老虎苍蝇一起打。

(2)论述论点

怎样把论点论证清楚,这是大部分考生遇到的问题。

①选对论据

论证清晰可以让考官减少看的时间,这样的文章考官往往会给比较高的分。要让论证清晰,就要选对论据,这就需要在面对大量时事热点的时候,用真实的例子去论证自己的观点。

②积累材料

怎样才能很好地积累材料呢?一是要注意自己平时的日积月累,二是需要在阅读材料的时候提取有用的信息。如果自己的材料很有限,就会给阅卷者一种这个人很不着调的感觉,因为如果作者不知道知识点,就只能在仅有的材料中东拉西扯,因此,自己的知识储备真的很重要。

③条理论述

也就是逻辑性要强,条理要清楚,犹如小说有时间、地点、人物以及事情发生的起因、经过、结果一样,申论也要有自己的论点、论据和论证,总的要有,分论点中也要有所体现。

(3)总结

豹尾,有人听着这个词语感觉到很熟悉,是的,这就是中学语文老师经常提到的三段式写作中的结尾,好的结尾我们称作"豹尾"。结尾有多种,有的一笔带过,有的言有尽而意无穷,给人当头棒喝也好,醍醐灌顶也罢,只要能让人在结尾拍案叫绝,这就是一篇好文章。

政论性文章的重点在于警示人们，着重谈及它的意义和对社会的影响，因此，结尾不要重复中间的内容，要另辟蹊径，让人耳目一新。策论文的文章主体内容与政论性文章不同，通常它会给人们出对策，政论性文章则是给人们讲这件事的意义。评论性文章又与其他的两种文体不一样，评论性文章需要在最后让别人看到自己的明确观点。

各种文体都有自己的特点，重点都不一样，这就要考生熟悉吃透各种文体的特点，在答题时方能得心应手。但是最后都要做到一点，就是点明主题，上升到思想和理论的高度。

申论在考试时需要框架修饰，但是更要注重框架里面的内容，摆事实，讲依据。纸上得来终觉浅，绝知此事要躬行，多练习才是王道，实践才是检验真理的唯一标准。

能力提升

一、请用不超过100字的篇幅，概括给定材料所反映的主要内容

国家统计局发布消息称："7月30日，中央再次强调坚持房子是用来住的、不是用来炒的定位，要求落实房地产长效管理机制，提出不将房地产作为短期刺激经济的手段。初步测算，4个一线城市新建商品住宅销售价格环比上涨0.3%，涨幅与上月相同，其中北京上涨0.5%，上海上涨0.3%，广州和深圳均上涨0.2%；同比上涨4.2%，涨幅比上月回落0.1个百分点。二手住宅销售价格环比持平，上月为上涨0.3%，其中北京下降0.4%，上海和广州均持平，深圳上涨0.2%；同比下降0.2%，是去年6月以来的首次转降。31个二线城市新建商品住宅和二手住宅销售价格环比分别上涨0.5%和0.2%，涨幅比上月均回落0.2个百分点；同比分别上涨9.9%和5.5%，涨幅比上月分别回落0.8和1.2个百分点。"

二、用不超过200字的篇幅，分析出2019年8月的经济情况

2019年9月16日，国家统计局新闻发言人付凌晖就2019年8月国民经济运行情况答记者问，他说道："从8月份当月指标来看，主要指标有升有降，工业生产略有放缓，服务业增长加快，同时市场销售保持稳定，投资略有放缓。月度指标变化因为有各种因素影响会有一定波动，从1—8月份总的情况来看，经济运行保持总体平稳、稳中有进的发展态势。

从生产来看，生产总体稳定，升级发展态势持续。从服务业来看，1—8月份，服务业生产指数增长7.0%，比规模以上工业增加值增速快1.4个百分点。现代服务业发展增长比较快，比如1—8月份，信息传输、软件和信息技术服务业增长22.4%，租赁和商务服务业增长8.1%，都明显快于总指数增长。同时科技服务业、战略性新兴服务业，1—7月份营业收入增长都保持比较快的增长。从这些情况来看，产业结构还是在不断优化。从工业情况来看，1—8月份规模以上工业增加值增长5.6%，高技术制造业增长达到8.4%，明显快于全部工业增长速度，工业发展持续升级的态势没有发生变化。

从需求来看，内需持续扩大，结构在优化。首先看消费增长，1—8月份社会消费品零售总额增长8.2%，实物商品网上零售额增长20.8%，明显快于社会消费品零售总额的速度。同时，升级类消费保持较快增长，像化妆品类、文化办公用品类增长都是比较快的，服务性消费增长势头也比较好。1—8月份，餐饮收入增长达到9.4%，快于商品零售的增长。其次，从投

资情况来看,投资增长保持基本稳定。1—8月份固定资产投资增长5.5%,其中高技术产业投资增长13%,快于全部投资增长,而且一些短板领域的投资,比如1—8月份生态环保投资增长在40%以上,教育投资增长19%,文化、体育和娱乐业投资增长15.1%。从这些情况来看,投资结构在优化,需求结构也在继续调整和优化。

从就业和物价看,就业继续增加,价格形势总体稳定。1—8月份城镇新增就业达到984万人,完成全年计划目标任务89.5%。从城镇调查失业率来看,全国城镇调查失业率8月份为5.2%,比上月回落0.1个百分点,其中25~59岁人口调查失业率为4.5%,比上月回落0.1个百分点。还要看到大学生的失业率情况,8月份20~24岁大专及以上人员调查失业率比上月回落1.9个百分点,就业情况总体是比较好的。从价格情况来看,1—8月份CPI同比上涨2.4%,仍然保持在全年预期目标之内。其中,1-8月份扣掉食品和能源的核心CPI,涨幅只有1.7%,和1—7月持平,保持总体稳定。尽管8月份部分食品价格涨幅有所扩大,但是从8月份当月来看,CPI涨幅是2.8%,和上月持平。

从国际收支看,外贸和外资较快增长,外汇储备在增加。1—8月份,进出口同比增长3.6%,其中出口增长6.1%,与欧盟、东盟等地区的进出口保持较快增长,对主要贸易伙伴保持比较快的增长。同时与一带一路国家的进出口增长也保持较快增速。从利用外资的情况来看,这两年全球FDI都在下降,但从今年中国的情况来看,前8个月实际使用外资增长6.9%,这个速度也是比较快的,当月是3.6%。从外汇储备来看,8月末全国外汇储备3.1万亿美元,比上月末增加35亿美元。”

第五讲 公关礼仪文书写作

公关礼仪文书，是政府、机关、企事业单位及个人在公关礼仪活动中使用的应用文体。随着人们社会交往的日益频繁，公关礼仪文书的适用越来越广泛，也越来越受到人们的重视。而认真掌握各种礼仪文书的写作方法和技巧，对于营造和谐宽松的工作氛围，确保实现组织以及个人之间有效交往的目的，增进互信，加深友谊，具有极其重要的现实意义。

现代社会的任何组织和机构都要和内部公众、外部公众取得联系，沟通思想，联络感情，并且要善于寻找各种契机，开展各种活动来增进了解，塑造形象，各种礼仪文书的写作行为因此产生。如在新春佳节，可以通过慰问信对内部员工表示出亲切的关怀之情和深深的理解之意，使员工产生情谊深厚、温暖如春的感觉。如有关庆典活动，可以通过请柬、邀请函对外发出邀约，从而增强双方的了解和友谊。此外，召开各种会议，便产生了讲话稿的写作行为；接待各类客人，便产生了欢迎词、祝酒词、答谢词等写作行为；祝贺事业的成功便产生了贺词、贺电的写作行为；告启各类事项，便产生了各类启事的写作行为；等等。总之，公关礼仪文书写作行为，都是针对某一具体事项而产生的，应用于特定的场合、对象。当然公关礼仪文书的应用性和一般应用文的应用性是有区别的，它除了事务性、针对性、时间性之外，更强调礼仪性、形象性，以期提高本单位、本部门的知名度和美誉度。

根据写作的难度、使用的频率和实际需要，本章“公关礼仪文书写作”重点讲请柬、邀请函、欢迎词和答谢词的写作。

第一节 请柬与邀请函

任务一 请柬的写作

任务目标

理解和掌握请柬的含义、类型、结构和写法以及写作注意事项。

能够根据事由写一份请柬。

知识要点

一、请柬的含义

请柬又称请帖，它是单位团体或个人在举行某项重大交际活动，如节庆、开业、婚宴、诞辰或各种纪念活动、重要会议时，邀请有关人士出席活动而发出的专用书信。

在古代，请柬的"柬"是"简"的通假字，"简"是竹简之意，是古代最小单位的书写材料，人们把短小信札称"书简"；"帖"为"织锦"之意，即精美的绸缎，绸缎也是古代的一种书写材料，因而柬帖合在一起互文，即表明请柬(或请帖)是写在精美的最小单位的书写材料上的内容短小的社交邀请信。

请柬从文体本质上讲是书信，但请柬又不同于一般书信。一般书信都是因双方不便或不宜直接交谈而采用的交际方式。请柬却不同，请柬使用的目的主要是表明邀请者对被邀请者的尊敬，同时也表明邀请者对此事的郑重态度，发请柬是社交中的礼仪行为，所以邀请与被邀请双方即便近在咫尺，也必须送请柬。凡属比较隆重的社交活动，邀请客人均用请柬，切忌随便招呼而顾此失彼。

二、请柬的特点

适宜于请柬的文体特质和现实效用，请柬在写作内容、格式和语言上体现出"达""雅""礼""时"的特点。

"达"，是通达，就是通顺、明白之意。请柬写作在内容上要体现出活动事项陈述的清楚明白，让被邀请者一看请柬就明白要参加的是什么活动，什么时间，什么地点参加，甚至是如何参加等。因此，请柬在内容上要写清活动性质内容，如是开座谈会、联欢晚会，还是生日派对、婚礼、寿诞等，要明白准确地写明活动的时间、地点、方式。如是正式宴会一般要在请柬上注明席次号，如"座席：××厅××桌"。如果是请人看戏或其他表演还应注明将入场券附上，如在附言上写明"附××券×张"。若有其他要求也需注明，如"请准备发言""请为之剪彩""请着礼服"等。

"雅"，即语言文字使用文雅。请柬的写作需根据具体场合、内容、对象，采用优美、得体、文雅的措辞，将请柬所要表达的内容表达得贴切得体，充分体现出邀请者的热情、郑重与诚意，给被邀请者温馨与愉悦的感觉。如"我们现在打算于"用"谨定于"；"准备好了新婚酒席"用"敬备喜宴"；"请到时一定来"用"恭候届时光临"；交待典礼的时间用"××时观礼、××时入席"；等等。

"礼"，即请柬的写作应讲求礼节，体现出对被邀请者的礼貌与尊敬。请柬本身是用于社交活动的礼仪文书，所以，请柬的写作更应讲求礼节。请柬的写作处处可体现出对礼节的讲求。首先在文面格式上，由于请柬属于古代书信的范畴，古代书信体式中讲求的对人敬、对己谦的格式样式，也应在请柬的制作中得到适当的体现，如古代书信中的顶格、抬头的样式，结尾具礼的样式及署名中的名下敬辞的样式，都应被合适地用上。如在写称呼的内容时，要顶格写出被邀请者(单位或个人)的姓名或名称。同时,请柬的结尾"具礼",即在写上礼节性问候语或恭候语如"致以敬礼""敬请光临"等时,"敬礼""光临"等词语应另起一行顶格书写,或是在本行中挪一空格书写,这是古代书信中"抬头"样式的体现。所谓"抬头"样式,是古代书信每逢在提到对方时,为了表示尊敬,要另起一行顶格书写,或挪一字的空位再接着书写(另起一行顶格书写样式叫"平抬头",空一个字书写的样式叫"挪抬头",后者比前者尊敬程度更大)。其次,在用语上,也要充分体现出对被邀请者的礼貌与尊敬。如在写称谓部分内容时,要在人名后加尊称,如一般称"先生""女士",有头衔的可称"教授""董事长""经理""主任""院长"等,以此表示对被邀请者的尊敬;在结尾向对方表示邀请和问候的用语中,更是要突出谦恭和礼貌的语气来,以示邀请者的诚意与热情,如表示对对方的邀请之意时用"敬请、恭候"等语词,表现对方到来之意时用"光临、莅临"等语词,在向对方问候时用"致以—敬礼""顺致—崇高的敬意"等语词。为了表现出对对方的礼貌,请柬在结尾署名时有时还加上名下敬语,如"×××鞠躬、谨启、恭候、敬上"等。另外,请柬制作材料应精美,装帧尽可能美观大方,以此表示对被邀请者的尊敬。

"时",即请柬的写作、制作应"入时""时尚"。请柬的制作,无论在书写格式、语言表达还是装帧设计上,都永远不可能是千篇一律、墨守成规的,它总是要随着时代的变化而变化,符合时代的特点,按某一时候的时尚趋势制作。如从以前的竖排到现在的横排请柬,从以前多用文言雅语到现在的多用现代新的、活的雅语,从以前使用现在被认为是繁冗造作的、刻意谦恭的礼敬语,到现代请柬中使用的热情、诚恳而又庄重、大方的礼貌用语以及到现在的符合时代特点的时尚的书写材料运用和装饰图案的设计等,无一不在说明请柬的写作及其制作要符合时代的特点和要求。

一份请柬的写作符合"达、雅、礼、时"特征,既能体现出邀请者对被邀请者的热情、礼貌与尊敬,也能显现出邀请者的修养与大家风范,赢得被邀请者的敬意与尊重,更能彰显出活动事项的魅力,从而有效地帮助人们实现交际目的。

三、请柬的类型

请柬可根据用途不同分为:结婚请柬、个性请柬、单位请柬等。

四、请柬的结构和写法

一封完整的请柬由标题、称谓、正文、请语、附启、落款、成文日期七部分组成。

1. 标题

请柬的标题只需标注文种"请柬"或"请帖"即可,标题不需要在文种前加活动名称,因为请柬活动名称在正文中是非写不可的,所以在标题前加上活动名称显得重复。标题书写位置有两种情况:位于正文之前或单占一页作为封面。特别要注意的是,请柬的封面需要艺术加工以示隆重,并使之与活动气氛相一致。

2. 称谓

称谓的写作要在被邀请者名后加上尊称,如一般称先生、女士、小姐;有职称学衔的可称教授、博士、主任、院长、处长等;亦可将职务冠于姓名前,姓名后再加尊称如:系主任某某教授、公司董事长某某先生。如邀请整个单位,只需称呼单位名称即可。一般是另起一行或另起一页顶格写上被邀请人的姓名尊称，或被邀请单位名称。

3. 正文

请柬的正文主体只需用一句话写明收受请柬一方所参加活动的名称及时间、地点，而不必细述举办活动的目的、活动本身或邀请对方前来参加活动的意义等。活动名称是请柬正文的必备要素，正确的制作方法是将它与活动的时间、地点等活动内容组合成连贯完整的一个句子来表述。另外，请柬不同于一般书信，所以正文不加问候语。

4. 请语

请柬的请语，一般使用带有文言色彩的雅语，常用的请语有：敬请光临、恭请光临、请尊驾按临指导、敬候夜临等。恰当地选择和使用这些带有文言色彩的请语可以做到达雅兼备、谦敬得体，这是请柬写作成功的重要环节。

5. 附启

附启即附加说明。这部分并非每份请柬都有，如需说明展览日期与开馆时间，活动场所的地址、乘车路线、入场口、座席位置、座位号等或者说明注意事项如凭柬入场等，这时需加附启。附启书写于落款之上一行请语之下，空两格书写，并用括号将附启内容括上。如果是舞会、音乐会、大型招待会的请柬需要写明“每柬一人”“凭柬入场”“请着正装”等附启语，通常写于请柬正文的左下方处。

6. 落款

落款是请柬必备的一部分。可以标识组织名称、组织领导者名称，或者二者兼有。如果是结婚请柬，要并排写上新婚夫妇二人的姓名，其后加上“敬启”或“谨上”之类的谦辞。位置在正文或附启（若有附启）右下角。

7. 成文日期

在落款下面写具体的年月日，用小写汉字写上。要注意的是请柬写作和发出的日期，距活动正式举办时间不能少于三天，以便被邀请者做好准备，这也是对被邀请者的尊重。

五、请柬的注意事项

1. 托人转递请柬是不礼貌的

请柬的递送方式很有讲究。古代无论远近都要登门递送，表示真诚邀请的心意；现当代亦可邮寄。一定注意不能托人转递，转递是很不礼貌的。请柬如果是放入信封当面递送，要注意信封不能封口，否则造成又邀客又拒客的误会。

2. 请柬中应避免出现“准时”两字

在正文后可根据不同的情况采用“敬请光临”“恭请光临”“请光临指导”等结语。在一些请柬上我们时常可以看到“请届时光临”的字样，“届时”是到时候的意思，表示出邀请者的诚意。但是有些请柬把“届”改成了“准”字，这样就成了命令式，体现了邀请者的高高在上，对被邀请者的不尊敬，在请柬中我们应该避免出现这样的结语。

例文分析

【例文5-1-1-1】

请　柬

张山先生：

2016年11月18日是家父70岁寿辰，当日中午12时在长春路16号东坡酒家敬备薄酒，敬请光临。

陈春敬上

2016年11月13日

例文评析：此请柬的标题、称谓、正文、请语、落款、成文日期均符合请柬写作的要求，且成文日期在三日以上七日之内，便于被邀请者做好准备也不至于时间久远忘记赴约。

【例文5-1-1-2】

请　柬

××电视台：

兹定于五月四日晚八时整，在××大学学习堂举行五四青年诗歌朗诵会，届时恭请贵台派记者光临。

××大学团委会

2019年5月2日

例文评析：该请柬是以团体的名义发出的，所不同的是该文的请邀对象不是要作为客人参加会议或聚会，而是要前往进行采访工作。这份请柬实际还起到了提供某种新闻信息的作用。语言上也是用语不多，却将所要告知的信息全部说出，简洁明快，不拖泥带水。

任务实施

小张在××公司做文秘工作，春节前夕公司要举办茶话会，领导安排小张负责制作请柬并通知相关人员到会。小张想先把请柬的模板做好，再按名单一一打印。

请代替小张根据请柬的写法写明茶话会的时间、地点及内容。注意措辞，体现请柬的礼仪性。

参考范文

×××女士(先生):

兹定于××××年12月30日上午9:30在本公司5号楼第三会议室举行迎春茶话会,届时敬请光临!

××公司(公章)

××××年12月20日

能力提升

一、病文改错

1. 阅读下文,并对此份请柬进行修改。

请　柬

×××同志:

您好！工作一定很忙吧！兹我校定于7月1日召开校友座谈会,请您做好准备,务必准时出席。

此致

敬礼!

×××中学校长办公室(盖章)

2019年6月14日

2. 找出下文中用语不得体的地方并修改。

适逢家父60贵庚,特备薄酒,邀请您阖家光临雅风酒楼大快朵颐。5月20日12点整恭候大驾,务必赏光。

二、材料写作

1. 建设学校为庆祝建校20周年,准备邀请社会各界参加学校建校20周年的庆祝典礼。请你以学校的名义写一份请柬。

2. 你们班为欢庆新年,准备举行新年联欢会,并邀请学校领导和本班任课教师参加,请自定时间、地点,自己设计样式,为班级写一份请柬。

任务二　邀请函的写作

任务目标

理解和掌握邀请函的含义、类型、结构和写法以及写作注意事项。

能够根据事由写作一份邀请函。

知识要点

一、邀请函的含义

邀请函又称邀请信或邀请书，是活动主办方（单位、团体或个人）邀请有关人员出席隆重的会议、典礼，参加某些重大活动时发出的书面函件。

凡精心安排、精心组织的大型活动与仪式，如宴会、舞会、纪念会、庆祝会、发布会、单位的开业仪式等等，只有采用邀请函邀请嘉宾，才会被人视为与其档次相称。

二、邀请函的特点

邀请函的特点体现在以下四个方面。

1. 礼貌性强

邀请事务使用邀请函表示礼貌。礼貌性是邀请函最显著的特征和基本原则。这体现在内容的完全的赞美肯定和固定的礼貌用语的使用上，强调双方和谐友好的交往。

2. 感情诚挚

邀请函是为社交服务的专门文书，这使得它能够单纯地、充分地发送友好的感情信息，适宜于在特定的礼仪时机、场合，向礼仪对象表达诚挚的感情。

3. 语言简洁明了

邀请函是现实生活中常用的一种日常应用写作文种，要注意语言的简洁明了，看懂就行，文字不要太多太深奥。

4. 适用面广

邀请函使用于国际交往以及日常的各种社交活动中，而且适用于单位、企业、个人，范围非常广泛。

三、邀请函的类型

邀请函一般分为两种。

1. 个人信函

例如邀请某人共进晚餐、参加宴会、观看电影、出席典礼等。

2. 事务信函

一般是邀请参加会议、学术活动等等。

四、邀请函的结构和写法

邀请函的结构由标题、称谓、正文、落款组成。

1. 标题

一般只写文种“邀请函”即可，字号比通常标题要略大一些。有时也可以加“事由”，如“关于参加研讨会的邀请函”。有时还可包括个性化的活动主题标语，如“沟通无限中部六省城市信息化高级论坛邀请函”。

2. 称谓

是对邀请对象的称呼。要顶格写受邀单位名称或个人姓名，后加冒号。要写明对方姓名、职务、职称、学衔。也可以用“同志”“经理”“教授”“先生”“女士”“小姐”称呼。通常还要加上“尊敬的”之类的定语。

3. 正文

是邀请函的主体。开头可向被邀请人简单问候，位置在称谓下一行，空两格。接着写明举办礼仪活动的缘由、目的、事项及要求，写明礼仪活动的日程安排、时间、地点，邀请对象以及邀请对象所做的工作等，并对被邀请方发出得体、诚挚的邀请。若附有票、券等物也应同邀请函一并送给邀请对象。有较为详细出席说明的，通常要另纸说明，避免邀请函写得过长。末尾一般要写常用的邀请惯用语。如“敬请光临”“敬请参加”“请届时出席”之类的敬语。有些邀请函可以用“此致敬礼”“顺致节日问候”等敬语。

4. 落款

署上邀请单位名称或发函者个人名称，署上发函日期。邀请单位还应加盖公章，以示庄重。另外是形式上的要求。邀请函的形式要美观大方，不可用书信纸或单位的信函纸草草了事，而应用红纸或特制的请柬填写。

五、邀请函的注意事项

1. “邀请函”三字是完整的文种名称，与公文中的“函”是两种不同的文种，因此不宜拆开写成“关于邀请出席××活动的函”。

2. 被邀请者的姓名应写全，不应写绰号或别名。在两个姓名之间应该写上“暨”或“和”，不用顿号或逗号。网上或报刊上公开发布的邀请函，由于对象不确定，可省略称呼，或以“敬启者”统称。

3. 严格遵守写作格式，称谓、邀请事由、具体内容、活动时间、活动地点、相关事宜、联系方式、落款等是必不可少的部分，不能丢漏信息。

4. 邀请事项务必周详，使邀请对象可以有备而来，也会使举办活动的个人或单位减少一些意想不到的麻烦。

5. 邀请函须提前发送，使受邀方有足够的时间对各种事务进行统筹安排。总之，邀请函属于社会生活使用文书，具有社会公关及礼仪功能。它不仅表示礼貌庄重，也有凭证作用，要写得简明得体，准确文雅。

例文分析

【例文 5-1-2-1】

财富主角××广告公司年终客户答谢会邀请函

尊敬的×××先生/女士：

过往的一年，我们用心搭建平台，您是我们关注和支持的财富主角。新年即将来临，我们倾情实现公司客户大家庭的快乐相聚。为了感谢您一年来对××广告公司的大力支持，我们特于××××年×月×日×时在×××大酒店一楼××殿举办××××年度××广告公司客户答谢会，届时将有精彩的节目和丰厚的奖品等待着您，期待您的光临！

让我们同叙友谊，共话未来，迎接来年更多的财富，更多的快乐！

××广告公司

××××年×月×日

例文评析：这是商务礼仪活动邀请函。标题除了文种"邀请函"、事由"××广告公司年终客户答谢会"字样外，还出现了活动主题标语"财富主角"，正文亦符合礼仪文书的行文要求，可谓是事务与礼仪的完美结合。

【例文 5-1-2-2】

某校99届同学会邀请函

亲爱的______同学：

你好！

一别二十载，荏苒不惑年。春来秋去，草长莺飞，似水年华，匆匆而过。当年同窗，今散四海，但时空的拉长并没有使我们的情谊消退，岁月的消融永远抹不去我们青春的印记。

美丽的中学时光，恰似流光溢彩的画卷，烙在我们的记忆深处。我们有缘相遇、相识、相知、相学和相爱。我们曾经放纵过青春的激情，追逐过浪漫的友情，痴迷过耕耘的喜悦。往事如梦温馨如昨，依然常驻心头。老同学啊，现在你的心情好吗？你的一切顺利吗？

亲爱的同学，诚挚地邀请你参加我们毕业20周年聚会，让我们走到一起，听听久违的声音，看看久违的面孔，重温那些一起走过的日子，尽情享受老同学相聚的温馨，畅谈现在和将来。相信本次的聚会，你除了欣喜和激动，还会有更多的收获！

来吧！再聚首，相约2019。这样难得的欢聚，会因你的缺席而黯然失色，更令我们黯然神伤。

盼望你早作安排，如期赴约。

祝你及全家身体健康，万事如意！并祝同学聚会圆满成功！

时间：××××年×月××日，上午9:30

地点：×××酒店(具体位置)

联系人：×××　　　　联系电话：0595-87591229

某校99届同学会

二〇一九年四月三日

例文评析：这是一份同学会邀请函。主体部分对同学时光进行回顾，采用叙述的手法写作，既感人至深，又情真意切，同时将同学会相关事宜全部包含，是一份典型的邀请函。

任务实施

根据请柬和邀请函的异同填写下表。

	请　柬	邀请函
相同之处		
发送者		
针对性		
是否回复		
外观、内容		

参考范文

	请　柬	邀请函
相同之处	邀请对方参加某项活动的书面通知，直接或间接发送，作为入场券证或者报到凭证	
发送者	个人、单位	单位
针对性	礼节性活动、迎宾宴、开幕式、婚礼	大型公务活动
是否回复	不用回复	要求回复，即"答复函"
外观、内容	内容短，外观美观	内容长，复杂，需交代注意事项；外观一般

能力提升

一、病文改错

阅读下文，将修改后的正确答案写下来。

尊敬的文俊豪女士：

您好！首先感谢您在过去的时光里对我们的关注和支持，感谢您对我们所有工作的理解和肯定！在此，为您送上我们最真诚的问候和最衷心的祝福！

我公司将举行杭州分公司成立大会，我们诚挚邀请您亲临指导，让我们在此代表公司全体同事，对您长期以来对我们的关心和支持表示感谢！

二、材料写作

1. 联合公司将于2019年5月25日给公司客户发一封邀请函，邀请他们在5月30日晚7:00—9:00参加在友谊宾馆三楼会议室举行的中秋茶话会。

请就以上内容写一封邀请函。

2. 计算机应用4班班委会决定在12月9日晚上7点到9点在教室开展纪念一二·九运动的活动，请写一则100字左右的邀请函邀请张权老师参加他们的活动。要求格式正确，表达得体。

第二节　欢迎词与答谢词

任务一　欢迎词的写作

任务目标

理解和掌握欢迎词的含义、类型、结构和写法以及写作注意事项。

能够根据事由写作一份欢迎词。

知识要点

一、欢迎词的含义

欢迎词是机关、团体和企事业单位常用的一种重要公关礼仪文书。它是在迎接宾客的仪式、集会和宴会上对宾客的光临表示热诚欢迎时使用的一种礼仪文书。

二、欢迎词的特点

1. 欢愉性

中国有句古话是“有朋自远方来，不亦乐乎”，所以致欢迎词时当有一种愉快的心情，言辞用语务必富有激情和表现出致辞人的真诚。只有这样才可给客人一种宾至如归的感觉，为下一步各种活动的完满举行打下好的基础。

2. 口语性

欢迎词本意是现场当面向宾客口头表达的，所以口语化是欢迎词文字上的必然要求，运用简洁又富有生活的情趣的语言，可以拉近主人同来宾的亲切关系。

三、欢迎词的类型

(一)从表达方式上分类

1. 现场讲演欢迎词

一般由欢迎人在被欢迎人到达时在欢迎现场口头发表的欢迎词。

2. 报刊发表欢迎词

这是发表在报刊或公开发行刊物之上的欢迎稿。它一般在客人到达前后发表。

(二)从社交的公关性质上分类

1. 私人交往欢迎词

私人交往欢迎词一般是在个人举行较大型的宴会、聚会、茶会、舞会、讨论会等非官方的场合下使用的欢迎稿。通常要在正式活动开始前使用。私人交往欢迎词往往具有很大的即时性、现场性。

2. 公事往来欢迎词

这样的欢迎词一般在较庄重的公共事务中使用。要有事先准备好的得体的书面稿，文字措辞上的要求较私人交往欢迎词要正式和严格。

四、欢迎词的结构和写法

欢迎词的结构由如下几部分组成。

(一)标题

一般应由致辞场合、致辞人和文种三个要素组成，例如《在欢迎日本松下集团考察团宴会上×××总经理的欢迎词》；也可以省略致辞人姓名，只以场合和文种名称为题，如《在××公司组建10周年庆典上的欢迎词》；还可以直接以“欢迎词”文种名称作为标题，以示显豁、鲜明。

(二)称谓

即对被欢迎宾客的称呼，一定要写得礼貌得体。用语要确切、亲和，一般应在称呼之前冠以诸如“尊敬的”“亲爱的”之类的修饰语，并在其后加上被欢迎宾客的头衔，也可加“先生”“女士”“夫人”之类的称谓。

(三)正文

这部分是欢迎词写作的主体，应根据实际情况表达不同的内容。一般应先交代致辞者在何种情况下、代表谁向宾客表示欢迎、感谢和问候；接下来阐明宾客来访的目的、意义和作用，同时回顾宾主双方交往的历史与友谊，对宾客在交往过程中所作的贡献予以赞扬，突出双方合作的成果，并表示继续加强合作的意愿。要用充满激情的笔调，对合作的前景做出展望，以增强行文的鼓动性。

(四)结尾

在正文的右下侧，由致辞的机关或致辞人具名，并署上日期。也可在标题之中载明。

五、欢迎词写作的注意事项

要写好欢迎词，应注意把握以下几个方面的要领：

第一,要以礼待人,情真意切。要根据宾客的实际情况和特定的场合,以诚恳热情、情真意切作为第一要义,充分体现出对宾客的尊重之情和友好合作之意。即便对于双方交往中所存在的分歧,在行文中如有涉及,也应力求巧妙圆润,含蓄婉转,既不要伤害对方的感情,又要表达出自己的立场原则,从而使双方的交往与合作得以继续保持和发展。

第二,要用语恳切、简练,切合实际。要以简明扼要的语言充分表达出对宾客的欢迎之意,使之感到亲切自然,力戒过多使用那些没有实际意义的虚言浮词,以免令人产生反感。

第三,篇幅要短小精悍。欢迎词一般适用于隆重典礼、喜庆仪式、公众集会或者设宴洗尘等特定场合,因而其在篇幅上应力求简短,一般以二三百字为宜,切忌长篇大论,空洞乏味,以免冲淡欢迎的和谐气氛。

例文分析

【例文5-2-1-1】

周恩来总理在欢迎美国总统尼克松的宴会上的祝酒词

总统先生,尼克松夫人:

女士们、先生们,朋友们:

首先,我高兴地代表毛泽东主席和中国政府向尼克松总统和夫人,以及其他的美国客人们表示欢迎。同时,我也想利用这个机会代表中国人民向远在太平洋彼岸的美国人民致以亲切的问候。

尼克松总统应中国政府的邀请,前来我国访问,使两国领导人有机会直接会晤,谋求两国关系正常化,并对共同关心的问题交换意见。这是符合中美两国人民愿望的积极行动,这在中美两国关系史上是一个创举。

美国人民是伟大的人民。中国人民是伟大的人民。我们两国人民一向是友好的。由于大家都知道的原因,两国人民之间的来往中断了二十多年。现在,经过中美双方的共同努力,友好来往的大门终于打开了。目前,促使两国关系正常化,争取和缓紧张局势,已成为中美两国人民强烈的愿望。人民,只有人民,才是创造世界历史的动力。我们相信,我们两国人民这种共同愿望,总有一天是要实现的。

中美两国的社会制度根本不同,在中美两国政府之间存在着巨大的分歧。但是,这种分歧不应当妨碍中美两国在互相尊重主权和领土完整、互不侵犯、互不干涉内政、平等互利和和平共处五项原则的基础上建立正常的国家关系,更不应该导致战争。中国政府早在1955年就公开声明,中国人民不想同美国打仗,中国政府愿意坐下来同美国政府谈判。这是我们一贯奉行的方针。我们注意到尼克松总统在来华前的讲话中也说到,“我们必须做到的事情是寻找某种办法使我们可以有分歧而又不成为战争中的敌人”。我们希望,通过双方坦率地交换意见,弄清楚彼此之间的分歧,努力寻找共同点,使我们两国的关系能够有一个新的开始。

最后我提议:

为尼克松总统和夫人的健康，为其他美国客人们的健康，为在座的所有朋友和同志们的健康，为中美两国之间的友谊，干杯！

（原载《人民日报》1972年2月22日）

例文评析：上文是一篇著名的欢迎词，称谓之后，内容分为三部分：第一部分写对客人的来访表示欢迎以及对美国人民致以问候，其后写对客人来访意义的评价；第二部分写对两国人民的评价、两国人民的交往情况以及两国人民争取改善关系的愿望，同时，客观地点出两国政府之间存在着分歧，但希望分歧不要妨碍开拓两国关系的新局面等；第三部分为祝酒词令。全文既有针对性，又合乎历史、现实以及欢迎场景，感情真挚诚恳，不卑不亢，表现了大国总理的风度。

【例文5-2-1-2】

欢迎词

女士们、先生们，朋友们：

值此×××厂30周年厂庆之际，请允许我代表×××厂，向远道而来的朋友们表示热烈的欢迎！

朋友们不顾路途遥远，专程前来贺喜并洽谈贸易合作事宜，为我厂30周年厂庆增添了一份热烈与祥和。我由衷地感到高兴，并对朋友们为增进双方友好关系所做的努力，表示诚挚的谢意！

今天在座的各位朋友中，有许多是我们的老朋友，我们之间有着良好的合作关系。我厂建厂30年能取得今天的成绩，离不开老朋友们的真诚合作和大力支持。对此，我们表示由衷的钦佩和感谢。同时，我们也为能有幸结识来自全国各地的新朋友感到十分高兴。在此，我谨再次向新朋友们表示热烈欢迎，并希望能与大家密切协作，发展相互间的友好合作关系。

"有朋自远方来，不亦乐乎。"在此新朋老友相会之际，我提议：为今后我们之间的进一步合作，为我们之间日益增进的友谊，为朋友们的健康幸福，干杯！

例文评析：这篇欢迎词开头部分对宾客的光临表示热烈的欢迎。主体部分对大家的到来表示谢意，并回顾与老朋友们相互交往的历程，阐明新朋友们来访的意义及合作前景。结尾表示良好祝愿。全文主旨明确，语言精要礼貌。

任务实施

被我院录取的新生前来报到，面对即将在校园生活四年的新同学，作为校学生会成员的你将如何表达你对他们的欢迎。

参考范文

欢迎词

今天,你们步入大学校园,这是人生道路的一次重大跨越!十多年的寒窗苦读终于有了第一份沉甸甸的收获,青春的你们选择了铜仁学院,蓬勃的铜仁学院也选择了你们,这是一件多么幸运的事情!在此,校学生会谨代表学院全体学生欢迎同学们的到来。

大学生活是充实又美好的,这里是我们成长磨炼意志的地方,当这个激动期过去之后,你会发现,大学的生活也不像想象得那么令人激动。也许公寓宿舍有种种不便;也许食堂的饭菜不合自己的口味;也许有些课程,甚至一些原来很看好的课程也很乏味;也许你会发现原来大名鼎鼎的教授也很平常;也许满怀热情提出的某些建议久久没有得到回复;也许考试成绩不很理想;也许许多老师都可能太忙,根本注意不到你的麻烦和困扰;也许你们很多人很快就忘了在入校之前暗暗下的决心。

我们这么说是因为我们也曾这么走过。生活注定会溶化许多激情、理想、决心和追求,甚至会使生活变成仅仅“活着”。

大学,是放飞梦想的地方,是读书求学的场所,是成人成才的殿堂。进入大学后,我们绝不能高枕无忧,绝不能有半点懈怠,绝不能蹉跎人生。博观约取,勤勉奋进。“以奋斗迎接光明,用微笑对待生活。”谨记,笑比哭好。在生活中学习微笑,在微笑中学习生活,在微笑的生活中感悟生命的价值,体验人生的无限快慰。让欢笑声时时充满我们的校园,我们的生活!

今天你们是桃李芬芳,明天你们是国家栋梁。“青年是吾师,吾是青年友”,让我们相互学习,相互促进,为中华之崛起而努力拼搏!

愿大家在铜院这片沃土拥抱灿烂的明天!

能力提升

一、病文改错

阅读下文,找出欢迎词中存在的问题。

东方旅游学院部分师生前去东湖宾馆参观学习,宾馆总经理在欢迎仪式上致辞。欢迎词如下:

欢迎词

尊敬的各位教师、各位同学们:

在此谨代表本宾馆的全体员工欢迎阁下同志们光临东湖宾馆。东湖宾馆坐落于风景秀丽的东湖岸边,三面环水,环境幽雅。具有岛国风情,是山阳市委、市政府接待和开放的窗口。希望我们的服务能够让阁下有宾至如归的感觉,在此将宾馆内设备及服务向你们作一介绍。

我们将忠诚地为阁下服务效劳,并希望你们能够提出宝贵意见。

东湖宾馆
总经理谨致

二、材料写作

有一个40人的旅游团从长沙来铜仁旅游，假设你是这个团队的地陪导游员，你将怎么致欢迎词？

任务二　答谢词的写作

任务目标

理解和掌握答谢词的含义、类型、结构和写法以及写作注意事项。
能够根据事由写作一份答谢词。

知识要点

一、答谢词的含义

答谢词属于礼节性社交活动中所使用的讲话稿。它是在专门的仪式、宴会或招待会上宾客对主人的盛情接待表示感谢时所使用的一种礼仪文书。

二、答谢词的特点

1. 内容与结构要合乎规范

在写作中，一不可混淆的类型与结构，二不可随心所欲地“独创”，要尽可能地符合写作规范，否则将会张冠李戴、非驴非马。

2. 感情要真挚、坦诚而热烈

既然要“答谢”，就应该动真情、吐真言，这就是所谓“真挚、坦诚”；虚情假意、言不由衷或矫揉造作，只能引来对方的反感。况且，“答谢”的本身，就是一种“言情”方式，既然要“言情”，就应热烈奔放、热情洋溢，给人以如沐春风的和煦感；那种薄情寡义、冷冰冰、干巴巴、硬邦邦的致辞是很难获得对方认可的。

3. 评价要适度，要恰如其分

一般说来，对于对方的行动，“谢遇型”致辞不宜于妄加评论、说三道四。而“谢恩型”致辞则可就其“精神”或“风格”做出评价，但要适度，要恰如其分，不可故意拔高、无限升华，以免造成“虚情假意”之嫌。

4. 篇幅要简短,语言要精练

礼仪仪式毕竟不是开大会,致辞一般应尽量简短些,决不可像某些领导的会议报告那么冗长。作为"答谢词",千字文即可。要想篇幅简短,语言必须精练,应尽可能地将可有可无的字、句、段删掉,努力做到"文约旨丰",言简意赅。

5. 注意照应欢迎词

撰写答谢词时,若主人已经致辞在前,作为客人就不能充耳不闻,答谢词要注意和欢迎词照应,即使预先准备了答谢词,也要在现场修改补充,这是对主人的尊敬。

三、答谢词的类型

1. "谢遇型"答谢词

"遇",招待,款待。"谢遇型"答谢词,即用来答谢别人的招待的致辞,它常用于宾主之间,既可用于欢迎仪式、会见仪式上与"欢迎词"相应,也可用于欢送仪式、告别仪式上与"欢送词"相应。

2. "谢恩型"答谢词

"恩",受到的好处,即别人的帮助。"谢恩型"答谢词,即用来答谢别人的帮助的致辞。它常用于捐赠仪式或某种送别仪式上。例如,1998年长江中下游地区的灾民在接受全国各地捐赠物品的仪式上,在洪水退后为抗洪抢险的解放军战士送行的仪式上,就使用了这种答谢词。

四、答谢词的结构和写法

答谢词的结构模式一般由如下几部分构成。

(一)标题

可直接以文种名称作为标题,如《答谢词》;也可以由致辞人、致辞场合和文种三个要素组成,例如《×××董事长在欢迎日本株式会社代表团的宴会上的答谢词》。

(二)称谓

与前述欢迎词相同。

(三)正文

这部分是答谢词的主体和核心,要写得完整、规范、有力。应首先对主人的热情款待表示衷心的感谢,接下去对访问期间或双方交往过程中所感受到的主人崇高的精神风范、出色的工作业绩等加以赞誉,或对宾主双方共同关心的一些问题表达出自己的观点、态度和愿望,然后对主人的热情接待再次表示感谢,以示强调。

(四)结尾

与前述欢迎词相同。

五、答谢词的注意事项

要想写出高质量、较完美的答谢词,要注意处理好以下几个方面的关系。

1. 有客套话与真情

在礼仪场合,必要的客套话是不能省略的,比如"感谢""致敬"之类热情洋溢、充满真情的词语。"客套"是礼仪的表现,"内容"才是实际的东西。一方面,需要客套;但另一方面,客套要为内容服务,不宜过多,更不宜过分,以免造成对方的反感。

2. 要尊重对方习惯

在异地作客，要主动了解当地民情、风俗，尊重对方习惯，也是表达答谢的内容。

3. 要照应欢迎词

答谢词要注意与欢迎词的某些内容照应，这是对主人的尊重。即使预先准备了答谢词，也要在现场紧急修改补充，或因情因境临场应变发挥。这样做，不仅可以丰富致辞的内涵，而且也可巧妙地融洽双方关系，增强和悦气氛。

4. 篇幅力求简短

在保证情感与内容前提下，内容要尽量短小。

5. 要雅俗共赏

这是对致辞语言的辩证要求。与其他的演讲文书一样，答谢词是诉诸听觉的，要想让人听得顺心悦耳，就应将优美雅洁的书面语与活泼生动的口语有机融合一体，以获得琴瑟和弦、雅俗共赏的美感。

例文分析

【例文 5-2-2-1】

女士们、先生们：

首先请允许我感谢你们的盛情邀请及款待，今天能够出席你们的招待会，我感到十分荣幸，能够有机会与在场的中国朋友畅谈，我感到非常高兴。

随着中国改革开放的进程不断深入，我们两国之间的交往越来越频繁，许多政府官员、科学家、艺术家、体育代表团和商人的互访，更加深了我们的友谊。多年来，我一直盼望着能有机会来中国，现在终于圆了我中国之行的梦。

这次在华一年时间的访问学习是卓有成效的，我能够有机会见到许多知名人士，聆听许多专家、学者的教诲，我们之间互相探讨、学习，并向中国专家、学者请教，收获很大。

我的到访，得到了热情好客的中国朋友的热情款待，我深深感受到了勤劳、善良的中国人民的热情、友好，我们彼此之间的深情厚谊，令我终生难忘！

借此机会请允许我再一次向大家表示衷心的感谢！

祝愿我们两国人民世代友好下去！

×××

二〇一八年十月十二日

例文评析：这篇答谢词正文分为三部分：其一先对主人的热情款待表示感谢。其二概写自己多年来一直要来中国的愿望，表明了自己访问的收获和感受。其三再次感谢和祝颂。全文情感真挚、感人，语言简练，结构完整，是一篇比较典型的答谢词。

【例文 5-2-2-2】

专家代表团的答谢词

女士们、先生们：

我荣幸地代表来自世界各地21个不同国家的科学家，在这里答谢刘市长刚才热情洋溢的欢迎词。我感到特别荣幸的是我能代表所有参加此次国际会议的全体“外宾”讲话，因为这是我们第一次有幸在中国参加这一学术会议。

我感谢大会组委会对我们的邀请，感谢他们为这次会议的准备工作所付出的辛勤劳动和心血。我们刚到武汉不久，但大会的计划组织工作已给我们留下了深刻的印象。在此对中国主办方对我们的盛情款待表示由衷地感谢。

科学是不分国界的，科学使我们走到一起。我相信今后几天的洽淡交流将使我们大家收获满满。祝福大会圆满成功，也祝福在座的各位的研究硕果累累、成绩斐然。

刘市长，谢谢你热情的欢迎词，此外，我们还要感谢武汉市政府和人民，因为他们为了我们在这里过得愉快和留下深刻的印象已经做了并且还在做大量的工作。

谢谢！

例文评析：这是一篇外宾在国际会议上的答谢词。答谢词写得比较活泼，表达了几层意思，首先说明致辞人的身份，介绍代表范围和答谢内容，特别说明是“第一次有幸在中国参加”学术会议，言辞恳切，富有感染力。其次对大会表示感谢，表示对受到邀请、大会所做的准备及深情厚谊的谢意。然后表达期望，希望会议取得成果。最后再次对主办城市表示感谢。例文中两次提到感谢“欢迎词”，按照习惯，答谢的对象应该是单位、个人及其所付出的劳动。这里一般可以表述为“对受到刘市长的热情接待，对武汉市政府及人民的友好情谊，对大会组委会的邀请和周密安排表示衷心的感谢”。

任务实施

你被聘为联合集团公司总裁助理，与总裁到轩通公司调研电子技术情况，轩通公司盛情招待了你们，总裁提议设宴回请轩通公司相关人员以表感谢，要求你提前准备好一份答谢词，你要如何准备？

参考范文

答谢词

尊敬的轩通集团公司的朋友们：

首先，请允许我代表联合公司全体成员对王山先生及轩通集团公司对我们的盛情接待表示衷心的感谢。

我们一行五人代表联合公司首次来贵地访问，此次来访时间虽短，但收获颇丰。仅三天时间，我们对贵地的电子业有了比较全面的了解，与贵公司建立了友好的技术合作关系，并成功地洽谈了×××电子技术合作事宜。这一切，都得益于贵方的真诚合作和大力支持。对此，我们表示衷心的感谢。

电子业是新兴的产业，蒸蒸日上，有着广阔的发展前景。贵公司拥有一支由网络专家组成的庞大队伍，技术力量雄厚，在网络工作站市场中一枝独秀。我们有幸与贵公司建立友好的技术合作关系，为我地电子业的发展提供了新的契机，也必将推动我地的电子业迈上一个新台阶。

最后我代表联合公司再次向轩通集团公司表示感谢，并祝贵公司事业蒸蒸日上，再创奇迹。更希望彼此继续加强合作，共创美好明天。

最后，我提议：

为我们之间正式建立友好合作关系，为今后我们之间的密切合作，干杯！

联合公司总裁：×××

2019年8月10日

能力提升

1. 病文改错

阅读下文，指出答谢词中存在的问题。

尊敬的董事长、总经理、各位领导、同事们：

此时此刻，我兴奋得几乎讲不出话来。直到现在，我依然无法相信自己的运气，我这样一名普普通通的推销员，竟然成了本公司去年的新产品销售冠军。我也想象不到，公司在业务如此繁忙的时刻，居然抽出宝贵的时间，来专门召开嘉奖我的表彰大会，我太感动了。

其实，我没有做多少工作，只是完成了本职任务而已，而且这主要归功于各位领导的信任、同事们的支持的结果。比如说，如果不是我们销售部的张经理派我去广州，不是公关部的周小姐向我介绍了那里的客户，我就不可能在广州取得成功。所以，我要借此机会，感谢领导、感谢同事们。谢谢大家。

我清楚地知道，自己工作中尚有不少漏洞。去年新产品的推广不利，就与我直接有关，不容推卸责任。

再次感谢领导，感谢同事们！

2. 范文赏析，请结合所学知识分析下文

连战致答谢词

——胡锦涛会见连战一行

胡总书记，各位女士、先生：

今天本人跟内人以及中国国民党三位副主席，率同很多的朋友，大家一起应胡总书记的邀请来访问大陆，我在这里首先要表示最由衷的感谢。

过去这几天，所有工作的同仁们，大家都尽心尽力，让我们的旅程非常顺利，非常的愉快,也特别感谢他们。

诚如总书记刚才所讲,今天的聚会是国民党和共产党六十年来的头一次,也是在两岸的情况之下56年来党和党见面交换意见最高层次的一次,难能可贵。我也很坦诚地来跟各位提到,那就是这一趟来得并不容易。我一再讲台北、北京,台北、南京距离不远,但是因为历史的辛酸,让我们曲曲折折,一直到今天才能够见面。所以我说,有点相见恨晚的感觉。

……

今天,我个人虽然是国民党的主席,也是带着一份人文的情怀,一种和平的期盼,同时也是身为民族的一分子,来到这个地方。我觉得我们来到这里,有几项意义,可以跟各位做一个报告:

第一,今天有人还在从五十年前甚至于六十年前国共之间的关系、思维、格局来思考这个问题,来评断我们的访问,但是我觉得,我们已经远远超越了那个时代,已经远远超越了那个格局。今天诚如刚才总书记讲的,我们是以善意为出发,以信任为基础,以两岸人民的福祉作依归,以民族长远的利益作目标。我相信,我们在这样的基础之上,绝对应该避免继续对峙、对抗,甚至于对撞,要的是和解,要的是对话。所以,我们也相信,这样的做法有民意的基础,有民意的力量,我在这里不必再麻烦大家举很多的数据。

第二,和平都是大家所希望的,但是和平必须要沟通,沟通必须要有架构。什么是架构?国民党跟中国共产党,我们在1992年是经过了非常辛苦的一个沟通的过程,提到了"一中各表"的基础,当然不幸的是这几年来这样的一个基础被曲解、被扭曲,成为其他的意义,这个我们大家也都很了解。但是我们本身国民党从来就没有任何的改变,我们也希望能够继续在这样的基础之上建构两岸共同亮丽的未来和远景。

第三,我想借这个机会特别指出,我们很希望,这次国民党可以说是来得不易,既然有这样良好的契机,现在是我们可以总结过去历史的一个契机,让我们把握当前,让我们共同来开创未来。所以,在这样的一个理念之下,我非常盼望,过去那种恶性的循环不要让它再出现,我们尽我们的力量能够建立一个良性的循环,从点到面,累积善意,累积互信,我相信这种面的扩充会建立一个非常坚实的基础,而不是像这种恶性的循环,冤冤相报,由点而线而面,其结果是互信完全崩盘,善意不在,结果是我们大家都受到损害。

所以,今天我以这些心情很坦诚地跟总书记和各位女士先生提到我个人亲历的一个历程。这次56年以来头一次国民党主席和副主席,党的干部能够到南京紫金山中山陵向中山先生致敬,心情感伤、复杂,但是我们也非常的感谢。中山先生弥留的时候一再要大家和平奋斗来救中国,和平奋斗事实上不是那个时候的一个专利,而是大家要共同努力,一直到今天,我都信奉不渝。秉持这样的精神,我都相信双方假如继续加强我们相互的理解和信任,我相信一定会给我们两岸所有的人民带来更好的、更多的安定,更好的、更多的繁荣,同时更重要的是给两岸带来亮丽光明的希望和未来,这是我今天在这里首先跟总书记和各位表达的一些意见。谢谢。

3. 材料写作

中秋佳节之际,恰逢你爷爷八十大寿,你的亲戚、朋友、同事来参加了寿宴,你应如何对各位来宾表示感谢?

第六讲　创意文案写作

文案是一种为特定的活动组织、项目实施、产品宣传等撰写的文字创意方案，一般是指为做宣传而写的简单文字预案，具有预设性、创意性、文学性、通俗化、大众化等特点。创作文案，最关键的一点，就是要有创意，没有创意的文案体现不出新意与特色，算不得成功的文案。真正成功的文案，一般都是个人或集体智慧的结晶，都富有创意，能带给人新鲜感，能吸引人的注意，能激发人们阅读文本和参与活动的兴趣。

策划又称“战略计划”，是指人们为了达成某种特定目标，借助一定的科学方法和艺术手段，为某种组织的决策、计划而构思、设计、制作方案的过程。策划注重制订计划与目标，文案则侧重把整个策划的过程用文字的形式呈现出来。通常情况下，文案与策划设计是相依存的，有时甚至会混为一谈。但是，随着社会经济的不断发展，人们对文案的专业化要求也越来越高，对文案的创意性也提出了相关要求，于是，一些专注于文字服务的文案策划公司应运而生。文案这一默默无闻的“配角”，渐渐转为引人瞩目的“主角”。创意文案写作也逐渐成为一个受人关注的行业，在一定范围内促进着社会经济的发展。

第一节　广告文案

任务目标

掌握广告文案的定义、种类及广告文案标题与开头的写法，了解广告文案写作的注意事项。

能够撰写一般的广告文案。

知识要点

一、广告文案的定义

广告文案，就是以语词进行广告信息内容表现的形式。广告文案有广义和狭义之分，广义的广告文案就是指通过广告语言、形象和其他因素，对既定的广告主题、广告创意所进行的具体表现。狭义的广告文案则指表现广告信息的言语和文字。广义的广告文案包括标题、正文、广告口号和附文；狭义的广告文案包括标题、正文和广告口号。

标题一般居于广告文案之首，它具有概括整个广告信息的作用，要求新颖独特、简短精练、能引人注意。标题有直白型标题、含蓄型标题、哲理型标题、诗意型标题等。正文是一则广告文案的主体部分，是对广告标题的具体阐明，包含了广告语的主要内容。根据广告设计需要，正文可繁可简，可长可短，写作风格也多种多样，写作方法和形式更是不拘一格。广告正文一般可以写成散文体、叙事体、论说体、新闻体、公文体等。其中散文体广告一般比较文艺，偏重于抒情写意，有时候也有诗化的倾向，可谓诗情画意；叙事体广告一般比较平实，偏重于陈述故事，以叙述故事的形式向人们展示和宣传产品；论说体广告侧重于以理性思维阐述事理，引导消费者进行推理、做出判断、得出结论，达到说服消费者，向消费者推销产品以及改变消费者消费观念的目的；新闻体广告兼有新闻和广告的双重特点，既有客观公正的事实报道，又有主观意识的广告宣传，显得真实可信；公文体广告是以写公文的形式来做广告，既有公文文体的严谨性，又具有广告本身的宣传性，这种形式的广告显得更权威、公正、严肃。

广告口号，又称为广告语、广告标语，是为了加深人们对某家企业、某类产品、某项服务和某个地方的印象，而设计的简单易记、鲜明突出、长期固定、能反复使用的口号性语句。它一般具有标志性的作用，能体现宣传对象的特点和宣传者的理念，能够树立品牌形象。有时除广告标语之外，还可以用醒题，即用简洁有力、鲜明醒目的语句对产品推销中的相关信息加以强调。

二、广告文案的种类

写广告文案其实就是写推销文案。广告尽量要做到用词简单，句子简短。广告文案一般有报纸广告文案、广播广告文案、微博广告文案、电视广告文案、上门推销广告文案、平面广告文案、流动摊点广告文案等。

广告文案例1：神州行电视广告文案

标题：总有一卡适合你

编辑老葛说："我接电话比打电话多，用神州行畅听卡，实在！"
村长老葛说："我用的是神州行家园卡，话费便宜信号好！"
工人老葛说："在外地打工，想家的时候我就用神州行长话卡！"
居民老葛说："这神州行轻松卡，打进打出都轻松，用着舒服！"
爱旅游的老葛说："神州行漫游卡，漫游起来真不差！"

退休干部老葛说:“图个实在,我一直用神州行大众卡!”

……我是葛优,银幕上我演老葛;生活中神州行的几个卡,我还真用着一个。您要是还在考虑,听我一句:神州行,总有一卡适合您啊!神州行,我看行。

神州行,我看行!轻松由我,神州行。

这则广告文案的标题是“总有一卡适合你”,简短直白,告之味很浓。中间是广告文案的正文,带有叙事性质,叙述具体,语言平实。广告语“神州行,我看行”精练含蓄,一语双关,易记易懂,有点像顺口溜,能给人留下深刻印象。

广告文案例2:红牛电视广告文案

标题:还在用这种方法提神

正文:都新世纪了,还在用这一杯苦咖啡来提神。你知道吗?还有更好的方式来帮助你唤起精神:全新上市的强化型红牛功能饮料富含氨基酸、维生素等多种营养成分,更添加了8倍牛磺酸,能有效激活脑细胞,缓解视觉疲劳,不仅可以提神醒脑,更能加倍呵护你的身体,令你随时拥有敏锐的判断力,提高工作效率。

广告语:轻松能量　来自红牛。

醒　题:迅速抗疲劳　激活脑细胞

广告文案例3:科龙冰箱平面广告文案

标题:或许,精美的干花对干燥室早就艳羡不已

正文:科龙星云座,以独树一帜的专利技术——多功能干燥室,完全颠覆传统冰箱之概念,开创性地于冰箱中配备了可在+1摄氏度—+25摄氏度自由调控的防霉防潮储物间,平时可作为干货、药品、胶卷、香烟的专用存放空间,而如有需要更可借助“分立四循环制冷系统”,自如转换成冷藏室。一个空间,两项功能,实属智慧科技的经典杰作。

广告语:梦想无界　科技无限

广告文案例4:三菱空调报纸广告文案

标题:如果爱侣说“这个真不错”,我选择三菱电机的空调。

正文:迅速地使房间每个角落都变得舒适,这就是世界上具有特色的“气流控制”。

外出回来后,一键钮,迅速地使房间的每一个角落都变得舒适。三菱电机空调的先进气流控制,根据您的喜好和房间的特点,搭载有可选择的“自由”“手动”“摆动”三种气流控制的机能。不论是谁都认为舒适性非同一般,这就是世界一流水平。

广告语:不同之处,在于世界水平——三菱电机

三、广告文案的标题

“题好一半文”,好的标题对文章很重要,对文案同样重要。那什么样的标题才算是好的文案标题呢?好的文案标题一般具有以下两个特征:一、能清晰明了地阐述文案主旨,表明文案态度;二、新颖别致,能够引起阅读者的注意。

文案标题一般可分为悬念式标题、警告式标题、观点式标题、数据式标题、省略式标题等。

1. 悬念式标题

悬念式标题就是在标题中设置一个悬念，让阅读者自己去揣摩下文。它只负责抛出问题，不负责陈述答案。如“最‘大方’的餐厅吃光还赠送钱”“美的空调与格力空调哪个好？”“你天天叫的外卖，你知道这里面深度学习的水有多深吗？”“张家界旅游攻略之天门山玻璃栈道，一定要挑战吗？”等都属于悬念式标题。这个悬念可以是反常规的，也可以是半遮半掩的，抑或是对比性的。不管怎么样，悬念一定要具备将阅读者吸引过来的能力。

2. 警告式标题

警告式标题就是要把大家的经验用最直接、最通俗易懂、最有力的方式传达给阅读者，引起阅读者的警觉和注意。如“千万别吃！这种食物已放倒多人”“天呐！化妆品竟然能让皮肤衰老”“把钟放在床头将导致失眠”“千万不要通宵给手机充电”等都属于警告式标题。警告式标题应该和阅读者的生活紧密相连，所提示的可以是阅读者经常去做的事情，也可以是阅读者经常去做，但没有出现某种结果的事情。警告式标题只有和生活紧密相连，才能引起阅读者的警觉，进而使他产生阅读兴趣。

3. 观点式标题

观点式标题又叫作直陈式标题，就是要在标题中直接而准确地陈述自己的观点。如“我懂不懂你不重要”“爱他就要舍得伤害他”“唯有爱与美食不可辜负”等都属于观点式标题。观点式标题一般都要新颖，要与众不同，要尽可能地让你的观点真正吸引读者，从而调动起阅读者的阅读兴趣。有时候标题要在情理之外，但内容一定要在意料之中，不能把一些偏激的、不好的思想传递给阅读者。也就是说，要注意“度”的问题，要把握好分寸。

4. 数据式标题

数据式标题就是用数据加文字的形式作为标题。和文字类标题相比，数据式标题更加形象化和具体化。它让阅读者可以更加直观地感受到数据带来的震撼感。如“有99%的人不知道手机比马桶还脏”“家居服29元起”“蕾丝打底5折起”“最后十天等你来”等都属于数据式标题。数据式标题，就是将数据融入文案当中。但也不要忘记数据的作用是要提起阅读者的阅读兴趣，所以，千万不要陷入硬性引用数据，而不考虑阅读者感受的怪圈。数据上过分地夸大其词会引起读者的反感，从而削弱文案标题的宣传效果，因为没有谁会对令自己反感的广告文案产生继续阅读下去的兴趣。

5. 省略式标题

省略式标题就是只写标题的一部分，剩下的用省略号代替。这样的标题含蓄蕴藉，可以给人留下足够的想象空间，耐人寻味。如“他的秘密就是……”“用过这种洗发水以后……”“徜徉在绿水青山之间……”等等，后半截标题故意没写出来，令人浮想联翩。这种标题与悬念式标题有点相似，都能引起人们的好奇心，激发他们的阅读兴趣，但又有所不同。悬念式标题有点故弄玄虚的紧张感，省略式标题却有着半遮半掩的美感。

除此之外，有些产品因为网站首页推荐位的原因，广告标题往往很短，短到只有产品名称，如“夏季裙款”“家居世界”“熊出没大冒险”“海战世界”等。这些文案标题都只显示产品的名称，但也起到了宣传推广、赢得点击率的作用。

当然，好的标题还需要具有以下几个特点：一是要能够传递出实际的好处，阅读者只愿意将时间花费在对自己有益的地方，看一个文案，能不能从中获得好处，这是阅读者会考虑的问题。好的标题会诉诸读者自身的利益，提供实际的好处。在标题上体现益处，需要结合文案的内容来归纳总结，可以在标题中有选择地嵌入免费、划算、省钱、保证、证明等词。二是要具有独特性，文案的标题不是描述新事物，就是将读者听过的事物以全新的方式来呈现，以勾起读者的阅读兴趣。三是要体现出一定的急迫感，在写标题时，可以加入时间元素，以营造迫在眉睫的感觉。急迫感等于是给读者一个立即采取行动的理由。

总之，对于好标题可以这样说，无论发布在什么样的载体上，只要是被你的阅读者认可、能够被大家看得懂并且产生共鸣的标题就是好标题。

四、广告文案的开头

好的文案一般都有一个好的开头，下面介绍几种文案开头的方法。

1. 设置悬念，制造气氛

如果想要让文案在开头的时候便吸引人，那么就一定要学会如何设置悬念，要在文案开头就给读者一种神秘感，让他们心生疑问，然后主动阅读下去，在阅读中找到问题的答案。例如铜仁联通利用手机短信推出了一则“招募令”广告文案：你想优先获得五百强企业勤工俭学的机会吗？你想挑战自己，挣得第一笔“助学金”吗？加入我们寻找属于你自己的舞台。薪酬待遇：底薪＋提成。工作地址：您所在的校园。详情咨询：陈先生。电话：××××××××××××。

2. 直陈观点，表明态度

在开头直接陈述观点，可以为你快速筛选到意向客户，更适合产品推广。这类开头，需要罗列一大堆证据，来证明你的观点，一般最好要有3个以上的证据。观点不能偏激，要能表明你的立场和态度，要能引起读者的思考和共鸣。你的观点不仅要具备一定的吸引力，而且还要经得起相关事实的佐证。不然，就得不到读者的认同，不能调动他们的阅读积极性，不能很好地推广你的产品。我国著名演员章子怡曾代言过飞鹤奶粉，其中一则广告的文案是这样的：“作为一名中国妈妈，我选择更适合中国宝宝体质的奶粉。飞鹤奶粉，56年专为中国人研制，2017年高端销售超百分之二百，新鲜生牛乳一次成粉，天然含有OPO，更适合宝宝娇嫩肠胃吸收，奶源新鲜看得到。飞鹤奶粉，更适合中国宝宝体质。”文案开头直接陈述观点，表明自己的态度，毫不含糊：中国妈妈选择适合中国宝宝的奶粉。接下来罗列出了一系列飞鹤奶粉的优点，告诉人们她选择飞鹤奶粉是有充分理由的，这样就做到了自圆其说，让人心服口服。

3. 引用名言，运用名歌

为了增强文案的说服力和推广度，你可以引用名人名言。一般来说，名人名言经受过大众的检验，具有一定的可信度和影响力。在写文案时，不妨引用一些名人名言，建立起你与阅读者之间的信任感。在引用名人名言时需注意以下几点：一、你所引用的话能证明文案观点；二、最好是直接引用；三、确定引用的是众所周知的人物所说的话；四、不能引用过多，不能生硬堆砌。而有些名歌，大家耳熟能详，运用在广告开头，有利于导引人们的思绪和情感，让人们对所要宣传的产品产生一种亲切感。如浏阳河酒广告开头就运用了大家都特别熟悉的歌曲《浏阳河》的前两句，湖南古丈毛尖茶叶广告，用当地人颇为熟悉的山歌开头。很多特殊日子如读书日、植树节、母亲节、中秋节、端午节、重阳节、春节等的公益宣传广告，往往会用到名言或名歌。中秋节可引用“露从今夜白，月是故乡明”，重阳节可引用“独在异乡为异客，每逢佳节倍思亲”，母亲节可引用“谁言寸草心，报得三春晖”，读书日可引用“书籍是人类进步的阶梯”,旅游节可引用“世界那么大,我想去看看”,等等。名言名歌催生名广告,反过来许多名广告也催生了许多名言名歌,如“新飞广告做得好,不如新飞冰箱好”“不要让地球上的最后一滴水成为人类的眼泪”,如周迅代言的锐澳鸡尾酒的广告主题曲*every boy*,彭于晏代言的益达口香糖的广告主题曲《如果没有你》等。

4. 情景再现,描绘现场

写作者在文案开头设置一个情境,可以是对话描写,可以是场面描写,通过情景再现的方式,让阅读者在脑海里拥有一种画面感,把他们带入写作者的创意世界里,以取得最佳的广告宣传效果。

例:

售楼处文案

活动当天,现场销售火爆,很多业主都和家人一起早早来到售楼处。我到达活动现场时,看到业主们早已站成一排等待啦。在大家期待的目光之中,活动开始啦!

情景再现式开头,讲究的是一种代入感。一定要尽可能细致地描绘出那个情境,营造浓厚真实的画面感,把阅读者带入情境之中,使他产生要参与其中的想法。

5.提问警示,引人入胜

就是用提问的方式,对阅读者进行警示告知,以引起他们的注意,从而使他们产生阅读文案的驱动力,迫不及待地往后看下去,直至读完全文。

例:

化妆品文案

你用过化妆品吗?你知道长期化妆会导致皮肤率先衰老吗?没错,整天不卸妆就会给皮肤造成负担,从而加剧皮肤衰老!加剧皮肤衰老!加剧皮肤衰老!

这种文案的开头,一般情况下,节奏感都非常强,一上来就会给人一种紧迫感,让阅读者在阅读的时候,不知不觉就产生一种紧张情绪,从而更加强烈地渴望知道,该怎么解决“皮肤衰老”和“怎么化妆、卸妆”才能使得皮肤不至于那么快衰老的问题。后面用反复的手法加以强调,就是要不断提醒阅读者,让阅读者记住你所要表述的事情,从而加以重视。

6. 顾客代言,现身说法

现身说法,就是用亲身体验的方式,把产品的作用,用最为直接的第一人称表达出来。平时,我们购物前总喜欢去问问买过该类产品的人,看他们使用产品的感受如何。就连平时逛网上商城,在看中产品以后,我们也还会去看看购买过该商品的人对该商品所做的评价。如果好评多,就会考虑购买;如果差评多,就会心存顾虑,因而不敢购买。顾客拥有这样的心理很正常,作为商家,在做宣传时,就可以采用“顾客代言,现身说法”这种方式,来打消其他顾客的顾虑,让他们对你所宣传的产品产生信任感。

下面以“睫毛膏文案”为例:

嗨,大家好!我今天使用了这款××睫毛膏,你们看我的睫毛是不是很翘呢?眼睛是不是显得更大呢?最为关键的一点是,用完以后很好洗哦,绝对不会像劣质睫毛膏那样把满脸弄得黑乎乎的……

上面这则广告文案,是让已经使用过该产品的顾客用自己的亲身实践,说出产品使用后的效果。不仅如此,文案还使用对比的手法,说出该产品与同类产品的差异性,从而更加突出这类产品的特别之处和良好功效,这样,就更容易取得后面购买者的信任,从而使她们产生购买该产品来试试的想法。

众所周知的“超能植翠低泡洗衣液”系列广告，就采用明星代言现身说法的方式开头。

著名影星孙俪完整版：

能隐忍，能绽放，能繁花似锦，能纯净如一，能超乎所能，我是超能女人，超能女人用超能，超能植翠低泡洗衣液。

伦敦奥运会击剑冠军许安琪完整版：

能攻，能守，能屈，能伸，能超乎所能，我是超能女人许安琪，超能女人用超能，超能植翠低泡洗衣液。

新锐作家蒋方舟完整版：

能传统，能新锐，能妙笔生花，能浑然天成，能超乎所能，我是超能女人蒋方舟，超能女人用超能，超能植翠低泡洗衣液。

这几则广告文案的广告语都是“超能女人用超能”，宣传对象都是“超能植翠低泡洗衣液”，选取的代言人物都是在某一领域取得不凡成绩的“超能女人”，而画线部分则都是根据这几个“名女人”自身特点定制的开头语，其实也是一种现身说法。这种现身说法很容易带来“名人效应”。一般来说，洗衣服都是家庭主妇们的事情，那么，这些职场名女人洗不洗衣服呢？答案是显而易见的。广告就是要告诉人们，这些“名女人”都是“超能女人”，都不仅打拼职场，还打理家务，还用“超能植翠低泡洗衣液”洗衣服。那么，她们能用，为什么咱们就不能用呢？咱们用过之后，是不是也会变成生活中的“超能女人”呢？可以说，这样的现身说法，是很有推广力和影响力的。

不管怎么样，现身说法这类文案的开头，就是要让阅读者有一种“我在使用产品”的感觉。让阅读者深切感受到产品的功能、产品的作用、产品给生活所带来的变化。当阅读者从你的文案当中感受到了这一切之后，才能使你的文案所讲述的产品，在他们的心里拥有选择的余地。因此，你必须要尽可能地将使用该产品后的改变描述得极为真实。

五、广告文案写作的注意事项

1. 要有一定的文采，但不能过于注重文采；要有风格，但不能过于突出风格

有时候，过于有文采也并不是什么好事。大家不一定能欣赏到广告的文采，反而会担心花钱是因为受到了文采的影响。广告要有自己的风格，但过于强调风格会引人怀疑，会暴露显而易见的营销手段，从而导致消费者产生相应的抵制心理。有些文采斐然、风格独特的广告会让人们觉得纯粹是为了骗他们“上钩”，以致让他们产生厌恶心理。所以说，在撰写广告文案、表明自己的观点时，辞藻不能过于华丽，而应该简明、清晰、令人信服。文体风格也不能过于独特，不能暴露销售的意图。广告文案的撰写者应该是能够感知到大多数人心声的人，应对人性有相当的了解。这与教育背景和文学修养并没有太大关系，很多不懂文学、没有高深教育背景的人，通过努力，也能成为优秀的文案撰写者。

2. 广告文案要有自己的创作理念，要以实践和考察作为支撑

我们在此谈论的只是一份关于文案创作启示的讲义，广告文案创作是需要实践的，这份讲义只起理论点拨和观点启发的作用，要想真正创作出好的广告文案，就必须要有自己的文案理念，要大胆进行实践和考察。要去考察产品生产地，了解产品的特点，以酝酿文案创作的灵感。文案有时候其实就是一个销售的金点子，除了自我独立酝酿以外，也可以同大家合

作，用头脑风暴法，碰撞出创意，交汇成灵感。其实每一次推广活动都是出色的广告案例，因为每个广告不仅是在有确信把握的情况下制作的，而且富有创意，不重复他人。

3. 要在广告文案中体现为消费者服务的期望，要能取悦消费者

广告文案写出来是为了推销产品的，但是，却不能把这一动机暗示出来或明示出来。除了宣传产品的优势和为消费者提供服务，任何暗示推销的努力，都会导致广告的失败。广告人应该保持自然朴实的品质，不要炫耀，不要过分夸张，要记住你不是在推销自己，你是在推销产品。你得尽可能地使用最简短的词语，最简洁的话语，而且要真诚，要让人觉得你每个词、每句话都发自内心。自始至终，你都要体现出你是竭诚为消费者服务的。要让人觉得，你不是在推销产品，而是在推销某种服务。你的话里不要透露出别有用心的成分，如“坚持使用该品牌”“避免买仿制品”“当心替代品”等，这些话里透露出令人反感的动机，根本起不到宣传自己品牌的效果。你要学会取悦消费者，不要自我吹嘘，如吹嘘你的厂房或产量，吹嘘你感兴趣而消费者不感兴趣的东西。广告中的自我吹嘘令人反感。你要在广告文案中体现为消费者服务这一期望，表现出自己的真诚，以博得消费者的好感，让他们心甘情愿地来购买你的产品。成功营销的途径之一是通过某种方式提供超值服务，提供服务的方式有时显得很直白。大部分广告获得成功的方式并不高雅，它们用贴近人心的方式拨动了人的心弦，好像提供的是人们期盼的服务。这就是为什么那么多所谓的精美广告却带不来效益的原因。人们对精美广告总是保持警惕。这也是为什么这么多成功的广告案例看起来似乎有些直白的原因，这些广告都是那些忘掉了自我的销售人制作出来的，都是把为消费者服务放在首位的，都是能取悦消费者的。

4. 要在广告文案中体现销售艺术和技巧，要抓住关键信息来写

好的广告一般都能体现一定的销售艺术和技巧。它们看起来是为消费者着想，其实是在洞察人性的基础上，换一种方式引导人们去购买产品，而且是让他们自愿地购买，不带欺骗和强制。如一个塑料桶生产厂家，他们聘用了上千名推销员，并让这些人挨家挨户上门去推销这些桶子。他们并没有开口就请那些家庭主妇购买他们的产品，而是说：“我们的厂家想给每家送一只桶子，但是桶子颜色有很多种，你可以选择自己喜欢的那种。”这样一来，很多家庭主妇就都很乐意接受这样的馈赠。她们获得了桶子，也获得了选择的权利。如果桶子的确好用，那么，下次她们在市场上见到这样的桶子时，就会考虑购买，甚至会推荐同伴购买。这样的广告可谓是不留痕迹，不动声色，在不知不觉中就达到了较好的宣传效果，获得了市场销售份额。

有些化妆品厂家，他们采取给顾客免费试用的方式，先让顾客接触这类产品，再告知这类产品的用法，解除她们不会使用的烦恼，使顾客在亲身体验中，得到最直观的感受，然后对产品产生认同感，进而产生购买产品的欲望。懂得某种产品的用途，才会去购买；习惯了使用某种产品，才会去再次购买。在写广告文案时，要特别注意把这些销售规则考虑进去，要想得具体细致。但是，在写作时，却不能太过具体，而要抓住关键信息来写，要突出宣传对象的主要特点。

5. 文案必须要有可信度，要敢于把真实情况告诉消费者

广告人艾弥尔·加尔加诺曾说：“现在的世界充斥着批评与怀疑，但这些批评与怀疑都有其理由。这就是为什么除非广告可以得到信任，否则无论广告再怎么巧妙设计，消费者都不会买账。要得到信任的方法，只有诚实以告，并且贴近了解你的目标群。”文案写手的工作并

不轻松。除了要争取注意力、解说产品、发挥说服力，你还得克服读者的怀疑，让他们信任你。

做人要真诚，做广告同样要真诚。著名广告人帕瓦斯在他的广告生涯中，很好地体现出了这一点。下面是有关他的两个非常著名的广告案例：

一家服装企业濒临破产，他们找到了帕瓦斯。他很快摸清了情况，说："只有一个解决方法。公布事实，告诉大家你们破产了，唯一的解救方案就是马上进行大规模甩卖。"服装代理商们都说，一旦发布宣告破产的公告，债权人就会立刻找上门来。但帕瓦斯说："那不要紧。必须说出真相，否则我就不干了。"第二天，他们刊登的广告大致是这样写的："我们破产了。我们负债125000美元，无力偿还。本公告一发出，债权人会立即找上门来。但是，如果明天您来购买我们衣服的话，我们就有钱还给他们，要不然，我们就被逼入绝境了。面临这样的形势，我们的服装定价如下……"

公布真相在那时的广告界相当少见。这则广告引起了轰动，人们蜂拥而至，前来购买，拯救了濒临倒闭的企业。

还有一次，有个公司请他做广告，推销一批卖不出去的雨衣。"雨衣有什么问题呢？"帕瓦斯问道。批发商回答说："这事咱俩保密，雨衣的问题就是质量太差。当然，广告里可不能这么写，但这是实话。"第二天，广告登出来了，上面写着："我们有1200件质量极差的雨衣。它们虽不值多少钱，但至少值我们的售价。您可以过来看看，要是觉得值那个价，就把它买回家吧。"批发商冲到帕瓦斯跟前，准备跟他大吵一架。"你到底什么意思？在广告里说我们的雨衣质量极差？"他大叫道，"我们还怎么把它们卖出去呀？""你就是那么跟我说的呀，"帕瓦斯说，"我不过跟大家讲了实话。"批发商的怒气还没消下去，所有的雨衣就都卖完了。

6. 要有自己的写作方式，要制订自己的广告文案写作流程

每个人都有自己的写作方式，有些人会从标题开始，有些人会从正文下手，然后再从正文或自己的笔记中提炼标题。也有些人喜欢从宣传册或年报当中，选段落最长或最困难的部分开始。无论你的写作方式为何，都不会保证你在一开始就写得完美无缺。一般来说，广告文案的写作流程分为三个阶段，即初稿阶段、修改阶段和定稿阶段。

有些人常常在开始写文案时，变得手足无措，是因为他们很怕写出烂句子或蹩脚的想法。其实没必要如此紧张，因为没有人会看到你写的初稿。动笔之初，应放心写下所有从脑袋里冒出来的想法、词汇、口号、标题、句子和片段，反正你可以随时删掉那些不够好的文字。这样做，就能够较好地捕捉到那些稍纵即逝的写作灵感。接下来你的工作是修改自己的文案，删除赘字，重写不够好的词汇和句子，并将素材重新做个更有逻辑的顺序安排。通常情况下，修改要进行很多次，甚至需要不断重写，直到满意为止。第三阶段是定稿阶段，再一次检查字词句和相关知识信息是否无误，然后定稿。文案的写作技巧跟其他文类一样，都需要练习。撰写文案能让你学到如何培养较好的写作风格习惯，提升你对写作的信心，同时协助你强化驾驭语言的能力。

7. 有时候广告词越具体越有说服力，要学会在广告文案中讲故事

广告文案不是平面的，而是立体的，它不是不负责任地吹嘘，而是实诚地表述，以取得消费者的信任。你在写广告文案时，甚至要想到演绎这个广告的人的音容笑貌、举止言谈，你的广告风格要符合他或她的人设，这样的广告内容才会更具体、更生动。写广告文案时一定要考虑销售对象，如妇女啦，儿童啦，老人啦，工人啦，农民啦，等等。有时候，广告词越具体

越有说服力，老生常谈的套话和笼统概括的语言给人留下的印象如蜻蜓点水般稍纵即逝。“全世界最好”“长期来看价格最优”“最经济实惠”等广告词不具有说服力，消费者对这些说法早有心理预期。有时候，写文案就是写故事，著名广告策划人霍普金斯在做一则啤酒广告时，曾如此说道：“于是，我把这些平板玻璃房和其他生产纯净品质的工艺在广告中描绘了一番。我讲述了一个所有啤酒商再熟悉不过的故事，但却是一个从来没有人讲过的故事。”“我反复讲述的都是这样一些简单的事实，所有业内人士都耳熟能详，不值一提。但最先利用这些简单事实创作出来的文案却会获得与众不同、经久不衰的声誉。”

华为公司曾推出一则“没有对比就没有伤害”的手机电视广告，就带有很强烈的叙事色彩，它用对比的方式为人们讲述了三则生活故事。

第一则故事，画面显示：戊戌年五月廿七日，星期二，11点44分。年轻男子在浴室洗澡时电话铃声响起，一看是女朋友Linda来电，他慌忙拿起手机，准备触屏按下接听键，无奈满手的泡沫和水弄湿了手机屏幕，无论他怎么触摸手机屏幕，始终按不下键。铃声停止，手机显示“未接来电”，紧接着女朋友发来两条微信：“我们分手吧”“你让我很没有安全感”。话外音响起：“多少次人生的错过，都并不是你的错。”

第二则故事，“宝爸”在餐桌上用尽心力哄宝宝吃饭，宝宝仍旧哭闹不休，爸爸边说着“爸爸帮你去找妈妈”，边心急火燎地去拿桌上的手机，却于慌乱间碰翻了旁边的玻璃水杯。水洒满手机屏幕。爸爸边擦拭手机边哄宝宝：“不哭了，不哭了，妈妈立马就来了，很快就来了，好吗？”然而，手机触屏无效。孩子哭得更加厉害。话外音响起：“一家的顶梁柱，手足无措的时候，是真的无助！”

第三则故事，拥挤不堪的电梯里，外卖小哥浑身湿透，脸上淌着雨水和汗水。他拿出手机想给顾客打个电话，却在汗水或雨水滴湿手机屏幕后，无能为力。就在他心急如焚时，手机却有短信发来，是“退单通知”。话外音响起：“你一直努力为大家服务，可又有谁能为你服务！”

话外音过渡：“其实生活不必如此紧张。”

接下来，画面一转。第一则故事里的“洗澡男”用沾满水与泡沫的手触下了接听键，于是画面立即暖心起来，男人对着手机那头的女人说：“亲爱的，我们结婚吧！住到一起，我就不会接不到你的电话了！”第二则故事里的“宝爸”在湿漉漉的手机屏幕上按下了微信视频聊天键，“宝妈”隔空对着宝宝做出各种逗她开心的动作，宝宝见到妈妈，终于开心地笑了。第三则故事里的“外卖小哥”在湿滑的手机屏幕上顺利地按下拨号键，对着顾客道：“喂，您好！刚才外面在下雨，外卖可能要晚到会儿。”顾客回答说：“没事没事，你自己路上也当心点啊！”“外卖小哥”中途下了电梯，在楼梯间加快奔跑速度，成功把外卖送到顾客手里，赢得顾客的理解和微笑相待。顾客接过外卖，递给他几张餐巾纸，他擦拭着脸上的汗水，笑了。

话外音响起：“湿手也能解锁，生活不必紧张。荣耀10GT，让AI触手可及！”

例文评析：这则广告讲述了三则日常小故事，通过对比手法突出了华为荣耀10GT这款产品的独特性能，即“湿手也能解锁”，昭示“科技改变生活，华为助力生活”这样的主题。人们在观看这故事式的广告时应该是很享受的，因为这些素材都取自生活，每个故事都有可能发生在自己身上。而又因为手机性能不一样导致了不一样的故事结局，这让人觉得有点巧合，有点幸运，有点刺激，却又那么真实。广告的目的达到了，生活就是这么现实，唯有科技可以让生活变得些许浪漫。广告标语出现在结尾，特别醒目，特别有力，有点“豹尾”的感觉，念起来也朗朗上口:“荣耀10GT,让AI触手可及!”而“没有对比就没有伤害”的广告标题更能给人留下深刻的印象。整则广告从标题到正文再到广告口号,都设计得自然圆融,无可挑剔,而最为出彩的当属广告正文,它利用电视的画面感,在短短的两分钟之内为人们讲述了三则有关手机的故事,人物生动,情节丰富,主题突出,不知不觉达到了“广而告之”的目的。

8. 要重视广告语,醒目的广告语可以加深产品在人们心中的印象

广告语是为总结广告信息,或者是对企业文化本质做概略性的陈述。广告语潜在的宣传效果有时比广告正文还要强。好的广告语,不仅可以向消费者传达产品的独特卖点,展现品牌的个性魅力,激发消费者的购买欲望,而且往往还能引起社会大众的共鸣和认同,成为跨越时空的广告语言经典,深刻影响社会价值与行为规范。有广告大师曾说:“好的主题广告语,能创造一条广告80%的利润!”

首先,广告语向消费者传达产品或品牌的核心概念。任凭一个产品或品牌所蕴含的信息是多么的复杂,但最后通过广告传达给消费者的就是一幅画面或一句广告语,如“美的冰箱,其实生活可以更美的”“格力,掌握核心技术”。其次,广告语还可增加产品或品牌的附加值。工厂里生产出来的是产品,而消费者体验的则是品牌。通过广告塑造品牌,由品牌在消费者心理中的认知作用,可以产生附加值。再次,广告语利于塑造完美的产品品牌形象。奥格威说:“每一则广告都是对产品品牌形象的长程投资。”最后,广告语影响社会价值和行为规范。广告语通过鼓吹感官刺激和情绪化的价值认同,在一定程度上影响社会的价值标准。如“爱他就要给他最好的”“钻石恒久远,一颗永流传”这些广告语曾对一些男女的爱情观产生过一定的影响。

9. 广告是要能证明自己产品的好而不是证明别人产品的坏,要充满正能量

广告不是讨好,不是说自己的好说别人的不好,广告只需证明产品本身的好就行。文采不是第一位的,有特点,有特色,能打动人、吸引人,能让别人感兴趣,因而关注你的产品,购买你的产品才是最重要的。一般来说,广告宣传的产品,都应该是正面的,是美丽的而不是丑陋的,是健康的而不是病态的,是积极的而不是消极的,是有用的而不是无用的,是让人喜欢的而不是令人讨厌的。那么,广告的代言人当然也应该是充满正能量,代表真善美的。在写作广告文案时,也要把这些因素考虑进去,因为这些直接关系到你的广告宣传能否被大众接受,能否获得目标读者的关注和喜爱。如果你让一个充满负能量,令大众讨厌的人去代言广告,那么,不仅你的广告没人会喜欢,顺带着连所宣传的产品也会让人讨厌,从而失去消费群体。不要等到做出宣传行动的时候才去考虑这些因素,在写广告文案的时候,就要把这些因素全都考虑进去。

能力提升

一、阅读下面广告,指出其不当之处,并说明理由

1. 某鲜花店广告

失恋了吧?谁叫你不买本店的鲜花呢?如果你不想失恋,就走进店里来看一看!某店鲜花,为你的爱情保鲜一万年!

2. 某饭店广告

只有饿死的蠢人，没有撑死的智汉，饿了，二话不说先进店吃饭！

3. 某医院广告

最强的专家，最好的设施，欢迎各界人士前来就医！

4. 脑白金广告

画面上两个男女木偶边跳边唱道："今年过节不收礼呀，收礼只收脑白金！脑白金！"脑白金，年轻态，健康品！

二、评析下列广告口号，说说你最喜欢哪一个

1. 农夫山泉广告口号：农夫山泉有点甜。
2. 优酷视频广告口号：这世界很酷。
3. 海尔冰箱广告口号：真诚到永远。
4. 拉芳洗发水广告口号：爱生活，爱拉芳。
5. 王致和腐乳广告口号：臭名远扬，香飘万里。
6. 戴比尔斯钻石广告口号：钻石恒久远，一颗永流传。
7. 劲霸男装广告口号：奋斗！成就男人！
8. 方太抽油烟机广告口号：方太，让家的感觉更好。
9. 德芙巧克力广告口号：牛奶香浓，丝般感受。
10. 中国移动广告口号：沟通从心开始。

三、材料写作

1. 铜仁地形独特，风景优美，拥有许多旅游景点，如梵净山、亚木沟、大明边城等，请你为你熟知的某一景点写一则创意广告文案。

2. 独自在外求学，你一定常常想念父母，想念家乡，想起那些带着乡味乡情的家乡特产，如茶叶、猕猴桃、红橘等，请你为你家乡的某一特产写一则创意广告文案。

第二节　活动策划方案

任务目标

掌握活动策划方案的定义、种类、结构和写法，了解活动策划方案的作用和撰写活动策划方案需遵循的原则。

能够撰写一般的活动策划方案。

知识要点

一、活动策划方案的定义

活动策划方案是一种为组织特定活动运作而撰写的创意性书面计划，如具体行动实施办法、细则和步骤等，也称活动策划书。制订活动策划方案的目的是将策划思路与内容客观地、清晰地、具体地呈现出来，并高效地指导实践行动。制作者应根据组织活动设定有创意且科学的运作流程，并整合各种资源，制定可实施的最优化方案。策划要体现创意、策略，好的策划就是人们常说的“金点子”。策划需要有一定的灵感，而这份灵感又与策划者日常进行的对事物、对社会、对企业的观察、思考、调研有关，与策划者的个人素养有关。

需要特别注意的是，策划又绝不仅仅是点子、创意、想法，策划学是专门研究策划的一门独立学科。策划学中需要运用新闻、广告、营销、公关、谋略等手段，但又并不只是这些理论的简单相加或综合，而是对这些理论进行整合、创新、再提高。具体实践中，策划工作的内容主要是负责企业形象的树立、宣传、维护、提升。

活动策划是个人、企业、组织机构为达到一定的目的，在充分调查市场环境及相关联因素的基础上，遵循一定的方法或规则对未来即将发生的事情进行系统、周密、科学地预测，并制订可行的方案。

二、活动策划方案的种类

日常工作和生活中有很多活动都需要制订策划方案，因此，策划方案也有很多种，如庆典活动策划、主题活动策划、文化娱乐活动策划、培训策划、会议策划、电子商务策划、公关策划等。就文化主题活动而言，它是一个系统、一个单位、一个部门文化建设的内在要求，开展健康向上的各类主题活动，能丰富人们的文化生活，陶冶人们的情操，促进文化建设和精神文明建设。而作为学校，往往要开展各种各样富有创意的主题活动，以此来激发学生的创造性，提高学生的理论和实践能力，培养学生良好的道德品质。主题活动一般包括标题、活动背景、活动目的、创意说明、宣传策略、活动组织、内容计划、经费预算等。有些面向大众的活动方案，很可能不会出现经费预算，但在承办人所做的方案细则里，是有必要把经费预算写清楚的。

我们知道，活动策划方案有许多不同的分类方法，但只要掌握了最基本的几种类型的写法，一般就可以做到触类旁通。不过，若要写出优秀的有一定水准的活动策划方案，则需要阅读大量专业理论书籍，需要去深入学习和研究，需要在实践中进行锻炼。特别是有些大型文艺活动或科技活动，更需要专业人士来策划并撰写活动方案，因为这不仅需要一定的活动策划能力，更需要深厚的专业知识。所以说，真正的活动策划者是需要拥有各方面的知识功底的，是需要进行严格的专门的训练的。

三、活动策划方案的结构和写法

一个完整的活动策划方案大致包括以下几个方面。

1. 活动的名称

活动策划书的名称应该既简单明了又清晰醒目,如"××活动策划方案"。其中,"××"为活动内容或活动主题。

2. 活动的背景、目的、主题

活动策划方案首先要说明活动背景、活动目的和活动主题。活动背景是组织活动的缘起,活动目的是组织活动的意图,这些都应该鲜明地体现于活动主题之上。作者应用言简意赅而又能吸引眼球的创意性词语概括活动主题。

3. 活动的时间和地点

活动策划方案必须明确详细地写出活动的时间和地点,可以列出时间和地点的安排表,要考虑活动时可能发生的情况,诸如天气状况、交通状况等。

4. 活动的主办者和承办者

组织活动涉及活动的主办单位,作者应准确而完整地写出活动的主办单位全称;涉及承办方或赞助者的话,也应在策划方案中明确写出。

5. 活动的形式和内容

组织活动的形式和内容是活动策划方案的核心,作者要根据主办方的意图创造性地设计活动的形式和内容,要在活动的形式和内容中体现活动的主题。活动的形式要有具体的流程,活动的内容要有与时间节点相一致的运作清单。

6. 活动的流程

组织活动总得安排好一个流程,活动流程设计要力求简洁、醒目,具有可操作性,起到活动统筹的效果。活动的流程大致可以分为三个阶段:

第一,活动准备,包括工作人员的安排,活动的场地及设备的准备,出席的主办方、邀请嘉宾的准备,活动的前期宣传,活动的内容菜单,主持人及其串场词,以及制定应急预案等。如果涉及表演活动的话,还应包括表演节目的彩排等。

第二,活动过程,按照时间顺序或逻辑顺序写出整个活动的进行过程,可以用图表的形式标示活动进行的内容、项目及时间节点,而涉及奖项评定标准、活动规则的内容可选择以附录的形式呈现。

第三,活动后续,包括汇总活动记录、进行活动小结、收拾场地、归还租用物品、资金核算、撰写修改新闻稿与编辑新闻图片等。

7. 活动的经费预算和效果预估

作者要根据主办方的出资预算制订详尽的经费预算的投入与开支清单。如果涉及活动赞助的话,应纳入预算的投入与开支单。也可以列成表格的形式,经费预算开支表的格式是表头为物品、单价、数量、合计。除了对活动经费进行预算以外,有时候还要对活动效果进行预估,包括估计会有多少人到场、活动影响程度怎样、能不能达到活动的目的等方面。

8. 活动的成员名单与应急预案

活动策划方案一般要求制订活动工作组的成员名单和应急预案。对于大型活动和户外活动,还要成立安全小组,指定第一安全负责人。有时在活动策划方案的结尾,除写明策划单位、策划时间以外,策划文案的负责人须亲自签名,并盖上印章,以示责任。

四、活动策划方案的作用

一般来说,好的活动策划方案具有以下三大作用。

1. 及时传播,产生互动

一个好的活动策划方案一定会考虑到受众的参与性和互动性,能让公众及时了解活动信息,前来参加活动,进行亲身体验。有些活动本身就具有一定的新闻价值,能够在第一时间传播出去,引起公众的注意,与公众及时产生互动。再加上一个好的活动策划方案,这样活动的内容就更容易在受众间传播,更能激发他们的参与兴趣,吸引他们来活动现场,与活动执行者或其他受众进行互动,以加深对产品或服务的体验。

2. 降低成本,扩大宣传

无论是电视广告,还是平面广告,宣传费用都不菲,一些小型企业或一般单位未必愿付这样一笔"巨资"。但搞活动则不同,它的成本远低于广告费用。一个好的活动策划方案,有时候就是一个好广告,它能为活动的成功开展,为企业或单位降低宣传成本、扩大宣传影响提供保障。更何况,一个好的活动策划可以进行二次传播。所谓"二次传播",就是一个活动发布出来后,其他媒体纷纷转载,活动策划的影响被延时和扩大了。

3. 树立品牌,带来实效

有些活动策划方案往往是围绕某个主题设计的,这些主题大多是关于环保、节能、保健等贴近百姓生活,能够获得广大消费者认同的正向主题。开展这些主题活动,能最大限度地树立起品牌形象,使消费者不单从产品中获得使用价值,更能从中获得精神层面的满足。广告宣传特别是公益广告宣传也能够获得公关效应,但远不能与活动策划带来的实效性和立体性相比。一般的广告不能采取全面陈述的方式来表现产品或主题,但是活动策划方案可以把客户需要表达的东西说得明明白白,把企业要传达的目标信息传播得更准确、更全面、更详尽。可以说,好的活动策划方案更能给企业或单位带来实效,更能为某种产品树立品牌。

五、撰写活动策划方案需要遵循的原则

1. 主题单一,内容精简原则

在一次活动中,不能做所有的事情,只有把一个最重要的信息传达给大众,才能引起他们的关注,并且让他们比较容易记住你所要传达的信息。所以在策划活动的时候,首先要根据实际问题做出准确的判断,提取当前最为重要的一个主题,然后再围绕这个主题进行活动策划。千万不要在一次活动中嵌入多个主题,也不要在一次活动中安排过于丰富繁杂的活动内容。很多文案策划者在策划活动的时候往往希望能执行很多的活动,认为只有丰富多彩的活动才能够引起大众的注意,其实不然,这样容易造成主次不分。如果活动的内容和主题不相符,就很难达到预期的效果。在目前的市场策划活动中,有一些活动既热闹,同时又能达到良好的效果,就是因为活动都是紧紧围绕主题进行的。另外,如果在一次活动策划中,安排了太多的活动,不仅要投入更多的人力、物力和财力,直接导致活动成本的增加,而且还容易造成操作人员执行不力,最终不能顺利完成活动的后果。

2. 直说利益,引起关注原则

在活动策划中很重要的一点就是直接向受众说明利益点,如果是优惠促销,就应该直接

告诉消费者你的优惠额数量;如果是产品说明,就应该指出最引人注目的卖点;如果是人物宣传,就应该突出人物的亮点,并说明活动现场将带给大家怎样的惊喜。只有这样,才能使大家关注你的活动,而产生来参加你的活动的兴趣。要知道,如果不能给受众以利益的吸引,他们是不会关注你的活动的,更不会来参与你的活动。没有人气,你的活动方案做得再漂亮,活动也不会成功。

3. 利于执行,便于操作原则

一个合适的产品,一则良好的创意策划,再加上一支良好的执行队伍,才是成功的市场活动。而执行是否能成功,最直接和最根本地反映了策划方案是否具有可操作性。策划要做到具有良好的可执行性和可操作性,除了需要进行周密的思考外,详细的活动安排也是必不可少的。活动的时间和方式必须考虑执行地点和执行人员的情况并对其进行仔细分析,在具体安排上应该尽量周全,另外,还应该考虑外部环境的影响。

4. 风格多样,富有创意原则

方案创作者要拥有多种多样的创作风格,要富有创意。一般来说,策划人员在策划方案的写作过程中往往会积累自己的一套经验,当然这种经验也表现在策划书的写作形式上,所以每个人的策划书可能都会有自己的模式。但是往往是这样的模式限制了策划者的思维,没有一种变化的观点是不可能把握市场的。而在策划书的内容上也同样应该变换写作风格,因为如果同一个客户三番五次地看到你的策划都是同样的壳子,就很容易在心理上产生一种不信任的态度,从而有可能影响创意的表现。

5. 真实客观,符合实际原则

在进行活动策划之前,应该对企业或单位的实际情况进行分析和调查,因为只有通过实际分析,才能够更真实客观地反映问题,才能为解决问题而策划出真实可行的活动方案。喜欢凭空想象、主观臆断的策划者是不可能做出成功的策划的。在写活动策划方案时,应该避免出现主观想法的字眼,如“我认为”“我觉得”“这样一定能”等等。因为策划方案没有付诸实施,任何结果都有可能出现,策划者的主观臆断将直接导致执行者对事件和形势做出模糊的分析。而且,客户如果看到策划书上的主观字眼,就会觉得整个策划方案根本就没有经过实际分析,而只是策划者的主观判断,因而对策划方案的可行性和活动的效果持怀疑态度,对活动方案的策划者失去信任。所谓“没有调查就没有发言权”,对活动策划者来说,也是如此。

例文分析

【例文 6-2-1】

××公司开工奠基仪式策划方案

一、仪式主题

××公司开工奠基典礼暨新闻发布会或奠基典礼暨剪彩仪式等和活动主线有关的主题,以及典礼仪式的封面设计。

二、仪式时间

20××年×月×日

三、仪式地点：××

四、前期准备工作

1. 提前××天确定庆典公司。

2. 提前××天向××市气象局获取开工当日的天气情况资料。

3. 提前××天落实活动范围内保安指挥和负责秩序工作。

4. 前期电视台宣传造势，制造声势。

5. 制作精美小礼品。

6. 主场地布置及舞台搭建在前一天完成。

7. 提前一周确定贵宾、嘉宾名单。

8. 提前做好活动现场的礼品工作，提前5天办理升空气球所需的消防审批，并向气象局备案（庆典公司负责）。

五、奠基仪式现场的规划设计

庆典公司对奠基仪式现场进行设计布置，并对当日活动进行策划安排。

1. 主席台前设置奠基坑，放置奠基石。

2. 在主会场入口布置彩虹门，通道铺设红地毯，道路两边布置鲜花篮。

3. 现场四周布置气模、彩旗、空飘球等。

4. 背景板喷绘主题——“××公司开工奠基仪式”。

5. 主席台四周布置绿色植物装饰，布置安装音响系统。

6. 设置××奠基仪式主会场，搭建主观礼台（主席台）。

7. 剪彩区设在工地门口。具体设计如下：

（1）主席台区：设在××，其左侧为贵宾致辞专用麦克风，右侧为主持人用立式麦克风，台面铺有红色地毯，红色地毯上铺金色布幔地毯。

（2）嘉宾区：设在剪彩区两侧。

六、奠基仪式流程

1. 礼仪人员引导嘉宾、媒体等出席人员入场。

2. 出席人员进行签到。

3. 由主持人或司仪宣布奠基典礼开始，对到场重要嘉宾进行隆重介绍。

4. 引导公司领导进行发言，需要致辞的领导逐个进行发言。

5. 致辞领导间隔穿插节目表演。

6. 致辞结束，宣布奠基仪式正式开始，司仪邀请贵宾，由礼仪小姐引领到奠基仪式现场。

七、奠基仪式特色

根据活动目的制造典礼环节的瞩目点。

八、奠基仪式目的

有的企业想要借助奠基典礼宣传企业形象，有的想要对项目进行舆论造势，等等。目的不同，所要进行的侧重点就不同。

九、邀请的嘉宾

根据企业的需求邀请嘉宾。

十、注意事项及服务联系

1. 嘉宾、贵宾等到场后首先到接待处签到。

2. 与会人员车辆停放到工地现场,由保安负责看管。

3. 领导嘉宾按要求组织人员于9:30前入场到位。

4. 与会人员要严格遵守会场纪律、听从指挥。

5. 签到处:签到处设有标示牌,并有礼仪小姐负责签到。

6. 礼品发放区:专人负责。礼品暂定为××衬衫一件。

7. 贵宾休息区:设在公司大型会议室,设有沙发、饮料和水果,摆放精美插花作为点缀。

十一、宴会安排

1. 根据公司预算和宴会规格进行地点的选定和菜单的设置。

2. 根据宴会性质安排宴会内容。

十二、宴会结束

1. 致感谢词。

2. 派车送嘉宾。

例文评析:这是一则奠基仪式活动策划方案,属于庆典活动策划类。奠基仪式是各类开业仪式的庆典活动之一,通常是一些重要的建筑物,比如大厦、场馆、纪念碑等,在动工修建之初所正式举行的庆贺性活动。奠基仪式活动策划的主线一般有奠基典礼主线、剪彩仪式主线、新闻发布会主线等。在策划之前应对相关方面进行细致了解,如项目的发起方、承办人、参与人,仪式的主题,邀请到的嘉宾,要达到的目的等。

【例文6-2-2】

××公司20××年春节晚会策划方案

一、前言

为丰富员工们的生活,为答谢全公司员工一年以来付出的辛勤努力,本公司将在20××年×月×日举行春节文艺晚会。

二、节目形式

节目设置上总体迎合各个年龄阶段观众的口味,以年轻化为主,并要求节目形式以及总体设计新颖,这是本次晚会筹备的首要任务。同时要采用一些传统的节目,丰富本次晚会的节目形式,使本次晚会定位在流行与传统的结合处,这将是本次晚会的出彩点。

同时,本次晚会将采用大量的多媒体技术,全方位提高春节晚会的技术含量以及品质,以此提升现场热度。

在晚会节目间穿插游戏,提高晚会的互动性和参与性,真正达到全员联欢的效果,更有助于同事关系的进一步融洽。

三、工作人员

1. 服务组工作人员若干:负责晚会礼仪、后勤方面的工作,本工作由行政主管负责。

2. 文案小组工作人员若干:负责晚会主持人串词的撰稿以及相关的通讯报道,该小组工作由客户服务部经理负责。

3. 主持人:主持人由××名员工组成,男生××名,女生××名。

4. 筹备组工作人员若干:负责晚会的总体策划方面工作,分为舞台设计及会场布置小组、节目审查小组,均由综合发展部具体负责。

5. 工程组工程人员若干:负责晚会的电脑、组网以及大厅投影切换,由技术总监等人负责。

四、观众群体

××公司综合发展部、××软件研发基地、IT事业部、软硬件销售事业部、财务部全体成员。

五、会场

1. 会场四周用气球、灯笼、彩带等进行布置,舞美设计也要体现融洽祥和而喜庆的气氛,同时舞台设计要考虑到互动环节的观众入场是否方便。

2. 多媒体设备:投影仪××台、投影布××块、电脑若干。

3. 在场观众依靠投影观看会场比赛游戏,大厅投影在中途对每台电脑屏幕游戏进行切换,使其达到互动的目的。

六、年度优秀员工表彰

活动的目的是总结公司20××年来取得的各项成就,突出员工爱岗敬业的精神,鼓舞员工在20××年保持良好的心态和工作激情,继续努力,也借机展示公司的前景和良好的发展势头。

七、晚会节目评选活动

我们将对员工表演的节目进行评选,设定奖项,发放奖品来鼓舞他们的工作热情,调动他们的积极性,使他们在以后的工作和活动中充分发挥自己的特长,为本公司服务。

八、活动内容及流程

1. 活动预备事项(9:00—16:30);

2. 员工乘车前往酒店(17:00);

3. 活动晚宴(17:45—19:00);

4. 新春晚会开始(19:15);

5. 领导介绍及领导致辞;

6. 节目表演、游戏互动、各奖项抽奖、20××年度优秀员工表彰及颁奖仪式;

7. 晚会节目评选活动及颁奖;

8. 晚会结束(21:45)。

九、活动费用预算

20××年××春节联欢晚会活动总费用:××××××元。

1. 晚会抽奖奖品费用

一等奖××名,奖励长城14寸笔记本T43-L系列一台,××××元/台,共计××××元。

二等奖××名,奖励长城10寸上网本A89红黑系列一台,××××元/台,共计××××元。

三等奖××名，奖励长城19寸液晶显示器M932系列一台，××××元/台，共计××××元。

四等奖××名，奖励长城7寸数码相机PF7210系列一台，××××元/台，共计××××元。

奖品费用合计：×××××元。

2. 年会晚宴费用

餐饮：员工××桌，×××元/桌，共计××××元；领导、嘉宾××桌。

×××元/桌，共计××××元。

酒水：员工××桌，××元/桌，共计×××元；领导、嘉宾××桌。

×××元/桌，共计×××元。

车辆：××辆，共计×××元。

晚宴费用合计：××××元。

3. 晚会物资、设备、服装等费用

舞台搭建×××元，舞台背景×××元。

舞台灯光×××元，舞台音响(含音响师)×××元。

服装租订××××元，主持人化妆、造型×××元。

礼花××元，晚会水、糖果×××元。

其他物资费用×××元。

晚会费用合计：××××元。

4. 嘉宾及组委会成员礼品

18台长城7寸数码相机，PF7210系列，××××元/台，共计：××××元。礼品费用合计：××××元。

5. 晚会节目评选活动费用

一等奖××名，奖金×××元＋荣誉证书。

二等奖××名，奖金×××元＋荣誉证书。

三等奖××名，奖金×××元＋荣誉证书。

荣誉证书××本，共计××元。

评选费用合计：××××元。

十、活动注意事项

1. 本次晚会各单位推选的节目须在×年×月×日截止，各节目的审核、筛选须在×月×日前完成，晚会整体彩排须在×月×日前完成。

2. 晚会各项奖项抽奖奖品采购须在×月×日前完成，晚会所需物资及演员、工作人员礼品采购须在×月×日前完成。

3. 晚会活动所有费用预算及审批须在×月×日前完成，舞台搭建、服装租订、现场布置须在×月×日×时前完成。

4. 节目单、主持稿、奖券制作、现场布置所需文档须在×月×日前完成，各级领导及嘉宾邀请确认须在×月×日前完成。

5. 活动晚宴酒店、餐饮、酒水、车辆及物资采购须在×月×日前完成。

6. 音响、灯光、拍照、音乐、节目CD的准备及确认须在×月×日前完成。

7. 主持人化妆、演员服装整理、晚会各项工作确定须在×月×日×时前完成。

8. ×月×日上午发放抽奖券于各单位；下午×时员工到达酒店时，将抽奖券投放于抽奖箱中，抽奖箱于×时封箱，由晚会组委会保管。

9. 员工入场后，各单位做人员核对工作；出行中，要特别注意人身安全及自身形象问题。

10. 本次活动员工坐车、晚宴、入场、领奖均以员工厂牌为证，请大家参加活动时带好自己的厂牌，便于组委会工作人员识别。

11. 全体晚会组委会成员须在×月×日×时达到晚会活动现场，进行舞台现场布置及晚会流程确定工作。

12. 本次活动车辆由晚会组委会统一安排。全体人员×月×日×时在中电展厅前集合乘车前往酒店，×月×日×时在荔珠国际大酒店门口乘车返回公司，住市区的人员可自行前往、返回。

十一、其他未尽事项请各位补充，谢谢！

例文评析：这是一则春节晚会策划方案，属于文化娱乐活动策划类。一般来说，春节晚会是一项综合性的活动，既要对晚会的节目、形式等提前策划安排，还要加强晚会进程的指导。活动组织要求高，难度较大，准备周期较长。现在有些企业也会举办春节晚会，一方面可以给员工减压，让员工感受节日的欢乐与大家庭的温暖；另一方面可以增强员工内部的活力与凝聚力，提升员工的团队意识、协作意识和竞争意识。在这里引用这篇范文，最主要的原因是，它所设计的方案内容完整丰富、详细具体，对初学写作“活动策划方案”的我们来说，有许多可资借鉴的地方。从整体上来说，它有前言、节目形式、工作人员、观众群体等十项内容，最后还作了可以增补“未尽事项”的特别说明。从具体内容上来说，他对每项内容的每个细节，诸如餐饮、舞台搭建、嘉宾礼品等方面，都做了详尽的设计和安排，这样就使得整个方案非常具有可操作性和可执行性。根据这份活动方案，人们尽可以去做好各项前期准备，尽可以在晚会进行过程中做到胸中有沟壑。我们可以这么认为，经过这样精心策划和设计的活动，除非发生其他变故，不然不成功还真说不过去。可见，好的活动策划方案对活动的成功开展起着多么重要的作用。

任务实施

2019年是新中国成立七十周年，为深情回望我们伟大祖国七十年来波澜壮阔的历史进程，热情歌颂新中国成立以来翻天覆地的发展变化和取得的辉煌成就，展现当代大学生不忘初心、励志奋斗的精神风貌，推动全省高校大学生文艺创作繁荣发展，激发广大师生为实现“两个一百年”奋斗目标而不懈努力奋斗的壮怀激情，贵州省相关部门责成××师范学院面向全省普通高校在校大学生承办一次主题为“我和我的祖国”的校园诗歌散文作品征集活动，活动时间为即日起至2019年9月20日。

如果你是××师范学院这个活动的负责人，请你试着写出此次作品征集活动的活动方案。

任务指导

作为一个作品征集活动的活动方案，首先要写出这个方案的名称，且要写得既简单明了又清晰醒目，可在第一行正中写上标题“庆祝新中国成立七十周年校园诗歌散文作品征集活动方案”。接下来，就应该写出活动的背景或主题、活动的对象、活动的时间、活动的承办者和主办者、活动的形式和内容、活动的流程、活动的经费预算等内容。需特别注意的是，活动的流程要写得简洁醒目，具有可执行性和可操作性，最好是分步骤、分时段写。既然是征文活动，那么，就还要对文章的体例、格式、字数、字号、原创性等做出具体要求，以统一标准，便于大家操作。另外，还要标明文章的投寄方式和负责人的联系方式。至于经费预算和效果预估，则可写在内部的自备方案里，对外发布的活动方案里一般不要出现经费预算和效果预估这两个方面的内容。

参考范文

庆祝新中国成立七十周年校园诗歌散文作品征集活动方案

一、活动目的

2019年是新中国成立七十周年。为深情回望我们伟大祖国七十年来波澜壮阔的历史进程，热情歌颂新中国成立以来翻天覆地的发展变化和取得的辉煌成就，展现当代大学生不忘初心、励志奋斗的精神风貌，推动全省高校大学生文艺创作繁荣发展，激发广大师生为实现“两个一百年”奋斗目标而不懈努力奋斗的壮怀激情，举办本次大赛。

二、参赛对象

全省普通高校在校大学生

三、大赛主题

我和我的祖国

四、承办单位

××师范学院

五、活动时间

即日起至2019年9月20日

六、参赛作品要求

1. 参赛作品围绕主题“我和我的祖国”开展创作，题目自拟。要求主题鲜明、内容充实、语言流畅，具有较好的文学性和艺术性。体裁包括诗歌、散文。诗歌不超过30行，散文一般每篇字数不超过3000字。

2. 参赛作品须设封面页。封面页需注明文章题目、作者姓名及个人联系方式。

3. 参赛作品电子版（要求Word文件格式；标题为二号黑体居中，正文为小三号仿宋体）。

4. 为保证作品评审的公平、公正和公开，请勿在除封面页外的作品内容中出现作者个人信息。作者需自留底稿。

5. 参赛作品须为作者本人原创，文责自负，严禁抄袭、剽窃。不符合参赛要求者取消参赛资格。

七、参赛方式

（一）各高校初赛阶段（7月31日前）

各高校针对活动要求自行组织征集和评选，在7月31日之前完成内部评选、推荐工作，将评选征文电子版报送到××师范学院。（各高校至少报送2篇，最多报送5篇，诗歌散文不限）

（二）决赛阶段（8月1日—8月31日）

由赛事组织机构聘请有关方面专家按照公平、公正和公开的原则对征文作品进行评审。

八、获奖作品展示（9月1日—9月20日）

一是对获奖个人颁发荣誉证书及奖品；二是对获奖作品将推荐在各高校文学期刊、微信公众号等平台发布；三是推荐在省教育厅相关平台发布；四是9月20日前编辑出版作品集，赠送作者样书。

作品提交方式：

请各高校在2019年7月31日前提交作品电子版打包发送至××××××××××@qq.com，邮件中请注明参赛者信息（姓名、学校、专业、联系电话等）。

九、奖项设置

大赛分设诗歌组、散文组，一等奖3名、二等奖6名、三等奖9名。（视情况设优秀奖）

十、联系方式

联系人：×××

联系电话：×××××××××××

能力提升

一、下面的活动策划方案存在一些问题，请你指出来，并提出修改建议

××校园活动策划方案

一、活动背景

××××年××大会正逐渐向我们靠近，为迎接大会的顺利召开，体现环保精神，使环境保护进入文明校园建设管理体系，使学生在日常生活中能够自觉地保护环境和节约能源，我们有必要在校园建设绿色的、人与自然和谐共存的学习环境，普及学生的环保知识，增强学生的环保意识。

二、活动地点：校多功能厅

三、活动内容：环保知识竞赛，环保写作与演讲，废弃物品的收集等

四、活动目的

1. 通过深入校园，大力普及环保知识，增强在校学生的环保意识，培养学生关注社会发

展的责任感和热爱社会公益事业的品质。

2. 让学生树立从我做起、从身边小事做起、建设绿色家园的观念，养成爱护环境的良好习惯，争当“绿色使者”和“家园卫士”。

五、具体实施（略）

六、活动倡议书

让我们携起手来，共同学习环保知识，增强环保法律法规意识，积极参加环保活动，从小事做起，从现在做起，保护环境，节约资源，共建美好家园。美好的生活，绿色的家园，需要所有人共同努力。做一名“绿色使者”，你准备好了吗？

二、材料写作

为加强不同院系同学之间的联系，增进不同院系同学之间的感情，促进不同院系同学之间的学习交流，经有关人员提议，某大学人文学院与经管学院将于11月份举行一次规模较大的学生联谊活动。活动要求主题积极向上，紧紧围绕“团结、友爱、奋进、笃行”八个字展开。节目要求种类多样，内容丰富，格调昂扬，思想健康，富有文化气息和精神内涵，能陶冶人的情操，给人带来正能量。为了使活动得以顺利开展，人文学院与经管学院的学生会干部做了大量的前期准备工作，并决定请一位同学写一份活动策划方案。如果你正是那位被委以重任的同学，你将如何写出这份大学生联谊会的活动策划方案呢？

只要你认真学习了本节内容，仔细阅读了所示例文，相信你一定能行！

那么，动笔吧！请为此次大学生联谊会写一份活动策划方案。

除了具体的经费数额、时间节点、联系方式、人物姓名等用××代替外，其余内容均要求用文字表述。要求结构完整，要素齐全，安排周到，富有创意，具有可执行性和可操作性。可参考相关资料，但不能抄袭，也可以和别的同学合作完成。

下篇　沟通

第七讲 演讲与朗诵

美国著名人际关系大师卡耐基说:"一个人的成功,85%是靠他的人际沟通和演说能力,只有15%跟他的专业相关。"由此可见语言表达的重要性。想拥有并提高这方面的能力,需要通过一些途径来练习和实践。学好朗诵、学好演讲,能够提升语言表达能力。

朗诵和演讲的训练,可以形成语感、积累语言素材,锻炼观察、分析、理解、思考、逻辑等能力,同时提高语言表现力和感染力,以此建立自信,优化人际关系。随着时代的发展,朗诵、演讲等语言活动已经成为大众活动,全民演讲、朗诵成为热潮。在学校、机关、企事业单位,积极参与到朗诵、演讲活动当中的人越来越多。朗诵及演讲,兼而有之的还有一个作用,就是对阅读的关注和推广。朗诵者和演讲者可以通过此类型的语言训练,了解优秀的文字,让直指人心的文学力量触动人、感召人。当代人生活忙碌、浮躁,而朗诵、演讲带来的纯粹、有质量的精神力量,温暖而强劲的力量,可以触动心灵,拨动心弦。

本章收集整理了一些适合大学生的演讲、朗诵推荐篇目,以作品案例的形式进行演讲、朗诵的指导。演讲部分,有全国热播的语言类节目的演讲题材、文化名人的演讲佳作、西方国家著名的领袖演说、全国演讲大赛的参赛作品等;朗诵部分,有全国"曹灿杯""夏青杯"朗诵大赛参赛作品等。同时,还筛选了当下一些流行的朗诵篇目,并对每篇演讲或朗诵作品进行了简明扼要的提示,借此唤起学生的演讲、朗诵兴趣,引导学生掌握演讲、朗诵技巧,提高口头表达水平。

第一节 演讲

任务目标

掌握演讲概念,学会演讲技巧。

把握演讲特性,克服演讲通病。

深刻理解演讲的内容,并通过语言将感情准确地表达出来。

知识要点

温斯顿·丘吉尔曾说:“在上帝赋予人类的所有才能中,没有比拥有演讲天赋更珍贵的东西了。”

中央电视台《对话》节目《全球大调查问卷》中有这样一个问题:“您认为在未来十年中最有竞争力和最有希望成功的人应具备哪些素质?”令人惊奇的是,有26位商界巨子无一例外地选择了交际能力、交流能力、公关能力等等与演讲与口才密切相关的词汇。由此看来,一个口若悬河、出口成章、能言善辩的人,在融入社会时越来越彰显其独特的优势。有人把当今社会称为“全面公共关系时代”,西方人则将“口才、金钱及电脑”称为国际斗争的“三大战略武器”。可见演讲与口才已经成为衡量创造型人才的重要标准之一。

一、演讲的定义

演讲又称讲演、演说。演讲这一概念,在西方最早见诸《荷马史诗》。公元前390年,苏格拉底在雅典创立的修辞学校,是第一个专门培养演说家的教育机构。演讲是以“讲”为主,以“演”为辅,是“讲”与“演”的统一,切不可简单地理解为“表演+讲话”。演讲常常借助戏剧、音乐、绘画、相声、小说、诗歌等多种文学艺术形式表达出来。

语言是人们在彼此交流中传情会意,增强了解的一种极其重要的交际工具,人类社会生活的方方面面都直接或间接以语言为工具。有声语言是演讲活动中最主要的物质媒介,离开了语言表达就无所谓“演讲”。子曰:“情欲信,辞欲巧。”我们可以把演讲定义为:“在特定时空环境里,以有声语言和相应态势语言,演讲者向特定的听众巧妙地陈述自己的观点或讲解或发挥自己的情感,使之接受自己的观点、明白某一事理或产生情感上的共鸣。”

二、演讲的特征

1. 综合性

“演讲”中,“讲”是讲明道理,诉说对某一问题的看法。“演”是借助声音、表情、动作来加强演讲的生动性。演讲以讲为主,以演为辅,运用有声语言,加上无声的动作、体态、表情,两者相辅相成,巧妙结合,融为一体。要“讲”得好,必须有逻辑、修辞、音韵、朗读等方面的知识和修养。

2. 独白性

演讲者是演讲活动的主体,在整个演讲过程中,听众始终处于接受地位。真正意义上的演讲,是高度个性化的产物,是一个人的性格、气质、形态、口才的综合反映。演讲只有客观的叙述,没有自己的喜怒哀乐,缺乏自己独特的观点与感受,没有鲜明的个性,也就缺少感染力和号召力。

3. 时间性

演讲直接诉诸听众的听觉、视觉感官,有很强的时间性。首先,在内容上,古今中外的著名演讲都切中时代脉搏,属于那个时代的声音。如英国丘吉尔1940年5月31日的《出任首相后的首次演说》、斯大林1941年7月3日的《广播演说》,都是当时反法西斯斗争的直接果实。其次,一次演讲的时间,受听众可接受性的制约。虽然有些演讲几小时甚至几十小时,像孙中山的《三民主义演讲》、鲁迅的《中国小说的历史变迁》、毛泽东的《关于正确处理人民内部矛盾的问题》等，都是久负盛名的长篇演讲。但大众化的演讲，终究以短居多，以短为贵，长了又没有新鲜的内容和观点，就没有人愿意听。

三、演讲的作用

演讲的作用包括对演讲者本身的作用和对听众的作用。

（一）对演讲者本身的作用，主要表现在三个方面

1. 演讲有促进演讲者成长的作用。

2. 演讲有培养良好人际关系和高尚情操的作用。

3. 演讲有不断地自我完善的作用。

（二）演讲对听众的作用一般包括六个方面

1. 真理的启迪作用。

2. 情感的激发作用。

3. 知识和信息的传播作用。

4. 艺术的感染作用。

5. 扬善祛邪的作用。

6. 行动的导发作用。

四、演讲的类型

（一）按不同形式分类

1. 命题演讲

命题演讲是根据事先拟定的题目或范围做好准备所进行的演讲。

2. 即兴演讲

即兴演讲指演讲者事先无准备，由于受某些因素的触动有感而发，临时因兴起而发表的演讲。它包括生活场景式即兴演讲和命题测试式即兴演讲两种类型。

3. 论辩演讲

论辩演讲是对某一事物持不同观点的双方，在同一演讲环境中所进行的以坚持本方观点、批驳对方观点为宗旨的演讲。它包括日常论辩演讲、专题论辩演讲、赛场论辩演讲三种类型。

（二）按不同内容分类

1. 政治演讲

政治演讲是指针对国内外的政治问题与现实生活中发现的思想认识问题进行分析、评论，阐明和宣传某种政治观点和主张的演讲。政治演讲包括外交演讲、军事演讲、政府工作报告、政治性集会上的讲话以及为社会政治服务的各类主题演讲。

政治演讲是一种高度严肃的演讲。它要求演讲者不仅要有深刻的思想、一定的政策水平和政治远见，而且还要有高度的责任感，因为政治演讲的最终目的是要让听众赞同、支持演讲者的政治主张、政治观点。演讲者绝不可信口开河、夸夸其谈，而必须深思熟虑、旗帜鲜明，有充足的理由和严密的论证，这样的演讲才具有可靠性和鼓动性。

2. 学术演讲

学术演讲是指向听众发表学术见解,传授科学知识和公布科研成果的演讲。它包括学术座谈会、学术讨论会的发言,各种学术报告和学术评论等。学术演讲要求内容具有科学性、系统性、创新性,语言具有准确性,论证具有严密性。学术演讲是人们传授知识、交流学术成果的一种演讲方式,是适应当今时代科学发展步伐的一种新的学术传播方式。

3. 法庭演讲

法庭演讲指的是公诉人、辩护人、诉讼代理人在法庭上所发表的演讲。它是演讲中古老的类型之一。法庭演讲,以客观性、充分的论据和雄辩的逻辑力量为其特点。法律面前人人平等,任何人都要以"事实为依据,以法律为准绳",严禁演讲者参入个人主观色彩。

4. 军事演讲

军事演讲是指部队领导者就军事形势、战略战术、部队建设、战前动员、战地动员、战后总结所做的演讲。军事演讲对提高部队素质、增强战斗力、决定战争胜负有着重要意义。自古以来,那些威震四海、战功赫赫的知名军事家,大多是通过军事演讲,来指挥千军万马奋勇杀敌的。军事演讲的目的是激起官兵的斗志,振作官兵的精神,因此首先必须具有激励性。军事演讲是针对军事形势、军队实际情况和官兵的思想实际而讲的,因而针对性就成为军事演讲的第二个特点。出色的军事演讲家的演讲,常使官兵斗志昂扬,使敌人不寒而栗。

5. 礼仪演讲

礼仪演讲是指在各种礼仪活动中,为表达感情、表示礼节而发表的演讲。它包括致开幕词、闭幕词、致酒词,还包括婚祝演说、联欢演说、祝寿演说、庆典演说、告别演说、悼念演说等等。礼仪演讲的特点是感情强烈,或悲或喜,溢于言表。大部分礼仪演说具有较固定的结构形式。礼仪演讲还特别要注意一个"度",颂扬、祝贺、哀悼都必须用理智控制,使听众感到恰到好处。

五、演讲的技巧

1. 做好演讲的准备

包括了解听众,熟悉主题和内容,搜集素材和资料,准备演讲稿,作适当的演练等。

2. 选择演讲者

演讲者应具备以下几种能力:

(1)敏锐的观察力。

(2)丰富的想象力。

(3)较强的记忆力。

(4)良好的表达力。

3. 运用演讲艺术

包括开场白的艺术,结尾的艺术,立论的艺术,举例的艺术,反驳的艺术,幽默的艺术,鼓动的艺术,语音的艺术,表情动作的艺术,等等,通过运用各种演讲艺术,使演讲具备两种力量:逻辑的力量和艺术的力量。

4. 演讲时的脸部表情

演讲时的脸部表情无论好坏都会带给听众极其深刻的印象。紧张、疲劳、喜悦、焦虑等情绪无不清楚地表露在脸上,这是很难由本人的意志来加以控制的。演讲的内容即使再精彩，如果表情总是缺乏自信，畏畏缩缩，演讲就会缺乏说服力。

5. 声音和腔调

声音和腔调是与生俱来的，一朝一夕之间难以改善，音质与措辞对于整个演说影响较大。某项研究报告指出，声音低沉的男性比声音高亢的男性其信赖度更高，声音低沉会让人有种威严沉着的感觉。我们不可能马上改变自己的声音，但要努力做到让自己的声音清楚地传达给听众。即使是音质不好的人，如果能够秉持自己的主张与信念，依旧可以吸引听众的关注。

6. 语速

说话的速度也是演讲的要素。演讲中，说话语速稍微慢一点很重要。不过，也不要从头至尾一直以相同的速度来进行。

7. 与观众互动

演讲时要注意与观众互动，这样可以渲染场上的氛围，增强感染力。

场景模拟实训

01 我的故事以及背后的中国梦

白岩松

过去的二十年，中国一直在跟美国的三任总统打交道，但是今天到了耶鲁我才知道，其实它只跟一所学校打交道。透过这三位总统我也明白了，耶鲁大学的毕业生的水准也并不很平均。

接下来就进入我们今天的主题——我的故事以及背后的中国梦。

就在我看不到希望的1978年，中国发生了非常巨大的变化。

我要讲五个年份，第一要讲的年份是1968年。那一年我出生了。但是那一年世界非常乱，在法国有巨大的街头骚乱，但是，的确这一切的原因都与我无关。那一年，我们更应该记住的是马丁·路德·金先生遇刺，虽然那一年他倒下了，但是“我有一个梦想”这句话却真正地站了起来，不仅在美国站起来，在全世界站起来。但是当时很遗憾，不仅仅是我，几乎很多的中国人并不知道这个梦想，因为当时中国人，每一个个人很难说拥有自己的梦想。中国与美国的距离非常遥远，不亚于月亮与地球之间的距离。但是我并不关心这一切，我只关心我是否可以吃饱。

1978年，10年之后。我10岁，依然生活在我出生的地方，那个只有20万人的非常非常小的城市。它离北京的距离有2000公里，它要想了解北京出的报纸的话，要在3天之后才能看见。所以对于我们来说，是不存在新闻这个说法。那一年我的爷爷去世了，而在两年前的时候我的父亲去世了，所以只剩下我母亲一个人要抚养我们哥俩，她一个月的工资不到10美元。因此即使10岁了，梦想这个词对我来说，依然是一个非常陌生的词汇，我从来不会去想它。我看不到这个家庭的希望。就在我看不到希望的1978年，不管是中国这个国家，还有中国与美国这两个国家之间，发生了非常巨大的变化，那是一个我们在座的所有人，今天都该记住的年份：1978年的12月16日，中国与美国正式建交，那是一个大事件。两天之后，12

月18日，中国的十一届三中全会召开了，那是中国改革开放31年的开始。历史将两个伟大的国家、一个非常可怜的家庭，就如此戏剧性地交织在一起，不管是小的家庭，还是大的国家，其实当时谁都没有把握知道未来是什么样的。

1988年，那一年我20岁。这个时候我已经从边疆的小城市来到了北京，成为一个大学生。虽然今天在中国依然有很多的人在抨击中国的高考制度，认为它有很多很多的缺陷，但是必须承认正是高考的存在，让我们这样一个又一个非常普通的孩子，拥有了改变命运的机会。当然，这个时候美国已经不再是一个很遥远的国家，它变得很具体，它也不再是那个过去口号当中的"美帝国主义"，而是变成了生活中很多的细节。这个时候，我已经第一次尝试过可口可乐，而且喝完可口可乐之后会觉得中美两个国家真的是如此接近，因为它几乎就跟中国的中药是一样的。

那个时候我已经开始非常狂热地去喜欢摇滚乐。那个时候，正是迈克尔·杰克逊还长得比较漂亮的时候。更重要的是，这个时候的中国，已经开始发生了非常大的变化，因为改革已经进行了10年。那一年，中国开始尝试放开很多商品的价格。这在你们觉得是非常不可思议的事情，但是在中国当时是一个很大的迈进，因为过去的价格都是由政府来决定的。但是，就在那一年，因为放开了价格，引起了全国疯狂地抢购，大家都觉得这个时候会有多久，于是要把一辈子都用的食品和用品买回到家里。这一年也就标志着中国离市场经济越来越近了。当然，那个时候没有人知道市场经济也会有次贷危机。当然，我知道1988年那一年对于耶鲁大学来说格外的重要，因为你们耶鲁的校友又一次成为美国的总统。

1998年，那一年我30岁。我已经成为中央电视台的一个新闻节目主持人。更重要的是，我已经成为一个1岁孩子的父亲。我开始明白我所做的很多事情不仅要考虑我自己，还要考虑孩子及他们的未来。那一年，在中美之间发生了一个非常重要的事件，主角就是克林顿。也许在美国你记住的是性丑闻，但是在中国记住的是，他那一年访问了中国。在6月份他访问中国的时候，在人民大会堂，和江泽民主席进行了一个开放的记者招待会，然后又在北京大学进行了一个开放的演讲，这两场活动的直播主持人都是我。

当克林顿总统在上海即将离开中国的时候，记者问道："这次访问中国，您印象最深的是什么？"他说："我最想不到的是这两场讲座居然都直播了。不过直播让中国受到了表扬，而美国却受到了批评。"当然，只是一个很小的批评。在北大的演讲当中，由于整个克林顿总统的演讲，用的全是美方所提供的翻译，因此翻译的那个水准远远达不到今天我们翻译的水准。我猜想有很多的中国观众，知道克林顿一直在说话，但是说的是什么，不太清楚。所以我在直播结束的时候，说了这样的一番话，我说："看样子美国需要对中国有更多的了解，有的时候要从语言开始，而对于中美这两个国家来说，面对面永远要好过背对背。"当然也是在这一年年初，我开上了我人生的第一辆车。这是我在过去从来不会想到的，中国人有一天也可以开自己的车。个人的喜悦，也会让你印象很久，因为往往第一次才是最难忘的。

2008这一年，我40岁。很多年大家不再谈论的"我有一个梦想"这句话，在这一年我听到太多的美国人在讲。看样子奥巴马的确不想再接受耶鲁占领美国20年这样的事实了。他用"改变"以及"梦想"这样的词汇，让耶鲁大学的师生在他当选总统之后举行游行，甚至庆祝。在这个细节里，让我看到了耶鲁师生的超越。

这一年，也是中国梦非常明显的一年。它就像全世界所有的伟大的梦想，注定要遭受很多挫折才能显现出来一样，无论是期待了很久的北京奥运会，还是神舟七号中国人第一次在太空当中行走，那都是很多年前我们期待了很久的梦想。但是，突如其来的四川汶川大地震，让这一切都变得没有我们期待中的那么美好。8万个生命的离开，让整个2008年中国人度日如年。我猜得到在耶鲁校园里头，在每一个网页、电视以及报纸的前面，也有很多的来自中国以及世界各地的人们，为这些生命流下眼泪。但是就像40年前马丁·路德·金先生倒下，却让"我有一个梦想"这句话站得更高，站得更久，站得更加让人觉得极其有价值一样，更多的中国人也明白了，梦想很重要，但是生命更重要。

在北京奥运会期间，我度过了自己的40岁生日。那一天，我感慨万千，因为时间进入到我的生日那一天的时候，我在直播精彩的比赛。24小时之后，这个时间要走出我生日这一天的时候，我也依然在直播。但是这一天我觉得我非常的幸运。因为正是这样一个特殊的、在北京奥运会期间的40岁，让我意识到了我的故事背后的中国梦。正是在这样的40年的时间里头，我从一个根本不可能有梦想的、一个遥远边疆的小城市里的孩子，变成了一个可以在全人类欢聚的一个大的节日里头，分享以及传播这种快乐的新闻人，这是一个在中国发生的故事。

而在这一年，中国和美国相距并不遥远，你中有我，我中有你，彼此需要。布什总统据说度过了他作为总统以来在国外一个国家待得最长的一段时间，就是在北京奥运会期间。菲尔普斯在那儿拿到了8块金牌，而他的家人都陪伴在他的身边，所有的中国人都为这样一个特殊的家庭祝福。当然，任何一个这样的梦想都会转眼过去。在这样的一个年份里头，中美两国历史上几乎是第一次同时发出了"我有一个新的梦想"的时候，如此的巧合，如此的应该。

美国面临了一次非常非常艰难的金融危机，当然不仅仅是美国的事情，也对全世界有重大的影响。昨天我到达纽约，刚下飞机，我去的第一站就是华尔街，我看到了华盛顿总统的雕像，他的视线是那么永久不变地在盯着证券交易所上那面巨大的美国国旗。而非常奇妙的是，在这个雕像后面的展览馆里正在举行"林肯总统在纽约"这样的一个展览，因此林肯总统的大幅的画像也挂在那上面，他也在看那面国旗。我读出了一种非常悲壮的历史感。在离开那个地方的时候，我对我的同事说了这样一句话，我说，很多很多年前如果美国发生了这样状况的时候，也许中国人会感到很开心。因为大家会说，你看，美国又糟糕了！但是今天中国人会格外地希望美国尽早地好起来，因为我们有几千亿的钱在美国，我们还有大量的产品等待着装上货船，送到美国来，如果美国的经济进一步好起来的话，在这些货品的背后，就是一个又一个中国人增长的工资，是他重新拥有的就业岗位以及家庭的幸福。因此，你明白，这不是一个口号的宣传。

在过去的30年里，你们是否注意到了，与一个又一个普通的中国人紧密相关的中国梦。我不知道世界上还有哪个国家，在过去这30年的时间里，让个人的命运发生了这么大的变化。一个边远小城市里的孩子，一个绝望中的孩子，今天有机会在耶鲁跟各位老师同学交流。中国经历了这30年，有无数个这样的家庭。他们的爷爷奶奶依然守候在土地上，仅有微薄的收入，千辛万苦。他们的父亲母亲，已经离开了农村，通过考大学，在城市里已经有了很好的工作，而这个家庭的孙子孙女也许此刻就在美国留学。三代人，就像经历了三个时代。但是在中国，你随时可以看到这样的家庭。如果我没有说错的话，现场的很多个中国留学生，他们的家庭也许就是这样，对吗？那么，在我们去观察中国的时候，也许你经常关注的是"主义""社会主义"或其他庞大的政治词汇，或许该换一个视角去看13亿非常普通的中国人——他们并不宏大的梦想、改变命运的那种冲动、依然善良的性格和勤奋的品质。今天的中国是由刚才的这些词汇构成。

在过去的很多年里头，中国人看美国，似乎在用望远镜看。美国所有的美好的东西，都被这个望远镜放大。经常有人说美国怎么怎么样，美国怎么怎么样，你看我们这儿什么时候能这样。在过去的好多年里头，美国人似乎也在用望远镜在看中国，但是我猜测可能拿反了。因为他们看到的是一个缩小了的、错误不断的、有众多问题的一个中国。他们忽视了13亿非常普通的中国人，改变命运的这种冲动和欲望，使这个国家发生了如此巨大的变化。但是我也一直有一个梦想。为什么要用望远镜来看彼此？我相信现场很多个来自中国的留学生，他们会用自己的眼睛看到最真实的美国，用自己的耳朵去了解最真实的来自美国人内心的想法。无论再用什么样的文字也很难再改变他们对美国的看法，因为这是来自他们内心的感受。当然我也希望非常多的美国人，有机会去看看中国，而不是在媒体当中去看中国。你知道我并不太信任我的所有的同行。

开一个玩笑。其实美国的同行是我非常尊敬的同行。我只是希望越来越多的美国朋友去看一个真实的中国。因为我起码敢确定一件事情，即使在美国你吃到的被公认为最好的中国菜，在中国都很难卖出好价钱。就像很多很多年之前，在中国所有的城市里流行着一种加州牛肉面，加利福尼亚牛肉面。相当多的中国人都认为，美国来的东西一定非常非常好吃，所以他们都去吃了。即使没那么好吃的话，由于觉得这是美国来的也就不批评了。这个连锁的快餐店在中国存在了很多年，直到有越来越多的中国人来到美国，在加州四处寻找加州牛肉面，但是一家都没有找到的时候，越来越多的中国人知道，加州是没有这种牛肉面的。于是这个连锁店在中国，现在处于陆续消失的过程当中。这就是一种差异。但是当人来人往之后，这样的一种误会就会越来越少。

所以，最后我只想再说一句。40年前，当马丁·路德·金先生倒下的时候，他的那句话“我有一个梦想”传遍了全世界。但是，一定要知道，不仅仅有一个英文版的“我有一个梦想”。在遥远的东方，在一个几千年延续下来的中国，也有一个梦想。它不是宏大的口号，并不是仅仅在政府那里存在，它是属于每一个非常普通的中国人，而它用中文写成“我有一个梦想！”

演讲提示：该篇演讲稿是央视主持人白岩松于2009年3月31日在美国耶鲁大学的演讲，他以个人的成长奋斗作为一条主线，从“家运”折射到“国运”，浓缩了40年来中美关系发生的深刻变化，情真意切地讲述了中国人的中国梦。整篇演讲朴实无华，以小见大。白岩松以丰富的情感交流和生动的修辞手法的使用，使演讲达到了预设的目的。

02 我有一个梦想（节选）

马丁·路德·金

朋友们，今天我对你们说，在此时此刻，我们虽然遭受种种困难和挫折，我仍然有一个梦想，这个梦想深深扎根于美国的梦想之中。

我梦想有一天，这个国家会站立起来，真正实现其信条的真谛：“我们认为真理是不言而喻，人人生而平等。”

我梦想有一天，在佐治亚的红山上，昔日奴隶的儿子将能够和昔日奴隶主的儿子坐在一起，共叙兄弟情谊。

我梦想有一天，甚至连密西西比州这个正义匿迹，压迫成风，如同沙漠般的地方，也将变成自由和正义的绿洲。

我梦想有一天，我的四个孩子将在一个不是以他们的肤色，而是以他们的品格优劣来评价他们的国度里生活。

今天，我有一个梦想。我梦想有一天，亚拉巴马州能够有所转变，尽管该州州长现在仍然满口异议，反对联邦法令，但有朝一日，那里的黑人男孩和女孩将能与白人男孩和女孩情同骨肉，携手并进。

今天，我有一个梦想。

我梦想有一天，幽谷上升，高山下降；坎坷曲折之路成坦途，圣光披露，满照人间。

这就是我们的希望。我怀着这种信念回到南方。有了这个信念，我们将能从绝望之岭劈出一块希望之石。有了这个信念，我们将能把这个国家刺耳的争吵声，改变成为一支洋溢手足之情的优美交响曲。

演讲提示：这是选自马丁·路德·金的一篇演讲稿，他是美国黑人民权运动领袖。1963年8月28日，为了争取民权，25万黑人在华盛顿林肯纪念堂前举行盛大的集会，马丁·路德·金在会上发表了这篇著名的演说。

演讲时，基调昂扬，情感真挚，充满号召力和感染力。

03 为时代发声

熊 浩

你们每个人大概都有手机，你还记得最近的在你手机里头，那个最热络、最欢呼、最引发关注的新闻标题或者热门词是什么吗？大概是有的艺人离婚或结婚，或者我们先定一个小目标吧，先挣一个亿。

那再那个之前呢？再那个之前是友谊的小船说翻就翻，是我只想安安静静做一个美男子，是你那么牛你咋不上天呢？再之前，再之前是不作就不会死，是且行且珍惜，是宝宝心里慌，宝宝不哭。再之前，再之前，大概是问题来了，挖掘技术哪家强了。

大家笑了，但是我不知道你有没有意识到，当我给大家回放这些舆论的关键词时，有很多其实你已经忘记，你只记得一件事，那就是它们曾经居然那么流行。

我们在一个信息每天迎面扑来的时代，所谓繁花似锦，所谓热火烹油，我们每一天就这样进去出来，进去出来，我们赶集似的往前走，生怕错过一点点什么，我们显得不那么时尚。而作为结果，当我们沉下心回头去看，我们发现什么东西都不记得。

子曰："群居终日，言不及义，好行小慧，难矣哉！"孔子是在说，大家别刷朋友圈了，你以为那是真实的世界吗？不，那是一个小小的固化的圈子，把你给围拢住。我们在里面说什么？说的是日常的饮食，说的是旅游的照片，渐渐地渐渐地我们的关心逐渐逐渐从自己内心灵魂的成长，挪到外面的那些琐碎去，然后相互点点赞，相互发发言，好行小慧。

我不是说这样错了，我是说如果你所有的生命格局都是奠定在这样的琐碎之内，难矣哉。要有自我的成长和灵魂的抱负，这便不大可能。

我们进去出来，进去出来，我们像赶集似的生怕任何一个落下，有的时候竟忘了自己为什么要出发。

刷微信、刷微博，如果每一条资讯是一百个字，如果你每天能够读一百条，这并不算多，这意味着你一个月的时间你可以积累三十万字的阅读量，这是什么概念？各位，老子的《道德经》五千个字，卡夫卡的《变形记》三万个字，那些最晦涩的，比如像黑格尔的《小逻辑》三十万字，你拼命地阅读，拼命让自己的肢体展开去接受各样的资讯，但最后一想，竟然什么都没留下。我们在这种碎片的时代中获得信息，它影响的绝不仅仅只是资讯的营养，而是你内心的那种定力。

你每天都看，但我问你在座的各位，当你展开一本厚厚的书，放松自己的身心想要读的时候，你还有那种耐心吗？你每天都接受各种各样的资讯，天南地北，浑涌而来，你似乎什么都知道，但是有一个真正关乎你成长和决定的大问题若是放在你的面前，你能真正地回答吗？

我们说为时代发声，但我想说为时代发声是有前提和基础的，如果每一个人都只是奔涌而上地去参加一些狂欢，而没有自我的定力、灵魂的成熟和独立的声音，这怎么会是为时代发声，这不过是一次一次又一次地盲从。

我们说为时代发声，绝不仅仅只是那些对伟大的歌颂，对成功的铭记，对不朽的惦念。其中恐怕还得有一些人，他不是那么讨巧的，要指着你的鼻子，包括我自己，告诉大家说，我们都病了。这个时代让我们蜷缩在这种碎片化的尘埃当中，我们都病了，我们必须要重新捡拾起阅读的习惯，我们必须要重新恢复起那种求学的兴致，因为只有这样你才有可能真正成熟健朗，最后精神成人。

演讲提示：熊浩是“辩坛常青树”，曾经无数次在辩论场上挥斥方遒。他也是一个演说者，在这场讲演中，通过释放他心目中思辨的力量来发出当下新时代的新声音。思辨是什么？思辨是当挑战已有认知的事物或声音，当他出现在你面前的时候，不是拒绝和抵制，而是聆听和欣赏。只有这样，当新时代的心声抵达的时候，它才不是成为一个战场，而是成为一场交响。

演讲，不仅要以思想去说服听众、征服听众，而且更要以真诚情感去感染听众，打动听众。

04 我行

熊　丹

2003年3月。硝烟弥漫的伊拉克战场。隆隆爆炸声中，一个柔美而刚毅的声音传遍了世界：“我是凤凰卫视记者闾丘露薇，我在巴格达向您作现场报道。”看到她有些憔悴的面孔，有人担心地问她：“你行吗？”她毫不犹豫地回答：“我行！”那一刻，谁也不能否认，她是全世界最美丽的铿锵玫瑰！

航天英雄杨利伟一飞冲天，遨游寰宇，圆了中华儿女的飞天梦。在他被确定为首位航天员人选的时候，有人关切地问他：“你行吗？”他斩钉截铁地回答：“我行！”那一刻，谁也不能否认，他是整个中华民族的自豪和骄傲！

闾丘露薇说行，是因为她对事业、对真理、对和平的执着追求。杨利伟说行，是因为他对党、对祖国、对人民的无限忠诚！

今天,作为一名军校学员,面对新军事变革这样一场前所未有的挑战,面对“打得赢”“不变质”的历史性课题,我们能不能拥有像他们那样的信念、胆略和过人的心理品质?我们能不能像他们那样响亮地回答:“我行!”

第一次穿上这身军装时,妈妈看着包裹在那肥大的绿色里瘦小的我,怜爱地问:“你行吗?”一时间,我不知该如何回答。我的步履还显得蹒跚,我的身姿还不够挺拔,我行吗?

而今天,经历了军营火热生活的锤炼和洗礼,我终于可以自豪地告诉自己,告诉所有的人:我行!

我行!参加广东省“庆建国50周年、迎澳门回归”演讲大赛,在强手如林的激烈角逐中,我荣获一等奖。经受了拼与搏的挑战。我行!在那次战场救护演习中,我也像男兵们一样顶烈日、蹚海水,背上药箱冲锋、抬起担架救护,经受了血与汗的磨炼。

我行!当突如其来的病毒疯狂肆虐的时候,作为一名实习护士,我和我的老师们一道在重疫区广州与非典病人零距离接触。为他们送药、注射、吸痰、急救,经受了生与死的考验。

我行!在学院政工模拟系统训练的那些日子里,我与屏幕为伍、与蓝军激战、与心智较量,开始了现代军人谋与智的登攀。

我行!我们行!

我们行!那是因为信念的光芒赋予了我们光彩和活力。

我们行!那是因为我们心中高扬着理想的风帆,我们将生命的轨迹纳入新军事变革的宏大蓝图。

那么,就不要说我们只是普通的军人,新军事变革只是将军和学者们的事;也不要说只有实验室和演习场才是变革的前沿阵地;更不要说我们的双肩还不够伟岸,无力扛起这变革的重担。我们要说,教室和课堂同样是决胜千里的战场。只要拥有一份敢于搏击风浪的豪迈,只要拥有一份勇于超越的自信,只要拥有一份担责任于双肩的勇气,我们就无愧于这个伟大的时代!

让新军事变革的大潮来得更猛烈些吧!中国军人将不再给任何对手提供卖弄骄横和傲慢的机会!

让我们自豪地说,我行!我们行!这是一种排山倒海的力量,这是一种所向无敌的气概,它托起的将是我们军队更加辉煌的明天!

演讲提示:这是第四届中国军校大学生电视演讲大赛的一篇演讲稿。全篇掷地有声的“我行”,似一份力量,而演讲者激情的力量,也把听众的情感推到最高峰,使听众受到鼓舞感召。演讲时注意情感的递进。

05 用诗歌发现大山孩子手里的光

康 瑜

能去支教是我一直以来的梦想。2015年从人大毕业之后,我加入了支教组织,在山里面教了两年的书。在去之前,我一直告诉我自己,我要非常非常努力,让更多孩子走出大山。可是当我真的到了那个学校的时候,我常常会因为山里的孩子翻墙逃课气到跺脚,我会因为一个女孩子突然怀孕嫁人而感到失望。于是,我寄期望于前排的孩子成绩更好一点,因为我觉得他们才可能考上高中、大学,通过知识改变命运。

一次，山里的校长问我，他说：康瑜，你知道这个镇子最后的主人是谁吗？他说就是这些考不出去的、留在山里面的孩子们。他们现在怎么样，未来的小镇就是怎么样的。从那一天开始，我一直在思考：我需要多做一点什么，让这个镇子未来更好一点？

2016年10月份的一天，我在给他们上书法课。屋外就突然下起了雨，孩子们不约而同地朝窗外看，我说："索性这样，我们把笔放下来吧，我们走出去，然后回来写一些东西吧。"

有一个小姑娘她写了这样一首诗，她说：

"我是个自私的孩子
我希望雨后的太阳只照射在
我一个人的身上温暖我
我是个自私的孩子
我希望世界上有个角落都能在
我伤心时空着安慰我
我是个自私的孩子
我希望妈妈的爱
属于我。"

我后来才知道，原来这个小姑娘在5岁的时候妈妈得重病离开了她，就是这样"自私"得让人心疼，所以，像这样表达出来会不会更好一点？孩子们写的诗越来越多，就这样我们度过了诗歌里面的四季，我想要诗歌一直陪伴着她们，春光、夏影、秋日、冬阳。

孩子们写的诗越来越多，而距离我离开的日子越来越近。他们舍不得我离开，于是又开始写诗给我，他们说：老师，如果你是礁石就好了，那我可以变成海浪去拥抱你，但是你是天上的星星啊！他们也非常的懂事，他们说：老师，我们想变成风，变成云，变成大鸟，你去国外读书的时候，我们飞过去，飞去太平洋。就这样，找了一个大早上，我提着行李箱偷偷离开了那个镇子，我一直以为这所有的故事都会从我支教两年结束画上一个句号。

但是没想到，去年教师节，我收到了一大箱礼物，满满当当都是他们写满的诗，而其中有一封信这么厚，写信的姑娘叫作小玲花，她在里面讲了我从来不知道的秘密，她说：老师，其实我不是没有爸爸的孩子，我爸爸在很小的时候就住进了监狱，当别人骂我说我是没有爸爸的孩子，阴沟里捡来的，我从来不敢反抗，但是老师你知道吗，当去年的诗歌大赛我把写好的诗二等奖拿给大家看的时候，他们又说我是抄的时候我跟他们说，你看，这个诗是我写的。她说康老师这是我人生的第一次反抗。于是她随信又附上一首可爱的小诗，她写着：

天上的人儿在点火
地上的人儿在许愿

"老师，我想许一个愿望，我希望有更多像我这样的孩子能够在诗歌里面找到自己。"你真的难以想象一个只有13岁的孩子她会说"找到自己"，我近乎是完全意外地知道了一年前诗歌课曾经带给他们的意义，那我又有什么理由去拒绝继续给更多孩子带去诗歌课呢？于是我不读书了，不出国了，我再一次回到了山里面创办了一家公益机构，我把它取名为"是光"：是否的"是"，光芒的"光"。就是希望这一群孩子，不管能不能走出大山，他们都能意识到自己就是这个山里的光。

今天是是光成立的第426天，一路上遇到的困难不少，但是我没有一刻想要去放弃，因为我就在这些诗里面看到了未来小镇的模样，这也是今天想要跟大家分享的最后一首小诗

《星河》。

黑色的夜晚星星在闪耀
我在河边无忧无虑地散步
当我回头看我身边的河水时
只见无数的星星在河里流动

这是来自云南省永平县厂街中心完小只有10岁的黄坤小朋友写的诗，他在信上说：老师，我真的就看到星星掉在了河里，没有人相信。只有在诗里面，我想告诉大家知识补给的是认知，金钱改变的是现状，但是诗歌，可以陪伴这些孩子度过无数个平凡甚至灰暗的夜晚。

孩子观察这个世界的内在视角发生改变了，那他就会有更大力量去改变这个外部世界。我总会跟孩子们说，我说，其实不是每一个人都能成为耀眼的太阳，但是我们可以始终向着光，而对于我，也会一直举着是光的火把让所有人都看到这些闪耀的诗句，让所有人都看到这就是未来小镇主人的模样。

演讲提示：2015年，中国人大经济学院的一名学生在保研和支教的选择题中选择了后者，随后踏上了前往云南省昌宁县漭水镇的道路。在那里，她教会了孩子们写诗。两年后，她带着孩子们的不舍和他们写的诗离开大山，计划出国学习教育学专业。但在两个月后，她却以一名公益创业者的身份重返乡村校园，以“是光”为名成立公益机构，希冀让更多乡村学校的孩子学会诗意的表达。短短一年，“是光”的公益足迹已布满了全国502所中小学。

她是康瑜。她已经带着她的“是光”，翻过了一座又一座堪比天高的大山。

演讲中，带着一份情怀叙述娓娓道来。

第二节 朗 诵

任务目标

提高语言表现力，表达清晰、准确、生动。

能明白晓畅、声情并茂地朗诵不同类型的文学作品。

知识要点

一、为什么学习朗诵

1. 锻炼口才。
2. 提高文学作品阅读能力。
3. 提高对文字的理解能力。

4. 陶冶情操,培养审美能力。

5. 学习创作朗诵作品。

二、什么是朗诵

《现代汉语词典》上解释:朗诵,即大声诵读诗或散文,把作品的感情表达出来。

从概念上看,朗诵的方式是诵读,朗诵的对象是诗和散文(日常朗诵不只限于诗和散文),目标是把作品的思想感情表达出来。

也有人给出这样的定义:朗诵就是把文字作品转化为有声语言的创作活动。在此过程中,朗诵者要选定适合自己的作品,深入理解原作的思想内容,设计朗诵的形式,结合音乐及灯光设计,准确、清晰、有感情、有变化地把文字作品转化为有声语言。这种说法比词典上的解释更具体更完备。

朗诵是一种创作活动。它不是简单地把文字变为声音,而是需要赋予文字所应承载的信息及情感。文字是记录有声语言的工具,但文字也有相应的局限性,它很难甚至不能把说话时丰富的语气表现出来,不能把说话的情态完全体现出来,也不一定能把一句话的真实含义揭示出来。因而,朗诵者在把文字转化为有声语言时,第一,要深入理解作品内涵,把握作者创作的真实意图,调动自己的情感;第二,还要运用重音、停连、节奏、语气等有声语言的表达技巧把作品的思想内涵表达出来,把情感抒发出来。理解、感受、表达等各个环节都要求朗诵者进行第二次创作,所以说朗诵并非简单地照本宣科、念字出声,而是通过朗诵者的第二次创作,把无声的、静止的书面文字变成活生生的、更加能表情达意的口头语言。

清代古文家曾国藩谈及自己诵读体会时说:"非高声朗读则不能展其雄伟之概,非密咏恬吟则不能探其深远之韵。"可见,朗诵要声音洪亮,疾徐有致,也要眼到口到耳到心到,全情投入,从朗诵中体会节奏,品味作品的神韵。

三、朗诵与朗读的区别

朗诵和朗读都是通过有声语言把作品的思想感情表达出来,但又有着很大的不同。

朗读,是把文字作品转化为有声语言的创作活动。也就是朗读者在理解作品的基础上用自己的语音塑造形象,反映生活,说明道理,再现作者思想感情的再创造过程。

朗诵,就是用清晰、响亮的声音,结合各种语言手段来完善作品思想、情感表达的一种语言艺术。

朗读与朗诵既有区别又有联系。简而言之,朗读是朗诵的基础,朗诵是朗读在内容上的深化和形式上的升华。如果说朗读是一种技能的话,朗诵则是一门艺术,朗诵的要求远高于朗读的要求。

著名的配音演员赵兵教授认为,朗读朗诵最大的不同是目的不同:朗读是为了学习,而朗诵是一种表演,是一种艺术,要在观众面前呈现,让观众去欣赏。正是这一点的不同,决定了其他一系列的不同。

1. 选材不同

朗读的文章体裁广泛,诗歌、散文、小说、公文、新闻报道等均可。而朗诵则需精心地筛选,通常选择情感丰富便于发挥的体裁,如诗词散文等。

2. 表现手法不同

朗读时，只要完整地按照作品基调读出来就可以了。而朗诵对感情的表达要求更高，需借助外界的一些辅助条件，例如灯光、背景音乐、舞台布景等。

3. 发挥的自由度不同

朗读要求对文章不增不减，朗读时动作也受限，个人发挥的自由度小；朗诵则可根据实际情况和情感表达需要，增删字数，或替换词语，或用声音、动作等代替一些词语等。另外，朗诵时可以配合适当的动作和表情，但绝不能夸张，不要把朗诵变为纯粹的表演。所谓“哀而不伤，乐而不淫”，注意控制好个人的情绪和动作，才能达到最佳的朗诵效果。与朗读相比，朗诵在个人发挥上有更大自由度。

四、朗诵的艺术形式

1. 文学性

文学作品通过朗诵可以再现作品描写的人物形象、环境气氛和生活场景，充分发挥它的艺术魅力和教育作用。

2. 艺术性

朗诵是一种比较精细、高级的有声语言艺术。朗诵者必须具备一定的文学修养，要能分析欣赏各种体裁的文学作品，这是朗诵表情达意的前提。朗诵者必须具备一定的语言修养，要熟练掌握标准发音和发声技巧，要善于正确地运用语调语气，这是表情达意的关键。朗诵者必须具备一定的舞台表演艺术的修养，要敢于在大庭广众之中说话，要能正确地发音，有自然的表情，这是朗诵表情达意的重要条件。

3. 表演性

朗诵一般在舞台上，在大庭广众之中进行。朗诵者必须具备一定的表演技能，要有优美的语音、端庄的仪态、丰富的表情。朗诵者还可以适当化妆，可以运用灯光布景，可以进行配乐。所有这些，都是为了增强朗诵艺术的表演效果。

五、朗诵作品的选择

1. 主题鲜明，内容健康。
2. 语言规范流畅，通俗易懂。
3. 符合特定要求。
4. 符合自身特点。

六、朗诵的基本要求

1. 发音正确，吐字清晰

用标准的普通话播读，特别要注意多音多义字，古诗文中特别要注意按意定音。不添字不少字不读破句，朗读清晰完整。

2. 语速适当，用心感受

要抓住文章特点，使节奏流利和谐，缓急结合。

3. 语调生动，轻重适宜

根据需要，分出轻重缓急，分清抑扬顿挫，表达出文章的思想感情。

七、朗诵的基本表达手段

朗诵时，一方面要深刻透彻地把握作品的内容，另一方面，要合理地运用各种艺术手段，准确地表达作品的内在含义。常用的基本表达手段有：停顿、重音、语速、句调。

1. 停顿

停顿指语句或词语之间声音上的间歇。停顿包括生理停顿、语法停顿、强调停顿。

2. 重音

重音是指朗诵、说话时句子里某些词语念得比较重的现象。一般用增加声音的强度来体现。重音有语法重音和强调重音两种。

3. 语速

语速是指说话或朗诵时每个音节的长短及音节之间连接的紧松。说话的速度是由说话人的感情决定的，朗诵的速度则与文章的思想内容相联系。一般说来，热烈、欢快、兴奋、紧张的内容速度快一些；平静、庄重、悲伤、沉重、追忆的内容速度慢一些。而一般的叙述、说明、议论则用中速。

4. 句调

在汉语中，字有字调，句有句调。我们通常称字调为声调，它是指音节的高低升降。而句调我们则称为语调，是指语句的高低升降。句调是贯穿整个句中的，只是在句末音节上表现得特别明显。句调根据表示的语气和感情态度的不同，可分为四种：升调、降调、平调、曲调。

场景模拟实训

朗诵要忠于作品。要忠于作品，朗诵前就必须熟悉和理解作品中字里行间的内容，要从作品的体裁、内容、主题、结构、语言风格等多方面入手，充分解读、分析作品，将作品中的思想转化为朗读者第二次创作时自己的思想，将作品的情感转化为自己的情感。

01 答案在风中飘扬

鲍勃·迪伦

一只白鸽要飞过多少片海
才能在沙丘安眠
炮弹要多少次掠过天空
才能被永远禁止
答案啊 我的朋友 在风中飘扬
答案它在这风中飘扬

一座山要耸立多少年

才能被冲刷入海
一些人要生存多少年
才能被容许自由
一个人要多少回转过头去
才能假装什么都没看见
答案啊 我的朋友 在风中飘扬
答案它在这风中飘扬

一个人要仰望多少次
才能看见天空
一个人要有多少只耳朵
才能听见人们的悲泣
要牺牲多少条生命
才能知道太多的人已经死去
答案啊 我的朋友 在风中飘扬
答案它在这风中飘扬

朗诵提示: 在《朗读者》中,几位令人尊敬的无国界医生朗读了这首诗,它原本是一首歌词,词作者为美国音乐人鲍勃·迪伦。2016年瑞典文学院授予鲍勃·迪伦诺贝尔文学奖,其获奖理由是:他在伟大的美国歌曲传统中创造了新的诗意表达。文字,文学,文学家都是有温度、有力量的。这首诗在朗读的时候可以感受到力量。三个小节朗诵时,情绪可以做一个递进及延展。

02 诗意中国

欧 震

其实,从屋檐滴下的一颗水珠里
你就可以感受到中国的诗意
那是由屋顶上的积雪融化而成的水珠
当你伸出手掌
那颗水珠就在你的手心眨动
她明亮的就像春天的眼睛

于是你听到了风的歌声慢慢暖了
于是你看到了地的画布渐渐绿了
于是柳丝在舞、燕子在飞
于是桃花红了、杏花白了、油菜花黄了
于是姹紫嫣红、流光溢彩
中国在写着一首关于春天的诗了

其实,从劳动者脸上的一颗汗珠里
你就可以感受到中国的诗意
因为它更像一颗沉甸甸的种子
因为无数颗汗珠一旦播洒
就会生根、发芽
就会稻花飘香、麦浪滚滚
就会有郁郁葱葱的森林绿海
就会有果实累累的大厦天堂

其实,从每一个普通中国人的笑容里
你都可以感受到中国的诗意
它是温馨的,闪烁着梦想的美丽
它是自信的,绽放着人生的豪迈

每天,太阳照常升起
而与太阳一同燃烧的
是笑容里的灿烂,是怒放中的青春
是工厂熊熊的炉火
是人们心头永远不会熄灭的
对美好生活的憧憬

其实,中国的诗意无处不在
它折叠在昔我往矣杨柳依依的风雅里
它呈现在挥毫泼墨笔走龙蛇的宣纸上
它起伏在高山流水响遏行云的旋律中
它奔腾在大风起兮千古风流的故事里

其实,中国的诗意无时不在
它融化在风清日朗芙蓉出水的意境里
它渗透在万山红遍层林尽染的秋色里
它浪漫在花好月圆民安国泰的祥瑞中
它辉煌在江山锦绣分外妖娆的壮美中

其实,从你回眸的那个眼神里
我就感受到了中国的诗意
因为从你的眼里
我读到了优雅的气质
读到了幸福的光芒
我看见——

你的眼里，正在大步流星地
走着一个
器宇轩昂的中国！

朗诵提示：本诗文字很诗意，展现了一派诗意的中国景象。朗诵时要配合表情、眼神、手势，用自然、优美、热情的语气表达诗的意境，注意体会各个小节之间情感的递进。在“歌声慢慢暖了”“画布渐渐绿了”“柳丝在舞、燕子在飞”等诗句中捕捉动词及形容词，词语渐次生动，情感渐次升华。

03 面朝大海，春暖花开

海 子

从明天起，做一个幸福的人
喂马，劈柴，周游世界
从明天起，关心粮食和蔬菜
我有一所房子，面朝大海，春暖花开

从明天起，和每一个亲人通信
告诉他们我的幸福
那幸福的闪电告诉我的
我将告诉每一个人

给每一条河每一座山取一个温暖的名字
陌生人，我也为你祝福
愿你有一个灿烂的前程
愿你有情人终成眷属
愿你在尘世获得幸福
我只愿面朝大海，春暖花开

朗诵提示：本诗是海子于20世纪80年代末所写的抒情诗。全诗三节，第一节表现出诗人对单纯且自由的境界的向往，对未知世界的探寻。第二节写诗人找到幸福后喜悦得无法抑制。第三节写诗人对世界的美好祝福。诗人将直抒胸臆与暗示、象征手法结合，全诗既显得清澈又深厚，既凸显明朗又含蓄，抒发出诗人向往幸福而又孤独凄凉的情绪。朗诵的语气，需随着文字情节的不断变化，或者平淡叙述，或者奔放抒怀。

04 雪花的快乐

徐志摩

假如我是一朵雪花，
翩翩的在半空里潇洒，
我一定认清我的方向——

飞扬，飞扬，飞扬——
这地面上有我的方向。

不去那冷寞的幽谷，
不去那凄清的山麓，
也不上荒街去惆怅——
飞扬，飞扬，飞扬——
你看，我有我的方向！

在半空里娟娟地飞舞，
认明了那清幽的住处，
等着她来花园里探望——
飞扬，飞扬，飞扬——
啊，她身上有朱砂梅的清香！

那时我凭借我的身轻，
盈盈地，沾住了她的衣襟，
贴近她柔波似的心胸——
消溶，消溶，消溶——
溶入了她柔波似的心胸！

朗诵提示：徐志摩的诗作中，爱情诗是最有特色的一部分。这部分诗歌抒发了诗人对爱与美的追求。

这首诗堪称大自然的音籁，是一部交响曲。诗歌用了“娟娟地飞舞”“清幽的住处”“朱砂梅的清香”“柔波似的心胸”等短语，使得诗句节奏鲜明，旋律鲜明，一叹三咏，注重押韵，朗朗上口。朗诵时，要把握本诗的层次和整体基调。比如诗歌里反复出现的“飞扬，飞扬，飞扬”用轻快的语气朗读，表达向上的激情；“消溶，消溶，消溶”则用舒缓的语气朗读；“飞扬，飞扬，飞扬”要读出区别，凸显出画面感，三个小节中的“飞扬，飞扬，飞扬”要有不同的处理方式。

05 走近你，中国京剧（节选）

琴韵秋水

有一种艺术在我的心底回旋，有一种力量在拨动着我的心弦，让我急切地走近你——中国京剧！

聆听千遍也不舍你的悠悠古韵，观赏万回仍迷恋你的唱念做打，我是这样的痴迷着你——中国京剧！

走近你动人心魄的锣鼓点、聆听你舒缓流畅的皮黄腔，依稀仿佛中，看到了一代代皇家王朝的兴衰史，看到了一串串感天动地的恩仇泪，看到了一场场触目惊心的生死恨，看到了一幕幕荡气回肠的忠魂谱！

沿着你二百多年的岁月，看到了一座座里程碑，看到了碑铭上一个个不朽的名字，正是这一座座丰碑，才托起了京剧艺术流光溢彩的舞台。

悠悠百年，沧桑无尽；小小舞台，精彩无限；唱念做打，功在戏外，荡气回肠，情在戏中！这就是我们的京剧艺术，这就是我们的民族瑰宝！

就这样，满怀着敬仰的心情，走近你，中国京剧！

就这样，满怀着深切的感动，走近你，中国京剧！

朗诵提示：京剧是中华的国粹，走遍世界，成为介绍、传播中国传统文化的重要手段。朗诵时，抒发炽热的情感，可将对京剧的热爱之情淋漓尽致地展现出来。朗诵时注意停连技巧，对于作品中的排比句，体会朗诵中气势的增强。

06 南方的夜

冯　至

我们静静地坐在湖滨，
听燕子给我们讲南方的静夜。
南方的静夜已经被它们带来，
夜的芦苇蒸发着浓郁的情热——
我已经感到了南方的夜间的陶醉，
请你也嗅一嗅吧这芦苇中的浓味。
你说大熊星总像是寒带的白熊，
望去使你的全身都感到凄冷。
这时的燕子轻轻地掠过水面，
零乱了满湖的星影——
请你看一看吧这湖中的星象，
南方的星夜便是这样的景象。
你说，你疑心那边的白果松
总仿佛树上的积雪还没有消融。
这时燕子飞上了一棵棕榈，
唱出来一种热烈的歌声——
请你听一听吧燕子的歌唱，
南方的林中便是这样的景象。
总觉得我们不像是热带的人，
我们的胸中总是秋冬般的平寂。
燕子说，南方有一种珍奇的花朵，
经过二十年的寂寞才开一次——
这时我胸中觉得有一朵花儿隐藏，
它要在这静夜里火一样地开放！

朗诵提示：这首诗写于1929年，冯至先生当时虽在北方任教，却把回忆中的南方写得亲切可感。“我们静静地坐在湖滨，听燕子给我们讲南方的静夜”拉开了一幅宁静的画面。“请你也嗅一嗅吧这芦苇丛中的浓味”读者似乎闻到了夏日的空气，语言旋律舒缓柔和，有内在音节美，视觉美。诗作充满真挚情感，表达细腻委婉，最后一句“这时我胸中觉得有一朵花儿隐藏，它要在这静夜里火一样地开放”直抒胸臆，诗人的感情迸发。

07 我的南方和北方

赵凌云

自从认识了那条奔腾不息的大江，我就认识了我的南方和北方。

我的南方和北方相距很近，近得可以隔岸相望。我的南方和北方相距很远，远得无法用脚步丈量。

大雁南飞，用翅膀缩短着我的南方与北方之间的距离。燕子归来，衔着春泥表达着我的南方与北方温暖的情意。在我的南方，越剧、黄梅戏好像水稻和甘蔗一样生长。在我的北方，京剧、秦腔好像大豆和高粱一样茁壮。太湖、西湖、鄱阳湖、洞庭湖倒映着我的南方的妩媚和秀丽。黄河、渭河、漠河、塔里木河展现着我的北方的粗犷与壮美。

我的南方，也是李煜和柳永的南方。一江春水滔滔东流，流去的是落花般美丽的往事和忧愁。梦醒时分，定格在杨柳岸晓风残月中的那种伤痛，也只能是南方的才子佳人的伤痛。

我的北方，也是岑参和高适的北方。烽烟滚滚，战马嘶鸣。在胡天八月的飞雪中，骑马饮酒的北方将士，正向着刀光剑影的疆场上逼近。所有的胜利与失败，最后都消失在边关冷月下一排排胡杨。

我曾经走过黄山、庐山、衡山、峨眉山、雁荡山，寻找着我的南方。我的南方却在乌篷船、青石桥、油纸伞、鱼鳞瓦的深处隐藏。在秦淮河的灯影里，我凝视着我的南方。在寒山寺的钟声里，我倾听着我的南方。在富春江的柔波里，我拥抱着我的南方。我的南方啊！草长莺飞，小桥流水，杏花春雨。我曾经走过天山、昆仑山、长白山、祁连山、喜马拉雅山，寻找着我的北方。我的北方却在黄土窑、窗花纸、热土炕、蒙古包中隐藏。在雁门关、山海关、嘉峪关，我与我的北方相对无言。在大平原、大草原、戈壁滩，我与我的北方倾心交谈。在骆驼和牦牛的背景里，我陪伴着我的北方走向遥远的地平线。我的北方啊！大漠孤烟，长河落日，唢呐万里。

自从认识了那条奔腾不息的大江，我就认识了我的南方和北方。从古到今，那条奔腾不息的大江就像一根琴弦，弹奏着几多兴亡，几多沧桑。在东南风的琴音中，我的南方雨打芭蕉，荷香轻飘，婉约而又缠绵。在西北风的琴音中，我的北方雪飘荒原，腰鼓震天，凝重而又旷远。

啊！我的南方和北方，我的永远的故乡和天堂！

朗诵提示：诗作中绽放一派南方北方的美景、博大精深的文化在字里行间流淌，诗里有作者对祖国对家乡河山的热爱，有对祖国丰富的文化的讴歌，有对祖国早日统一的殷切期盼。

朗诵时，用轻盈轻快的节奏和喜悦、赞美的语气。

08 雪白的墙

梁小斌

妈妈，
我看见了雪白的墙。
早晨，
我上街去买蜡笔，
看见一位工人
费了很大的力气，
在为长长的围墙粉刷。

他回头向我微笑，
他叫我
去告诉所有的小朋友：
以后不要在这墙上乱画。

妈妈，
我看见了雪白的墙。
这上面曾经那么肮脏，
写有很多粗暴的字。
妈妈，你也哭过，
就为那些辱骂的缘故，
爸爸不在了，
永远地不在了。

比我喝的牛奶还要洁白、
还要洁白的墙，
一直闪现在我的梦中，
它还站在地平线上，
在白天里闪烁着迷人的光芒。
我爱洁白的墙。
永远地不会在这墙上乱画，
不会的，
像妈妈一样温和的晴空啊，
你听到了吗？

妈妈，
我看见了雪白的墙。

朗诵提示：歌曲《春天的故事》唱到，“1979年那是一个春天”，春风涤荡了神州大地的阴霾。但是那个年代的人们永远不会忘记一个血雨腥风的年代，神州大地因此变得千疮百孔、满目疮痍；那个让人心灵阻隔的年代，人与人之间充满怀疑和猜测；那个黑白颠倒的年代，人们的心灵被涂抹得肮脏不堪，整个社会充满了污浊、暗淡。

诗人梁小斌创作于1980年的诗歌《雪白的墙》对经历十年浩劫的人们可谓是心灵的一场真切呼唤。“文革”之后，人们从劫后余生的创痛中复苏，开始憧憬美好的生活，并进行了深刻的反思。作者通过一个孩子的眼光来看世界，他看到一个工人在粉刷曾经脏乱不堪的那堵围墙，他虽然工作很吃力，但却保持着温和的微笑，因为它遮盖了那些污言秽语。那个曾经在梦中出现的墙，那堵洁白的墙就出现在眼前，比牛奶还要洁白。我要去告诉所有的小朋友不要再在上面涂抹，永远让它洁白。这无疑是发自儿童内心的呼唤，发自心灵深处的爱。诗人的语言通晓明白，象征深邃，希望去唤醒人们曾经麻木的心灵。诗人运用象征的手法来表达主题。“洁白的墙”象征了纯洁的心灵，美好的生活；“粗鲁的字”象征了对人们心灵所遭受的毒害；“蜡笔”本来是可以画出美丽图画的工具，但在这里却变成了制造黑暗和污浊的帮凶；“工人”象征了和诗人一样心怀天下，以真诚和爱心去关爱他人，去唤醒他人的拯救者；孩子的“梦”象征着光明和希望。

“妈妈，我看见了雪白的墙”是全诗的主旋律，本句在全诗中先后出现了三次，其中在诗歌的开头和结尾各一次，使全诗首尾照应，气势连贯，一咏三叹，诗歌的感情基调逐渐加强，诗意也在反复的咏叹中，渐次达到高潮。整首诗朗诵中，童真是一个主基调，但是，也需要在童真当中饱含对过去岁月的痛心，对未来生活的信心。

09 百合花开

林清玄

在一个偏僻遥远的山谷里，有一个高达数千尺的断崖。不知道什么时候，断崖边上长出了一株小小的百合。

百合刚刚诞生的时候，长得和杂草一模一样。但是，它心里知道自己并不是一株野草。

它的内心深处，有一个内在的纯洁的念头：“我是一株百合，不是一株野草。唯一能证明我是百合的方法，就是开出美丽的花朵。”

有了这个念头，百合努力地吸收水分和阳光，深深地扎根，直直地挺着胸膛。

终于在一个春天的清晨，百合的顶部结出了第一个花苞。

百合的心里很高兴，附近的杂草却很惊讶，它们在私底下嘲笑着百合：“这家伙明明是一株草，偏偏说自己是一株花，还真以为自己是一株花，我看它顶上结的不是花苞，而是头脑长瘤了。”

公开场合，它们则讥讽百合：“你不要做梦了，即使你真的会开花，在这荒郊野外，你的价值还不是跟我们一样。”

偶尔也有飞过的蜂蝶鸟雀，它们也会劝百合不用那么努力开花：“在这断崖边上，纵然开出世界上最美的花，也不会有人来欣赏呀！”

百合说：“我要开花，是因为我知道自己有美丽的花；我要开花，是为了完成作为一株花的庄严使命；我要开花，是由于自己喜欢以花来证明自己的存在。不管有没有人欣赏，不管你们怎么看我，我都要开花！”

在野草和蜂蝶的鄙夷下，野百合努力地释放内心的能量。有一天，它终于开花了，它那富有灵性的洁白和秀挺的风姿，成为断崖上最美丽的颜色。

这时候，野草与蜂蝶再也不敢嘲笑它了。

百合花一朵一朵地盛开着，花朵上每天都有晶莹的水珠，野草们以为那是昨夜的露水，只有百合自己知道，那是极深沉的欢喜所结的泪滴。

年年春天，野百合努力地开花、结籽。它的种子随着风，落在山谷、草原和悬崖边上，到处都开满洁白的野百合。

几十年后，远在百里外的人，从城市，从乡村，千里迢迢赶来欣赏百合开花。许多孩童跪下来，闻嗅百合花的芬芳；许多情侣互相拥抱，许下了“百年好合”的誓言；无数的人看到这从未见过的美，感动得落泪，触动内心那纯净温柔的一角。

那里，被人称为“百合谷地”。

不管别人怎么欣赏，满山的百合花都谨记着第一株百合的教导：

“我们要全心全意默默地开花，以花来证明自己的存在。”

朗诵提示：台湾作家林清玄的散文《百合花开》，用一株小小的野百合演绎出一段故事。一个小小的“心灵”，为了心中美好的愿望，保持执着和坚韧。

偏僻遥远的山谷、高数千尺的断崖，预示野百合追求美好愿望的道路是艰难曲折的。即便是恶劣的生长环境，也没有消磨它作为一棵百合的天性，即使它诞生时长得跟其他野草一模一样。但是，有一个坚定的念头在它的心中悄悄萌生：我要开花，是为了完成作为一株花的庄严使命；我要开花，是由于自己喜欢以花来证明自己的存在。因此，它“努力地吸收水分和阳光，深深地扎根，直直地挺着胸膛”——与自然环境顽强地抗争。

文章全篇运用拟人的手法，层层衬托中，塑造了一个充满灵性、大智慧的野百合形象。野百合的遭遇其实是一个人生奋斗的典型意义：一个人社会价值的实现，只有一种方式，那就是“以花来证明”。

朗诵时，注意文中情节起伏，语气语调应当充满对百合的赞美，褒奖。

第八讲　辩论与主持

在社会生活中,口才是决定一个人生活及事业优劣成败的重要因素。说话流利会受人欣赏,有才干兼有口才的人,他成功的希望更大。口才训练的方法和途径较多,辩论、主持都是锻炼口才的最佳方式,是培养个人沟通能力的基础,是走向成功之路的助推剂。

辩论是一个探讨真理的过程,在这个过程中可以发现事物的方方面面,找到解决问题的各种途径,听到各种不同的声音,发现各种办法。辩论的目的在于培养人的逻辑思考能力、语言表达能力、组织能力,促使人们对社会各种问题、现象有更深层次的思考。

主持在日常工作和生活中是一种常见的工作方法和交流手段,也是一门艺术。工作中的信息传播、产品的推广宣传、舞台上与听众的互动交流等等,都需要主持人通过自身的文化修养、专业的主持技能以及过硬的语言素养来完成。对于主持人而言,了解所主持节目的传播特点,遵循节目规律,对具体主持节目有深刻的、整体的把握,正确处理主持人与受众及嘉宾的关系,是形成节目主持艺术的前提,也是节目主持艺术基本规律的逻辑起点。

第一节　辩　论

任务目标

理解和掌握辩论的含义、类型、特点及辩论技巧。

掌握辩论的一般逻辑法则,辩论中做到准确、有力地阐述自己的观点,犀利反驳对方观点并击中要害。

学会队式辩论技巧。

知识要点

辩论不同于一般的争论，作为一种高难度的口头语言表达活动，它对于参与者的思维反应能力、口语表达技巧、心理素质等都有较高的要求。辩论既是一种语言游戏，同时也是训练表达技能的最佳方式之一。

一、辩论的概念

辩论，也称论辩，广义上是指以语言为媒介展开讨论的一切活动。狭义上的辩论仅指口头语言的辩论活动，最狭义的一种理解是把辩论等同于辩论赛。

从语义上看，"辩"有辩白、争辩、辩驳、分辨、辩明等含义，侧重于反驳、批判他人观点，分辨并指出他人观点的错误成分，就一种思想、一个主题从不同方面、不同角度展开辩解。

"论"有讨论、论述、论证等含义，侧重于阐发、论证己方观点正确性的意思。也就是说，辩论包含了"辩"和"论"两种活动，是破和立的有机统一。因此，辩论不同于"抬杠"，辩论者既要反驳攻击对方的错误观点，又要陈述论证己方的正确观点。

二、辩论的特征

1. 交锋性。也称对抗性，是指辩论必须有两个或两个以上持不同观点的参与者。
2. 竞争性。辩论是有对手的，而且对手之间是有竞争的。
3. 说理性。辩论是事理之辩，观点之争。衡量辩论技能的主要标准是事理辩服制。

三、辩论的类型

1. 按辩论的语言媒介不同，可以分为书面辩论、口头辩论。
2. 按辩论主体人数，可以分为双方辩论、多方辩论。
3. 按辩论在社会实践中的不同应用，可以分为政治辩论、学术辩论、法庭辩论、论文答辩、谈判、辩论赛等。

四、辩论的目的和作用

（一）辩论的目的

在于培养、锻炼人的逻辑思维能力、语言表达能力、组织能力、团队合作和协调能力等，使其对社会问题、现象有更深层次的思考，能进一步揭示事物矛盾，认识事物的本质和规律。

（二）辩论的作用

1. 交流思想，传播新知，追求真理。
2. 关注社会，弘扬正义，激发生动活泼的社会气氛。
3. 培养人才，发现人才，推广人才。
4. 推广普通话，张扬语言艺术魅力。

五、辩论的要素

辩论必须具备一些基本的要素，如至少有两个观点对立者的参与，有一个辩论的主题。

这两者是辩论的必备要件，前者我们称为辩论的主体，后者我们称为辩论的客体。

（一）辩论的主体

辩论的主体是指参与辩论的人。

（二）辩论的客体

辩论的客体就是辩论主体所争论的对象，是辩论的前提、基础，决定了辩论的论域。我们常常把辩论客体称为“辩题”。辩题应具备现实性、可辩性、公平性等特点。

（三）辩论的受体

辩论的受体是指不实施辩论行为，却因为某种因素参与别人辩论活动的人，比如读者、听众、评委等。

六、辩论的原则

（一）追求真理原则

辩论的最高境界是求真。

1. 尊重已有的真理性认识，不能歪曲真理。

2. 勇于承认和放弃自己的错误观点，做到以学心听，以公心辩。

3. 坚持只为真理而辩，而不是为个人面子而辩。

（二）平等原则

1. 辩论主体地位是平等的。

2. 辩论主体的权利是平等的。

3. 辩论主体的机会是平等的。

（三）尊重事实原则

事实胜于雄辩。

（四）以理服人原则

这是指辩论中应以知识和逻辑的力量说服别人。辩论最终是为了明辨是非，而充分的知识论证、严密的逻辑推理，无疑是其关键。

（五）以德服人原则

辩手必须重视自己的辩德，提升道德修养，以人格的魅力增加辩论的说服力。

七、辩论思维

表面看，辩论是口舌之辩，但语言只是思维的展现，思维才是辩论的灵魂和基础。辩论过程是一个充满逻辑推理、演绎论证的过程，是一场滴水不漏的思辨之战。在辩论中，对辩题分析是否透彻、思路是否清晰、反应是否敏捷、想象是否丰富、推理是否缜密、引据是否合理、配合是否默契等，都是以思维为基础的。优秀的辩手应当具备正确认识的能力、严密论证的能力、敏捷思维的能力。

（一）辩论思维的特殊性

1. 求异性

在辩论中要打破思维定式，用反常态、怀疑的、批判的态度去思考以往的认识，以强烈的探索精神去寻求新认识、新答案。求异思维是辩论的最基本的原动力。辩手必须善于进行独立的思考，掌握科学的求异思维方法，才能成为能言善辩的高手。

2. 敏捷性

思维敏捷的辩手在辩论时成竹在胸，反应灵敏。如果反应太慢，再好的辩论水平也无法发挥出来。

3. 逻辑性

辩论思维能力主要集中表现在逻辑思维能力上。

4. 准确性

辩论语言速度快，表达时间短，重复少，要求语言准确清晰。辩论思维必须提高准确性和针对性。

（二）辩论的思维方式

辩论的思维方式可以分为逆向思维、纵深思维、辩证思维、发散—收敛思维、分析—综合思维、具体—抽象思维等。

1. 逆向思维

逆向思维指的是从传统思维定式的相反方向去考虑问题，提出与传统观点相对或相反的观点。在辩论中，如果按传统思维无法解决问题或说服对方时，就可以试试反向思维，也许就会柳暗花明。

当然，逆向思维并非怀疑一切，否定一切，而是合乎逻辑地、辩证地去寻找新途径。训练要点主要是从一般人认为是正确的观点中发现谬误、不足之处，或者从传统认为是错误的观点中发现正确、合理的成分。

2. 纵深思维

纵深思维是对问题做深入分析的思维方式。从一般人认为无须进一步探讨的现象或定论中，发现更深一层的被现象掩盖着的事物本质。纵深思维的训练能锻炼思维深刻性，有助于思维能力的提高，有助于培养"透过现象看本质"的能力。纵深思维的训练应紧扣主题、层层深入。

3. 辩证思维

辩证思维又称对立统一思维。思维应当同时从对立的两个方面进行，这是对立统一规律在思维中的具体体现和应用。辩证思维训练侧重于从事物相互对立的两个方面考虑问题，比如对同一个现象既看到它积极的影响，又看到它消极影响。

4. 发散—收敛思维

发散—收敛思维又称扩散思维、分散思维、辐射思维，即针对某一个问题或现象，展开多角度多方位的思考，寻找更多更新的可能答案。发散思维在辩论中表现为思维视野开阔，材料旁征博引，语言形象生动。丰富的知识积淀是发散思维的基石，只有博古通今，胸有成竹，才能文思泉涌，信手拈来。发散思维不仅要"散得开"，还要"收得拢"。

收敛思维是指将所得的素材在分析、综合、比较、判断的过程中重新组织，从不同角度将思维指向唯一正确的答案或者最好的解决方案的思维过程。辩论中的收敛思维是指在整个辩论过程中必须始终紧扣辩论的主题，避免跑题、偏题，或是对一些枝节性问题纠缠不休。

在辩论中，发散思维与收敛思维是相辅相成的。如果只会发散，不会收敛，漫无边际，可能失之宽泛，缺乏论证的严密性和严肃性；如果只会收敛，不会发散，则思路狭隘，材料贫乏，语言平淡，也不能收到良好的辩论效果。

5. 分析—综合思维

分析,是在思维中把一个认识对象分解为各个部分、方面、要素或阶段,然后加以分析、研究;综合,则是把各个部分、方面、要素和阶段联系起来,作为一个整体加以考察,形成对客观对象的整体认识。

分析与综合是不能分开的。没有分析只有综合,犹如只见森林不见树木;没有综合只有分析,则好比只见树木不见森林。只有两者统一为同一个思维过程,才能使思维全面而深刻。分析与综合是辩论中常用的思维方法。辩论的剖题立论,实际上就是一个分析与综合的思维过程。

6. 具体—抽象思维

具体—抽象思维就是从具体到抽象和从抽象到具体的思维方法。所谓具体思维是对事物表面现象、个别属性的认识;抽象思维是对事物共同的、本质的属性的提炼和概括。在辩论中,运用具体—抽象思维方法,能抓住事物的本质,提升思维的深度,又能使辩论生动具体,形象丰富,深入浅出,易于接受和理解。

(三)辩论的逻辑方法和逻辑规律

辩论是语言的艺术,语言是思维的物质外壳,而合乎逻辑则是思维的根本要求。因此,辩论应当符合逻辑。逻辑学是研究思维规律的科学。所谓逻辑,指的是思维的规律性。逻辑思维能力强,辩论思维能力随之也会得到增强。辩论中,内容和语言都具有严密的逻辑性,才能令对手无懈可击,也才能达到令人信服的目的。

1. 逻辑方法

思维的基本形式是概念、判断、推理,最基本的逻辑方法就是正确运用概念、判断和推理方法。

(1)概念的运用

逻辑思维要求概念明确,即准确掌握和理解概念的内涵和外延。辩论中概念的运用很有讲究。

第一,概念要明白准确,防止偷换概念。

第二,定义要为本方立论服务。

第三,巧用概念的概括与限制。概念的概括是减少内涵,扩大外延的一种方法,可以克服外延过小的问题;概念的限制则相反,是增加内涵,缩小外延,用来避免外延过大。概念外延的任何扩大或者缩小都会对辩论产生影响。

(2)判断的运用

判断是对客观事物的情况有所断定的一种思维形式。判断通过语句表达,但不是任何语句都表达判断。一般陈述句、反问句表达判断,疑问句不表达判断。逻辑学把表达判断的语句称为命题。命题的基本特征是有真假。辩论中首先要善于辨别命题的真假。因为一般说来,只有以真的命题为前提才能推导出真的结论。辩论的辩题往往就是一个命题,分析辩题的关键就是要分析该命题的性质,尤其是其中的逻辑关系,然后在此基础上进行逻辑设计。

(3)推理的运用

推理是由若干命题得出一个命题的思维过程,由推理得出的命题称为结论,其他命题则称为前提。命题有真假之分,推理则有对错之分。为了确保运用推理获得真实的结论,必须同时满足两个条件:一是前提真实;二是推理有效。

辩论中常见的推理方法如下。

①三段论推理

以带有普遍性的认识为前提,推导出个别性结论的推理方法。只要前提真实,推理过程严谨,就一定可以得出真实的结论,具有很强的说服力。

②归纳推理

从特殊到一般推理方法,分为完全归纳法和不完全归纳法。完全归纳法是将同类事物中每一个个别对象全部都加以分析,从而概括出其共同的属性的推理方法。运用完全归纳法得出的结论是非常可靠的。在辩论中,如果对一些个别现象的判断是确切的,而且被判断的对象是同一类事物的全部,没有任何遗漏,那么所推导出的结论必然也是真实确切的,这样的论证具有强大的说服力。

不完全归纳法不需要研究每个个别对象就归纳出规律性的认识。当同一类事物包含的个别对象数量太多时,如果进行完全归纳,费事费力,有时则根本不可能完成,这时就只能运用不完全归纳法。使用不完全归纳法得出的结论可靠性肯定不如完全归纳法,因此,运用时要特别谨慎。当归纳产生的结论不唯一时,应尽量使用可能性大的结论。

③类比推理

这是从个别到个别的推理。通过对两个个别对象的比较,找出某些相同的属性,从而推论出它们还有另外相同属性的结论。类比推理的可靠性并不高,一般找出的共同属性越多,结论的可靠性就越高。

2. 矛盾律

在同一思维过程中,两个相互矛盾和相互反对的思想,不能同时为真。它的作用侧重于保证思维的无矛盾性。

要求是对两个相互矛盾或反对的命题,不能同时肯定,必须否定其中之一,否则就犯了"自相矛盾"的错误。

3. 排中律

在同一思维过程中,矛盾的思想不能同时为假,必须有一个为真。它的作用侧重于保证思维的明确性,要求对两个矛盾的命题不能同时都否定,必须肯定其中之一。违反这一要求的错误,通常称为"矛盾两不可"。在辩论中,排中律要求辩论者的态度、看法和主张应该十分明确,支持什么,反对什么,不能含含糊糊,双方辩论的观点应该是对抗性的。对抗性的观点中,必有一方是正确的。

4. 充足理由律

在论证过程中,论题的成立必须有充足的理由。如果支持论题的论据不真实,或者从论据推导不出论题,即使论题是真实的,也不具备充足理由。要求是:

第一,论证要有论据,要言之有理,持之有故。违反这一要求,称为"无理由"。

第二,论据必须真实。违反这一要求,称为"理由虚假"。

第三,论据能推出结论。违反这一要求,称为"推不出"。

(四)辩论中常见的逻辑错误

1. 偷换或混淆概念

偷换或混淆概念是违反同一律的逻辑错误。在辩论中偷换概念往往是有意为之,为了己方有利或掩饰己方的不利而将一个概念变成另一个概念。常见的表现形式有:

(1)改变概念的内涵和外延。

(2)利用语词的多义或歧义的特点,在不同意义上使用同一个概念。

(3)利用概念之间的某些联系和表面相似之处,造成不同概念的混淆。

2. 偷换命题

偷换命题是违反同一律的,主要形式有:把原命题换成与之不同的命题;利用语言的歧义来偷换命题;利用语境的变化来偷换命题。

3. 循环论证

循环论证是指在辩论中论题与论据或者论据之间互为论证的情形。论题是一个尚未确知为真的命题,需要论据来证明它是真实的。如果论据的真实性必须依赖论题的真实性,这样就陷入循环论证了。循环论证导致证明论题的论据站不住脚,没有充分的理由能够推导出论题,因此是违反充足理由律的一种错误。

4. 断章取义

断章取义是指在引用他人观点和思想时,不顾上下的联系,孤立地截取其中适合本方需要的部分作为论据,是一种违反充足理由律的逻辑错误。

5. 以偏概全

以偏概全是有意混淆集合概念与非集合概念的做法,也就是混淆一般与个别的区别,将个别上升为一般,其实质也是一种违反同一律的逻辑错误。

八、辩论技巧

辩论技巧涉及语言、文化、心理、举止、神情等多个方面。这里主要围绕口头表达和心理调控两个方面介绍辩论技巧。

(一)舌战技巧

口头辩论,重在舌战。辩论中,听、说、问、答、驳。处处有讲究。

1. 听:听是说的基础。听的内容全部是临场的、毫无准备的。在辩论中,不仅要认真听、专心听,还要有选择地听,抓住重点地听。特别要留意以下重要信息:①关键概念;②立论框架;③主要论据;④漏洞;⑤对方的提问;⑥对已方的反驳。

2. 说:主要指辩论中的陈述,不包括问、答、驳。

需要注意的事项有:①语速问题;②简洁性;③逻辑性;④攻击性;⑤艺术性;⑥通俗性。

3. 问,一般有四种形式:①反问;②连环问;③两难问;④设问。

4. 答,通常有六种回答方式:①以问代答;②正面回答;③避而不答;④归谬法;⑤驳前提;⑥以答代问。

5. 驳:驳是反驳、是辩驳、是攻击。驳的技巧有:

①例证制胜。一个好的例子是反驳的最有力武器。

②攻其要害。

③利用矛盾。

④巧换概念。巧换概念与偷换概念不同,是通过故意改变概念含义以揭露对方观点荒谬性的一种技巧。

⑤归谬法。又称顺藤摸瓜法、请君入瓮法。具体做法是先假定对方命题为真,然后沿着对方的逻辑加以演绎,将其观点推向极端,使其荒谬性明显地表现出来,再一针见血地指出

对方显而易见的逻辑错误。

⑥以守为攻。即在辩论中首先构筑好自己的阵地，坚守阵地，同时察言观色，发现对方漏洞，立即反守为攻。

⑦针锋相对。抓住对方论点、论据、论证上的漏洞，给予迎头痛击。

⑧劳乏术。采用多提问题的方法，向对方连连质问，连续攻击，使对方忙于应答，而己方以逸待劳，伺机反驳。

⑨幽默术。运用幽默技巧的战术。

(二)辩论心理与攻心术

1. 辩手心理素质及自我调适

(1)辩手的心理素质：坚强的意志；充分的信心；稳定的情绪。

(2)辩手心理的自我调适：激发辩论需求；重视心理协调；保持竞技状态。

2. 攻心术

攻心术是利用和控制对方心理的战术。其主要功能是通过向对手施加心理压力，使对手发生预期心理的变化，失去原有心理平衡，从而影响其认知判断能力。攻心术的运用原则是审时度势，因人而异。

(1)对对手的攻心术

对对手的攻心术是运用心理战术打破对手的心理平衡，干扰对手的心理状态的战术。主要方法有：

第一，用眼神和表情控制对方。这是控制对手心理最简单也是最基本的方法。眼神和表情也是辩论的工具。

第二，出其不意，打乱对方的心理准备。抓到对方准备不周的疏漏之处突然袭击，会让对手因缺乏心理准备而发慌，然后借机进行打击，进一步削弱对方的心理优势。这种战术可以通过提问的方式来实现。

第三，紧逼对手，使其陷入心理困境。一旦抓住对方要害，就要紧逼对手，一再打击，穷追猛打。由于对方无法正面回答，不得不一次又一次面对自己无法回答的问题，再好的自信心和心理防线也会被冲垮。

(2)对观众的攻心术

第一，要用真情去打动观众。

第二，要充分理解和尊重观众。理解观众是指对观众的思想、文化、社会生活、价值观的深刻理解和由衷赞赏，而不是毫无原则地胡吹乱捧。

第三，以出色的辩论表现赢得观众。辩论最关键的还是看辩论水平，辩手要赢得观众，最终还是要靠自己的真才实学。

(3)对评委的攻心术

研究评委是控制评委心理的前提。辩手需要研究评委的专业知识、理论成就等，在辩论中适当引用评委的理论观点是能够赢得评委好感的。当然，引用必须巧妙适当，如果不甚领会，一知半解，反而暴露自己的无知，令人反感。

场景模拟实训

1. 案例分析

出奇制胜

爱国将领冯玉祥任陕西督军时，有两个外国人私自到终南山打猎，并打死了两头珍贵的野牛。于是，冯玉祥把他们召到西安问罪。

冯玉祥："你们到终南山打猎，和谁打过招呼，领到许可证没有？"

对方："我们打的是无主野牛，用不着通知任何人。"

冯玉祥："终南山是陕西的官地，野牛是中国领土上的东西，怎么会是无主的呢？你们不经地方政府批准私自行猎，就是犯法行为，你们还不知罪吗？"

对方："这次到陕西，贵国外交部发给的护照上明明写着准许携带猎枪，可见，我们行猎已得到贵国政府的准许，怎么是私自行猎呢？"

冯玉祥："准许你们携带猎枪，就是准许你们行猎吗？若准许你们携带手枪，就可以在中国境内随意杀人啦？"

对方："我在中国15年，所到的地方从来没有不准打猎的，再说，中国的法律也没有不准许外国人在境内打猎的条文。"

冯玉祥："没有不准外国人打猎的条文，不错，但难道有准许外国人打猎的条文吗？你15年没有遇到官府的禁止，那是他们睡着了，现在我身为陕西的地方官，我却没睡着。我负有国家人民交托的保土卫权之责，就非禁止不可。"

请问：

(1)冯玉祥将军是从哪几个方面驳斥对方的？

(2)冯玉祥将军运用了哪些反驳技巧将两个外国人驳倒？

2. 综合练习

在一场以"在校大学生应不应该谈恋爱"为题的辩论中，反方正处上风。正方王明突然看见反方张亮的女朋友正在现场关注地观看，于是马上发问："对方大谈特谈在校大学生不该谈恋爱，请问反方张亮同学，你不是正在热恋中吗？如果真的不该在校谈恋爱，那你岂不是'只准州官放火，不准百姓点灯'吗？"

请问：王明这样进行反驳好不好？为什么？

3. 以"不破不立"为辩题时，你作为正方，该怎样析题立论呢？作为反方呢？

4. 下列辩论题目，你是正方或反方，准备怎样去安排呢？

①逆境出人才。

②知易行难。

③失败是好事。

④有钱就有幸福。

⑤广告不可信。

⑥只有"埋头"才能"出头"。

第二节 主 持

学习目标

通过本章的学习,了解不同类型的会议主持的异同和主持语言的特点。

运用语言巧妙组织、积极安排会议进程,注意根据各类会议主持人的语言要求,组织、引导会议。

知识要点

会议主持人是负责会议的安排、组织、解说以及对会议进程加以有效推进的人,是会议进程的动力和向导。会议主持人这种特有的角色,决定其应熟悉会议流程,了解不同类型会议主持的异同,并能运用语言巧妙地组织、积极地安排会议进程,根据各类会议要求,控制好会场,引导会议圆满结束。这些都是成功的主持人必须掌握的艺术。

常规会议主持技巧

常规会议通常指的是指导一个单位日常工作正常的开展,维持其正常运作的支撑活动。作为主持人,应不断地提高自己的会议主持能力,引导会议进入正确、积极、有效的方向。

一、常规会议主持语言的特点

1. 平实朴素

与严肃的会议气氛相适应,会议主持的语言应该平实、庄重、简明、贴切。由于常规会议一般为日常工作时的小型会议,故而在会议中,参会人员与会议主持人往往彼此熟知、了解,关系甚为密切。在主持人宣布会议开始后,无须做自我介绍,无须在开场白上费尽心思,更无须表达欢迎、感谢、祝颂等感情。出于不影响工作、顾及与会人员情绪等方面的考虑,常规会议主持的语言形成了天然去雕饰的风格,语言平实朴素,贴近会议主旨,常用专业语言和行业术语组织会议。

2. 开宗明义

常规会议主持的语言要开门见山,直揭主题。说明什么,强调什么,提倡什么,反对什么,有什么要求、建议和意见,都要一清二楚,一目了然,切忌含糊其辞,模棱两可。主持人在表达上一般选择开门见山、单刀直入的方式,引出正题,如“今天我们在这里开会的目的是……”“我们将请×××传达……精神”“我们此次会议要解决……问题”,这样直接引导会议进入既定议程,既有利于集中精力传达重要指示精神、布置下一步的工作、解决实际问题等,又有利于缩短会议时间,提高会议效率,不致使与会者疲于应付会议而耽误正常工作。

3. 简明扼要

为了提高效率，常规会议主持人要在短时间内实现会议的最高效能，必须做到简明扼要，即主持人语言简明清晰、有条不紊、重点突出、干脆利落，使与会人员更快地进入会议状态，最终取得会议成效。

4. 多用常规语

常规会议举办较为频繁，会议议程也往往比较固定、单一，会议主持模式的程式化趋向决定了会议主持的语言形式趋向固定。在会议中，主持人发言的时间不多，只需按议程用贴近工作的常规语维持会议的正常开展，简要总结发言人的观点，实现会议目的即可，语言多为会议常见、贴近工作的常规语。

二、常规会议主持语言的要求

准备发言时，主持人务必要做到以下几点，以确保自己的发言内容周全，受到欢迎。

1. 观点独到，充实正确

在会议开始、总结及发言人的发言前后，面对纷杂的会议议程、数量庞大的会议发言内容，主持人能一言以蔽之，做引述介绍和概括总结，简短的语言中体现着主持人个人的成熟与智慧。主持人应在发言前理清头绪、拓宽思路，以其独到的视角、恰当的评价、正确的引导使会议一步步走向成功。在发言时，要做到观点明确，中心突出，主张合理，才能抓住听众，并且留下深刻的印象。而在上述几点之中，观点的鲜明与否尤为重要。

当然，讲话不仅要以理服人，而且还需要以“例”说明。在发言时倘若举例合理，往往使发言的说服力大增。需要注意的是，选择发言时的论据，必须真实无误。

2. 语言活泼，感情真挚

主持会议语言最忌晦涩枯燥，直接而有活力的语言能影响会议的气氛和节奏，而简单明了、通俗易懂、生动形象的语言则最受欢迎。因此，主持人应掌握会议参加者的需求，用生动活泼的口语表达方式，调动全体参会人员的积极性，发言时所用的语言应当朴素而具体，幽默、形象而不失哲理。

主持人固然要争取以自己的真情实感去感染听众，争取听众，打动听众，但是切勿为了做到这一点而一味煽情，无病呻吟。

3. 构思缜密，结构合理

主持人在会议中的发言应紧密联系会议主旨，体现清晰缜密的思路，完全符合逻辑思维、辩证思维方式。主持人不但要层次清晰、逻辑缜密，更重要的是，在充分表达个人见解的同时，还要能够尽快地抓住听众的注意力。要做到这一点，就必须在发言的整体结构方面进行适当的、合理的安排。

4. 重点突出，有的放矢

主持人的语言应有轻重之分，突出问题症结，重点解决主要问题，使所有的发言都在主持人的语言引导下归向同一处，形成合力解决实际问题。会议在讨论研究问题时，要注意限制具有威胁性和挑衅性的言行，通过转移话题和“先肯定，后纠偏”的方法及时化解会议中出现的不和谐音符。要注意将偏离话题的发言引入正轨，应善于提问，积极引导，从不同角度、不同层面上发现和提出问题，让与会者形成一致目标，使会议有序、有效地开展。这就需要主持人运用自身知识水平、应变能力、领导艺术，引导会议朝着正确的方向发展。

三、常规会议主持语言的技巧

1. 学会插话

主持人要善于插话，恰切、精彩的插话，不仅能活跃会议气氛，吸引与会者的注意力，还能起到画龙点睛、升华主题的作用。插话是利用当时的语境，针对发言者表达的内容，在其表达过程中插入适当的词句，表示赞同或反对，起补充和调节作用，达到调解会议氛围，推进会议进程的目的。插话应先考虑好话题，所说的话语必须是会议精神的组成部分，是发言人没有讲充分、讲全面的内容。插话一定要准确、精练。插话水平高低，是否精彩，不在于说话长短，而在于是否切中要害、条理清晰。

在会议中，主持人的作用就是用最简练的语言，按照会议的安排，顺次介绍会议的每项议程，大多是“下面，请……发言，大家欢迎”“请……发言，请……作准备”“下一个议程是……”之类的话。有时在一个相对独立或比较重要的内容进行完了之后，特别是领导的重要讲话之后，主持人要做一简短的、恰如其分的评价，以加深印象，引起重视。如果会议不是半天结束，在上一个半天结束之后，应对下一个半天的会议议程作一简单介绍（上午的会议到此结束，下午会议的主要内容是……）。如果下一个半天的内容是分组讨论或外出参观，要将分组情况、讨论地点、讨论内容、具体要求以及参观的一系列注意事项（如参观地点、行车路线、乘坐车辆、出发时间、返回时间等）向与会者交代清楚，以便于活动有条不紊地进行。

在会议分组讨论过程中，主持人应善于对各种意见进行比较、鉴别和综合分析，并从诸多意见中提炼出合理的正确的部分，从更高层次上形成和完善会议的观点。这样，即使原来持不同意见的人，也会在心理上产生认同感，从而能够接受其意见。

2. 把握表态

主持人的表态、发言、插话等，是会议进程的调节器，也是影响会议成败的重要因素。有经验的主持人，一般不轻易表明自己的态度，而是在多数人发表意见符合会议的意图之后，或在少数人发言而意见与会议的意图相悖时，才以平静商讨的语气表明自己的态度或阐述自己的观点。

3. 全面归纳

全面归纳即从整体上对会议进行概括总结，旨在说明这次会议所取得的成果：解决了什么问题，明确了什么方向，提出了什么思想（思路、措施）等。总结概括要有高度，要准确精练，恰如其分，它是对会议主要内容的一种提炼，是对会议精神实质的一种升华。总结会议，不是对会议内容的简单重复，而是突出重点；概括会议，不是对会议内容的泛泛而谈，而是提升会议的主旨。这样，就使与会者对整个会议的主要内容和精神实质有了更为清晰的了解和把握，起到“一剑穿心”的作用。

每次会议都有其特定的目的，为达到这个目的，会后都有一个如何落实会议精神的问题。所以，主持人语言应做到：第一，简洁明了，一是一，二是二，不绕弯子，不作解释说明；第二，要求明确、具体，不可含糊其辞，要体现出会议要求的严肃性、强制性、权威性；第三，布置任务要全面，不能“丢项”，否则，会议的目的就不能全部实现。

商务会议主持技巧

商务会议是为实现一定目的,由主办或主持单位召集组织的不同层次和不同数量的人们参加的一种事务性活动。此类会议的目的多种多样,如表扬批评、布置任务、解决问题、交流经验、调查情况、纠正错误等,是较为常见的会议类型。

一、商务会议主持语言的特点

1. 语言形式程式化

商务会议一般较常规会议严谨、慎重,规模也比较大,关系到该单位的直接经济利益和未来的前途命运。

商务会议议程较固定,主持人一般慎重起见并不在语言形式上追求变化,故而形成了程式化的特点。一般以作自我介绍和表示对参会人员的欢迎、介绍单位基本情况或现状为开场,按会议议程引导会议向既定目标发展。

2. 表达客观、中肯

在涉及某些有争议的问题上,主持人往往采取中立态度,并不急于表态,从一种客观的角度分析、处理问题。主持人的关注重点并不在于对谁是谁非的判断,而是如何持续会议。所以,主持人在会议出现争议时并不偏倚某一方,表达中肯,常留待问题解决后才表达自身的态度,有利于会议的健康发展。

3. 主次分明、有条理

主持人在商务会议中十分注意运用语言来彰显会议重要议题、介绍会议重点人物。主持人常常在会议前分析会议的议题、参会人物等,通过加强语气、重点介绍、反复抒情等方式使自身语言主次分明、条理清晰。重点人物、重要议题在主持人的主次分明的语言下得以突出。

二、商务会议主持语言的要求

1. 精炼

商务会议主持语言篇幅一般不宜过长,要短小精悍。"立片言以居要",既不能洋洋洒洒,也不能面面俱到,要提纲挈领,点到为止。要求用语精炼,不拖沓、不烦冗,用仔细斟酌的寥寥几句,表达最深刻、丰富的内容。在商务会议主持中,尤其要求炼句,以提高会议效率,增强会议效果。

2. 专业

商务会议主持语言是为会议领导讲话和其他重要事项服务的。在形式上,主持语言结构是由会议议程所决定的,必须严格按照会议议程进行安排;在内容上,主持语言内容是由会议的议题所决定的,不能脱离会议主旨"自由发挥"。因此,主持人语言应从结构到内容都要服从并服务于整个会议主旨,与会议议题相协调,相一致。所以,商务会议主持语言要选择专业性语言,以提高会议主持效率,利于解决商务问题。

三、商务会议主持语言的技巧

商务会议中,主持人语言要符合商务礼仪、符合主持人的身份,能恰到好处地引导会议按照预期目标进行。

1. 具有亲和力

为了使讲话更好地达到预期目标，不妨亲切地让与会者说说自己的观点，增强他们的参与意识。一次成功的商务会议意味着让所有参会人员达成一个一致的协议，主持人可以运用多种语言技巧，让与会者敞开心扉，在一种愉悦、宽松、友好的环境下进行交流和沟通。讲话中也可以使用下列短语，如“经过我们的共同体验”“分担我们共同的忧虑”“为了我们的共同利益”等，以此来鼓励与会者的参与意识。

当有人提出反对意见时，主持者应当首先肯定其中合理的成分，再委婉地通过摆出事实讲道理的方式来证明自己的观点。而对于那些离题万里的意见，可以这样解决：“这个问题我们还是以后再谈吧，现在让我们回到刚才的问题上来。”用这样的语言更容易让对方接受。

在会议上，主持人如何应对那些在会议中喜欢侃侃而谈的人呢？当长谈的人停下略作休息时，你可以说：“这个问题很好，不过今天时间很紧，我们下次再谈。”或向另外一人提起切中会议主旨的话题。例如，“某某，我觉得××问题与你有关，你怎么看？”

2. 强化说服力

主持人语言应尽量增强讲话的说服力。说服他人的能力也是进行良好的语言交流所应具备的基本条件。这就需要主持人把握好下列几个方面的表达，以更好地说服与会者。

①阐明你的目的和任务，不要给与会者“有事被隐瞒的感觉”。

②使观众确信你的需要和兴趣同他们很相似。

③使他们认识到某个问题或计划的重要性。

3. 加深影响力

结束会议前要制定或引出决议，在这个时刻，若没有主持人的有力领导，往往功亏一篑。在闭会阶段，要充分发挥主持人的主导力量，要向与会者报告已得出的结论、尚存的分歧和会后要采取的行动。请记住以下3个要点：

①通报取得的成果：简明地列出达成的协议，把它向与会者公开。

②指出存在的分歧：不能指望会议会在全体与会者意见一致的情况下结束，要用明确的语言指出分歧，估价它的影响并说明是多数人还是少数人的意见。

③明确今后的行动方向：指出哪些事情会后需要得到落实，负责人是谁，感谢与会者的帮助；把会议决定的事项印成文件，发给与会者和与此有关的人。

新闻发布会主持技巧

新闻发布会是社会组织直接向新闻界发布有关组织信息、解释组织重大事件而举办的活动。新闻发布会是企业常用的媒体公关方式，尤其是当公司有重大新闻事件要发生时。媒体记者通常把参加新闻发布会当成获得新闻线索的重要途径。

一、新闻发布会主持语言的特点

1. 严肃谨慎

新闻发布会的开放性、实时性等特性决定了发布会主持人的语言必须深思熟虑，严肃认真、小心谨慎。须知主持人所要面对的是传播媒体，若稍不留意说错一句话，可能马上就会被记者深度挖掘，大做文章。

2. 内容新颖

新闻发布会要求主持人的“新闻”必须新颖，而且是媒体、记者最关心的内容。主持人应恰当地运用主持语言引出具有新闻价值的话题。

3. 表意清晰

新闻发布会的本意是向大众揭示事件的实质，所以，主持人的表意应清晰明确，不会引起更多疑问。面对新闻记者准备已久的尖锐、棘手的敏感问题，不可吞吞吐吐，否则，不会给人留下好的印象。新闻发布会主持语言要明晰、条理清楚、重点突出，令人一听就懂，而且难以忘怀。

4. 宣传鼓动

新闻发布会的性质决定着主持人语言和新闻发言人一样需要起到宣传鼓动作用。主持人和发言人一样会成为本单位的形象代言人。

二、新闻发布会主持语言的要求

1. 不喧宾夺主，明确主次

新闻发布会中，主持人在新闻发布会的职责主要是主持会议，引导提问，而发言人的职责是主旨发言，答复提问。主持人与发言人的分工不同，主次地位不同，但目的相同，都是为单位搞好宣传舆论工作。由于主持人在新闻发布会上并非主角，不应与发言人抢话头，越俎代庖、突出自己。在新闻发布会进行期间，主持人与发言人必须保持一致的口径，不允许相互拆台。

2. 积极应对，临阵不乱

当新闻界人士提出某些过于尖锐或难以回答的问题时，主持人要想方设法转移话题，不使发言人难堪，因此，主持人在主持新闻发布会时一定要集中精力，头脑灵活。

主持人的重要性还体现在现场控制能力上。发布会一开始，除了主持人、嘉宾和记者，企业内部工作人员公开说话的机会就没有了。所以，一旦现场出现内、外部人员在会议程序之外的说话等意外情况，主持人就起到稳定秩序的关键作用。还比如现场背景音乐放错、灯光打错、换电脑时大屏幕无法显示、某个话筒本来好好的却临时失声之类的情况，这时除了事先预案跟上外，台上主持人怎么现场应对，让流程继续顺畅地走下去就是一个挑战。

3. 大方得体，展示形象

新闻发布会是一项面向媒体、展现单位形象的重大活动，主持语言应从大局出发，优雅大方、得体睿智。主持人在新闻发布会上的气质、谈吐，代表着本单位的形象。主持人应自觉树立主人翁意识，在语言上要注意做到彬彬有礼，卓有成效，以大局为重。

三、新闻发布会主持语言的技巧

在新闻发布会上，主持人的一言一行，都代表主办单位。因此，主持人必须对自己言行负责，精心组织语言，注意讲话技巧，认真、谨慎地组织新闻发布会，以利于树立良好的单位形象。

1. 言之有物

新闻发布会，自然就要有新闻发布，所以，在不违法、不泄密的前提下，在法律、法规允许的条件下，尽量满足记者的信息要求，善于表达自己的独到见解，力求不空洞无物、不烦冗啰唆。

2. 生动灵活，风趣幽默

有时，记者提出的问题涉及国家、组织的机密，或由于某种原因不能透露给记者，主持者的语言是否幽默，反应是否灵活，往往直接影响到现场的气氛。如果简单地对记者说："无可奉告"或"这个问题不可泄密"，则会使提问者感到失望或不快。为了避免生硬，主持者可以适当地采用一些风趣幽默的语言，机智地避开正面回答，或作"无效回答"，往往可以化险为夷。

3. 温文尔雅，含蓄婉转

主持人对记者不能傲慢无礼，更不要随意打断记者的讲话或提问。当记者提出了某些尖锐问题时，不能冲动、发怒、恶语相向，而要表现出谦恭敬人、高雅脱俗的绅士气质和涵养。例如，我国当代著名女作家谌容访美时，有位记者问她："听说你还不是中共党员，你对中共感情如何？"她回答道："你的情报很准确，我确实还不是中共党员。但是我的丈夫是个老共产党员，而我同他共同生活了几十年尚无离婚的迹象。可见，我同中国共产党的感情有多么深。"这个问题如果从正面郑重其事地作答，对美国人而言很难有说服力，所以，采用以偏概全的方法，用对丈夫的感情来说明自己对整个中国共产党的感情，这样说表面看不合逻辑，实际上是一个机智的妙答，而且富于人情味。

展览会主持语言技巧

所谓展览会，对商界而言，特指有关方面为了介绍本单位的业绩，展示本单位的成果，推销本单位的产品、技术或专利，而以集中陈列实物、模型、文字、图表、影像资料供人参观了解所组织的宣传性聚会。有时，人们也将其称为展示会。展览会在商务交往中往往发挥着重大的作用。它不仅具有很强的说服力、感染力，以现身说法打动观众，使主办单位广交朋友，而且还可以借助于个体传播、群体传播、大众传播等各种传播形式，使主办单位的信息广为传播，提高其名气与声誉。正因为如此，几乎所有的商界单位都对展览会倍加重视，踊跃参加。

一、展览会主持语言的特点

1. 推介性

展览会性质决定了展览会主持人的语言具有推介性质。通过主持人的情况介绍，可以向广大的与会者宣传、介绍单位业绩，展示单位形象、成果，推销单位的产品，故而在语言上主要以介绍、推荐为主。

2. 口语化

因为展览会是面对面的直接交流，因此，主持人说话要亲切、简洁、明了，带有鲜明的口语特征。有时还会根据现场的具体情况，作一些形象生动、略带风趣幽默的描述。

3. 通俗易懂

参加展览会的人员，不可能都是一个知识层次，他们都有不相同的理解水平。展览会主持人不能不看对象，不管效果，在讲话中大谈某些艰深难懂的内容。无论政策性、专业性、学术性有多强的展览会,主持人也尽量要用朴实无华、浅显易懂的语言来表达,把深奥的知识浅显化,让大家都能听懂,这样才有利于进行推广。

二、展览会主持语言的要求

1. 贴近生活,便于理解

有些展览会主持人往往不愿自己多加准备,而是拿着单位事先提供的讲稿照本宣科,缺乏生活气息,不利于听众理解接受。主持人应尽量把讲稿上的内容变为生活中的实例,多用带有丰富的感情色彩和生活特色的语言,减少语言和生活的距离,便于听众理解。

2. 热情亲切,易于接受

诚挚的语言能够直接影响听众的情绪,关系到听众对语言本身内容的接受。热情、坦率的语言能够吸引听众,缩短主持人与听众的距离。展览会主持人应该对自己所代表的公司、宣传的产品充满信心,在整个介绍宣传过程中把自己热情、自信的一面展现出来,用一种富有感染力的语言吸引对方,引发对方的兴趣,使之心悦诚服。

3. 另辟蹊径,引人入胜

主持人要善于因人而异,使解说具有针对性,并能突出自己展品的特色。在实事求是的前提下,要注意扬长避短、强调“人无我有”“人有我优”之处。必要时,还可邀请观众亲自动手操作,主持人可为其进行现场示范。此外,还可以安排观众观看与展品相关的影视片,并向其提供说明材料与单位名片。

4. 流利熟稔,充满自信

如果准备工作做得好,在主持的过程中就做得顺手,语言自然流利,彰显出自信和魄力,而且主持起来省时又省力,能起到事半功倍的作用。如果主持人对自己所代表的公司、宣传的产品不熟悉,听众很难相信其所宣传介绍的内容是正确的。当他们失去这种信任的时候,你再说什么都无济于事。

三、展览会主持语言的技巧

展览会是一种通过实物、文字、图表等来展览成果、风貌、特征的社交活动。在这项活动中,主持人起着关键性的作用。由于展览会的解说不仅要有宣传性、鼓动性,还要有趣味性,使听众产生兴趣、获得知识,因此,解说者必须具有良好的口语表达技巧。

解说技巧,主要是指参展单位的主持人在向观众介绍或说明展品时,应当掌握的基本方法和技能。具体来说,要求解说者的解说必须明晰、亲切、针对性强。

1. 明晰

解说其实就是口头说明,因此,应当以明晰为第一原则。解说应清楚明白,在解说过程中,主持人要把解说对象清楚明白地介绍给听众,因而,需要注意以下几点:

(1)解说方法恰当。作为企业产品的解说,多采用分项说明、数字说明和图表说明的方法。分项说明是指对比较复杂的事物按一定的标准逐条进行说明。例如,说明某种产品的特点,就要根据这种产品的不同构造一项一项地加以说明。数字说明是指运用数字的特点,使说明具体化。图表说明则借助插图、照片和表格来说明事物,在解说过程中,依据这些图表进行解释和说明,并作必要的补充。

(2)解说方式有序。根据事物需要说明的顺序,有条理地进行解说。比如,对产品使用注意事项的说明，就要用“首先……，其次……，再次……，最后……”等顺序依次说明清楚。这样条理才清晰，程序才得当，才能使观众和听众易于理解。

(3)解说语言平实。尽量选择平易朴实、简明准确的语言，易于为听众理解和接受，还会给人一种亲切朴实、平易近人的感觉，缩短主持人同与会者的感情距离。

2. 亲切

语气亲切柔和，语调不紧不慢，是解说的基本特点和要求。解说切忌生硬背稿，照本宣科。尽管解说词大多是事先准备好的，但生搬硬套，毫无感情和激情的解说让人难以接受。而娓娓道来，如数家珍，则让人倍感亲切。所以，主持人要在语调、语气上多下功夫。

3. 针对性强

在宣传型展览会上，解说的重点应当放在推广参展单位的形象之上。要善于使解说围绕着参展单位与公众的双向沟通而进行，时时刻刻都应大力宣传这些单位的成就和理念，以便使公众对参展单位给予认可。

在销售型展览会上，解说的重点则放在主要展品的介绍与推销之上。要求主持人在销售性展览会上向观众进行解说之时，注意“FABE”并重。其中，“F”是指展品特征，“A”是指展品优点，“B”是指客户利益，“E”是指可供证明的证据，也就是要求解说应当以客户利益为重。要在提供有利证据的前提之下，着重强调自己所介绍、推销的展品的主要特征与主要优点，争取赢得客户。但主持人要掌握分寸，不可争抢、尾随观众兜售展品，弄虚作假，或是强行向观众推介展品，那样只能适得其反。

场景模拟实训

一、案例分析

白岩松对皇岗口岸的点评

1997年6月30日晚，中央电视台主持人白岩松在深圳皇岗口岸直播报道驻港部队入港过程时，突然出现一段断档空白时间，他立即对早些时候邓小平同志登上过的口岸办公楼发表点评：

“各位观众，在我们前方那幢白色的楼房，是口岸办公楼，是当年邓小平同志眺望香港的地方。现在那幢楼里还挂着他视察口岸的一幅照片……今天晚上，当驻港部队跨过这条界线的时候，在所有为部队送行的人群中，我们相信，肯定还会有一位老人深情目眺的注视……”

请问：

(1)白岩松为什么要对口岸办公楼发表点评？这样做有何好处？

(2)本案例对非节目主持人有着怎样的启示？

二、综合练习

请分角色扮演新闻发布会中的主持人、发言人、记者等角色，全班参与组织一场新闻发布会。

第九讲　面试与谈判

自古以来，只要有人，冲突和博弈就无处不在。能否处理冲突和博弈，达成最佳方案，则需要技巧，更考验智慧。其中面试与谈判就考验着你我的技巧与智慧。

面试作为人力资源测评的一种手段，广泛地应用于企事业单位、政府、学校等组织的招聘过程之中。在当前中国的就业形势下，求职者面对的竞争越来越大，企业对求职者的要求也越来越高，面试成为就业的重要和关键环节。面试是一个全面展示自己的过程，仅仅掌握知识是不够的，还必须掌握一定的求职技巧，并具有展示自己才华的勇气。要想在人才竞争中脱颖而出，面试起到至关重要的作用，这就要求面试者在面试前充分准备，做到知己知彼；面试中认真表现，充分发挥实力；面试后把握分寸，适时沟通。这样才能有效把握眼前的各种机会，掌握求职择业的主动权，实现成功就业。

谈判，则是一套解决冲突的理论。它可以是一套在信息不对等的前提下，双方被迫进行信息交换的情境策略；也可以是控制冲突，甚至创造冲突，好顺利造势，逼对方上谈判桌；还可以是动之以情，从对方的心理需求下手。所以，学谈判要找的是一个跟自身个性相符合的理论，学谈判就是学解决问题的方式。谈判要用到许多观念和技巧，这些不是人们天生就会的，必须依靠后天学习。

任何人做任何事情都必须在掌握一定理论架构之后，才能够将经验“内化”“生根”，并且“升华”。通过本章的学习，希望大家对面试与谈判有一个全新的认识，并能帮助大家在实际的生活中解决相关问题，提前准备，不打无准备之仗。

第一节　面　试

任务目标

理解和掌握面试的含义、测评内容、技巧以及面试准备。

能够根据具体情况做好面试准备并充分应对面试。

知识要点

一、面试的含义

面试作为人力资源测评的一种手段，广泛地应用于机关、学校、企事业单位等组织的招考、招聘过程之中。近年来，随着国内外学者对面试相关研究的不断深入，对面试的界定也就越加完备，以下是比较有代表性的几种观点。

面试就是一个或多个面试官与一个求职者之间在有限时间内的人际互动，旨在鉴别求职者的知识、技能、能力和行为等方面的特征，这些特征将用于预测求职者在未来工作上的成功。对这种成功的操作性定义包括工作绩效、培训、晋升、任期等方面的指标(Wiesner W H，Cronshaw S F，1988)。

面试就是一种根据应聘者口头回答来预测将来工作绩效的选拔方法(McDaniel，1994)。

面试是一种经过精心设计，在特定的场景下，以面对面的交谈与观察为主要手段，由表及里测评应试者有关素质的一种方式(萧鸣政，1995)。

面试就是根据测评目的的需求，在适宜场景下，面试官以问、听、察等手段，运用多种媒介与应聘者进行全面交流，综合评判应聘者相关素质的一种直观性测评方法(赵洪俊，2003)。

综其所述，所谓面试就是机关、学校、企事业单位等组织在招考、招聘人才过程中广泛使用的一种人力资源测评手段。具体在一定的封闭性环境下，面试官按照相应工作岗位职责要求，通过观察、问询、沟通、测评、情景模拟等多种方式考察评价面试者在相应工作岗位中的综合素质。

结构化面试

结构化面试又称为标准化面试，于20世纪80年代引入我国，此后广泛应用于各领域对人力资源的评价。结构化面试的“结构化”指面试设计参照职位要求、应试者特征，对面试题目、评价标准作适当裁剪，目的是减少面试官评价偏差，提高面试信度和效度。与传统的非结构化面试相比，结构化面试具有更高的信度和效度，它对面试题目、面试测评要素、评分标准、具体操作步骤等进行规范化和精细化设计，并且统一培训面试官，从而使得面试结果更为客观、可靠。同时也更能科学准确地预测求职者在未来工作中取得的成功，对求职者而言更加公平。

近年来，心理学界、管理学界以及来自企业和政府部门的人事测评专家对结构化面试进行反复的研究、验证和创新。关于结构化面试的含义，由于实践领域应用的多元化，导致学术界也有不同的说法。

在面试内容、程序和评价三个方面进行结构化的一种面试形式，包括内容结构化、程序结构化和评价结构化三个方面(Williamson，1997)。

在针对特定工作的所有面试中，始终如一的使用事先确定了答案的一系列与工作相关的问题(吴志明等，1997)。

对试题构成、测评要素、评分标准、时间控制、面试官组成、实施程序和分数统计等各环节，必须事先按结构化要求进行规范性设计的面试测评方法(人事部，2002)。

结构化面试又称结构化面谈或标准化面试，指面试前就面试所涉及的内容、试题、评分标准、评分方法、分数使用等一系列问题进行系统的结构化设计的面试方式。也即对同类被测者，用同样的语气和措辞、以同样的顺序、问同样的问题、按同样的标准评分（秦元元，2004）。

综其所述，结构化面试主要是指针对特定职位的胜任特征要求，遵循固定程序，根据面试要素，制定出题目数量、评分要点、面试流程、面试时间等相关评价标准，通过面试官与应聘者面对面的言语交流，对应试者做出量化分析和评估的面试方式。

二、面试的特点

（一）非结构化面试特点

1. 面试测评要素的确定要以工作分析为基础。

2. 面试的实施过程对所有的应考者相同。

3. 面试评价有规范、可操作的评价标准。

4. 考官的组成有结构。

（二）结构化面试特点

1. 对面试人的技能要求高。

2. 可靠性和准确性比较高。

3. 对考官的知识与经验要求很高。

三、面试的技巧

（一）面试前的全方位准备

1. 面试前的物质准备

人们常言：不打无准备之仗。凡事预则立，不预则废，有充分的准备，方能战无不胜，攻无不克！因此在去面试之前，准备工作马虎不得。在寄出求职信的同时，应该把每个求职单位的求才要求剪辑记录下来，以便在收到面试通知时进行查阅，避免张冠李戴。接到面试通知后，要搞清楚究竟在何处上下车、转换车。要留出充裕的时间去搭乘或转换车辆，包括一些意外情况都应考虑在内，以免面试迟到。求职记录本应该随时带在身边，以便随时记录新情况或供随时查询。

2. 面试前的心理准备

目前职场找工作竞争非常激烈，求职者挖空心思、想尽各种办法去求职，但是，许多时候都非常的盲目，其中重要的原因就是对职场的迷茫、对自身认识不足和没有做好有针对性的准备。择业的过程，是一个复杂的心理变化过程。面试者是在通过竞争谋求职业，成功的关键在于自己的才能以及临场发挥情况。面对严峻的就业形势，面对众多的竞争对手，要想获得择业的成功，没有充分的心理准备，没有良好的竞技状态是不行的。俗话说："天生我材必有用。"首先，必须告诉自己不用紧张，进行自我暗示，自我鼓励，自我调适。其次，要有自信心，要正确认识面试，不要把它看得过于严重，要相信自己是能够成功的。豁达的应试者，往往会获得更好的成绩。

3. 制作有特色的求职简历

求职简历要突出“简”“历”。“简”，内容简洁、易懂、清楚，长篇大论而不知所云的简历是不招人喜欢的；“历”，重点突出面试者掌握知识、能力、发展潜力及学习、实践经历。求职简历中要反映出对即将进入的应聘单位的渴求及对应聘职位信息的了解情况，这是招聘者最为关心的。当然对求职简历的“包装”不能含大量“水分”，包装过头的简历会使招聘单位反感。

4. 面试前的提问准备

单位为什么要面试？这是单位了解应聘者对工作的态度以及身在社会中一些必备常识的好方法。假若想要有立即回答的本事，那么平常就应多注意媒体报道，特别是关于希望进入行业的消息。在用人单位的面试过程中，最大的困难就是如何回答面试人员的问题了。这就需要你好好准备，加上临场镇定的表现和充分发挥，灵活机动，就有助你轻松过关，争取求职成功。

5. 面试前的仪表仪容准备

面试者要注意自己在面试中的仪表仪容问题，仪表大方、举止得体，与应聘职位的身份相符合，给招聘人员留下大方、干练的良好印象。仪表修饰重要的是干净整洁，不要太标榜个性，除了应聘娱乐影视广告这类行业外，最好不要选择太过突兀的穿着。

（二）面试语言的技巧

1. 把握交谈机会，不要沉默不语

在交谈中，愉快的是双方畅所欲言。应聘者应抓住机会，消除顾虑和紧张，努力营造一种良好的谈话氛围，充分展示和表现自己。应该了解应聘职位的工作职责及理想人选应具备的资格，这样你就占据了主动，可以根据应聘单位的需要来描述你过去的成就。如果你感觉实在无话可说，也可以利用机会提点问题，但问题要有一定的水平，向用人单位表现你的见解。

2. 要能机智应变，不要呆板教条

面试时，招聘者提问方式各不相同，应聘时要随机应变，灵活应对。有的招聘者喜欢一本正经的提问，对主题无关的话题不问，希望回答者作答要简单干脆；有的招聘者讲话客气，面试的问题条理性较强，应聘者就要表现出热情、友善，多用“我们”而少用“我”，切忌贬低别人抬高自己；有的招聘者喜欢自己先述说较多的内容，中间冷不防提出一两个问题，应聘者与这样的招聘者交流时，要表现出对他的谈话感兴趣，并要恰到好处地做到一唱一和；还有的招聘者用理智和道德来面试，经常提出人生观、价值观等方面问题，应聘者在回答他们的提问时要思路明确，理论联系实际，合乎社会规律和道德要求。总之，在交谈中，用人单位所谈的不一定都与专业有关，这时，你应小心对答，千万不要匆忙回答。对没有准备的问题，也不要呆板地说“我不知道”，这将反映出你知识面窄，应变能力差。而应采用试着请对方多谈一些这方面的事情，以转移话题。

3. 要自信展示自己，不要随便附和

在众多的面试求职者面前，个别应聘者会有自卑感，实际上，这种想法是没有必要的。首先要认识到在激烈的人才市场上，敢于竞争就能掌握主动权，缺乏自信的人，往往成为失败者。其次要看到每位应聘者都有自身的优势和特长，不要过分表现自己，也不要在交谈中对用人单位所谈问题一味地随声附和，在适当情况下偶尔表明一下不同意见，效果会出奇的好。

4. 要努力谦虚平和，不要与人争论

谦虚是人的美德。在面试时，要表现出求职者的谦虚、诚恳。听人讲话要聚精会神，不可漫不经心，在听人讲话的过程中，要通过点头、微笑、手势、体态等不同的方式做出积极反应。在自我介绍时，应当留有余地，不要过分夸耀自己的成绩和长处，应用客观的语言来叙述。在面试过程中，对有些问题，双方有不同的看法是正常的，但你要委婉避开谈另外的问题，千万不要与主考官激烈争论。

（三）面试礼仪技巧

1. 着装大方得体

面试时你的着装搭配很重要，直接影响着用人单位对你的总体感受。服饰要给人以整洁、大方的感觉，穿着应庄重。同时，装束打扮一定要与谋求的职位相称，并且准备好与职位相吻合的“道具”。身上穿的、手上戴的均能反映出对求职申请的职位的理解程度。若应聘银行、政府部门，穿着偏向传统正规，应聘公关、时尚杂志等职位，则可适当在服装上加流行元素。得体的装束可给人留下良好第一印象，也是获得面试成功的关键之一。

2. 言谈举止文明

应聘者在面试过程中表现出的形体语言是面试成败的又一关键。如果对方约自己面谈，一定要感谢对方给自己这样一个机会，如果是自己约对方面谈，一定要表示歉意“对不起，打扰您了”等等；面谈时恰当的眼神能体现出智慧、自信以及对应聘单位的向往和热情。要真诚礼貌地注视对方，表示对他的话感兴趣，绝不要东张西望，心不在焉。切忌面试时过于紧张，不知所措，或侃侃而谈，手舞足蹈，不要有太多的小动作，比如抓耳挠腮、耸肩，这些都是不成熟的表现。

3. 讲信用守时间

要按时到面试地点，千万不能迟到。最好提前10分钟到达面谈地点，以表示求职的诚意给对方信任感。如果让用人单位等几十分钟，后果可想而知。另外，缺席也是万万不可的，如果你真的因病或其他突发事故无法面试，应事先告知对方，请他们及时调整时间或另行安排你的面试。

（四）面试后的妥善处理

1. 回顾总结

面试一结束，应该对自己在面试时遇到的难题进行及时回顾，重新考虑，如果下次自己再遇到这样的问题时，该如何更好地回答，同时要尽量记下面试时与你交谈的人的名字和职位，日后需要联系时用得着。

2. 不要过早打听面试结果

在一般情况下，考官每天面试结束后，都要进行汇总、文字组织和上报，后确定录用人选，可能要等3~5天，求职者在这段时间内一定要耐心等候消息，不要过早打听面试结果。

3. 面试后的致谢

面试后的致谢是十分重要的，因为这不仅是礼貌之举，显示个人修养，也会使主考官在作决定之时对你有印象，在面试后的两天内，可以给某个具体负责人写一封短信或打个电话，在信里或电话中应该感谢他们为你所花费的精力和时间及提供的各种信息，同时也可以趁着这样的机会再一次重申你的优点，表现出你对应聘职位十分感兴趣，进一步强调你能为公司的发展做出的具体贡献，并表示你希望能早日听到公司的佳音。哪怕他们已经暗示你可能落选了,寄一封短信虚心地向招聘者请教你有哪些欠缺,以便今后改进,同时说明你即使没有成功但也很高兴有面试机会。这样做不仅仅是出于礼貌,而且还能使招聘者在其公司出现另一个职位空缺时心里想着你,创造出一个潜在的求职机会。

四、面试测评要素

《国家公务员录用面试暂行办法》(2001年6月28日人事部人发〔2001〕65号发布)第九条中规定的国家公务员面试测评要素:综合分析能力、言语表达能力、应变能力、计划组织协调能力、人际交往的意识与技巧、自我情绪控制、求职动机与拟任职位的匹配性、举止仪表和专业能力。

(一)测评要点

1. 综合分析能力

对事物能从宏观方面总体考虑;对事物能从微观方面考虑其各个组成成分;能注意整体和部分间的关系及各部分间的有机协调组合。

2. 言语表达能力

理解他人的意思,口齿清晰、流畅;内容有条理、富有逻辑性;能理解并具有一定说服力;用词准确、恰当、有分寸。

3. 应变能力

有压力状况下思维反应敏捷;情绪稳定,考虑问题周到。

4. 计划组织协调能力

依据部门目标,预见未来的要求、机会和不利因素,并做出计划;看清冲突各方面关系;根据现实需要和长远效果做适当选择;及时做决策;调配、安置人、财、物等有关资源。

5. 人际交往的意识与技巧

人际合作主动;理解组织中权属关系(包括权限、服从、纪律等意识);人际适应;有效沟通(传递信息);处理人际关系原则性和灵活性相结合。

6. 自我情绪控制

在较强的刺激情境中,表情和言语自然;受到有意挑衅甚至有意羞辱的场合,能保持冷静;为长远或更高目标抑制自己当前的欲望。

7. 求职动机与拟任职位的匹配性

兴趣与岗位情况匹配;成就动机(认知需要、自我提高、自我实现、服务他人的需要,得到锻炼等)与岗位情况匹配;认同组织文化。

8. 举止仪表

穿着打扮得体;言行举止符合一般的礼节;无多余的动作。

9. 专业能力

专业知识和相关知识。专业知识包括专业的基本概念、基础理论、基本框架和基本常识以及本专业的来龙去脉和前后动态。相关知识即相近或交叉专业的有关知识,这些知识的了解有助于本职专业知识的深化和提高。衡量标准为:一是针对部门、职位工作特点有正确的了解与认识。二是能够利用专业素养熟练处理工作中可能遇到的情况。

表9-1　面试评价标准表

测评要素	评分标准	等级	分数
综合分析能力	好:能够从宏观和微观角度对事物予以考虑,能注意整体和部分间的关系及各部分的有机协调,考虑问题很全面	A	10~8
	中:能在一定程度上从宏观和微观角度考虑事物及其组成部分,但在考虑问题的全面性上有所欠缺	B	7~5
	差:考虑问题不全面,很难从宏观或微观角度考虑问题,很难注意到整体和部分的关系及各部分的协调	C	4~1
语言表达能力	好:能够清晰准确表达自己的观点,简洁明了,重点突出,条理逻辑性强	A	10~8
	中:能够清楚表达自己的观点,但在用语简洁、条理上有所欠缺	B	7~5
	差:自我观点表达模糊不清,他人理解较为困难,可能出现重复啰唆、用词不准确、无条理性等问题	C	4~1
应变能力	好:能对事物的变化迅速做出反应;具有较强的应急能力;处理问题恰当、得体。心理承受能力强	A	10~8
	中:能对事物的变化做出反应;具有一定的心理承受能力	B	7~5
	差:对事物的变化、发展反应迟钝,不知所措,容易受外界干扰产生情绪失控	C	4~1
计划组织协调能力	好:能够依据目标,准确预见未来要求、机遇和不利因素,并做出详细计划;能够理清冲突各方面关系,及时恰当决策;能够合理调配、安置人、材、物等有关资源	A	10~8
	中:能够依据目标,准确预见未来要求、机遇和不利因素,但在计划上有所欠缺;能够在一定程度上理清冲突各方面关系,按时做出决策;在协调各种资源上有所欠缺	B	7~5
	差:难以分解目标,不能对未来发展做出预测和计划;无法理清矛盾各方面关系,不能及时合理决策,难以协调、安置人、财、物等有关资源	C	4~1
人际交往的意识与技巧	好:能够有效沟通和准确传递信息;在人际合作上积极主动,能迅速适应人际变动;能够清晰理解组织中权责关系;处理人际关系原则性和灵活性相结合	A	10~8
	中:能够在一定程度上保证沟通的有效性和信息传递的准确性;在人际合作上较为主动,但是适应变动的时间较长,处理人际关系时一般能结合原则性和灵活性	B	7~5
	差:难以有效沟通和准确传递信息;在人际合作上被动,很难适应人际变动;对组织中的权责关系理解错误;对人际关系的处理缺乏灵活性	C	4~1
自我情绪控制	好:能够在较强的刺激情境下,保持冷静,表情和言语自然;不暴露消极情绪,能够抑制欲望	A	10~8
	中:在较强的刺激情境下,基本能保持冷静,不暴露消极情绪	B	7~5
	差:在刺激情境下,情绪激动,言辞犀利,难以正常作答;释放消极情绪,回应挑衅,对他人不尊重	C	4~1

续表

测评要素	评分标准	等级	分数
求职动机与拟任职位的匹配性	好:成就动机(认知需要,自我提高、自我实现、服务他人的需要,得到锻炼等)与岗位情况匹配高度一致;十分认同组织文化	A	10~8
	中:成就动机(认知需要,自我提高、自我实现、服务他人的需要,得到锻炼等)与岗位情况匹配基本一致;能够认同组织文化	B	7~5
	差:成就动机(认知需要,自我提高、自我实现、服务他人的需要,得到锻炼等)与岗位情况匹配不太一致;不能认同组织文化	C	4~1
举止仪表	好:仪表端庄得体,举止大方有礼,无多余动作	A	10~8
	中:穿着打扮正式,言行举止符合一般礼节	B	7~5
	差:穿着打扮不得体,举止不得当,多余动作多	C	4~1
专业能力	好:针对部门、职位工作特点有正确的了解与认识。能够利用专业素养熟练处理工作中可能遇到的情况	A	10~8
	中:针对部门、职位工作特点能基本了解与认识。能够利用专业素养处理工作中可能遇到的一般情况	B	7~5
	差:针对部门、职位工作特点不太了解与认识。不能利用专业素养处理工作中可能遇到的情况	C	4~1

(二)测评题目举例分析

1. 请您先做个自我介绍。——言语表达能力

(2014年国家公务员考试2月11日国家安全局,面试真题)

2. 目前海事搜救工作如果确定遇难人员无生还可能,就会放弃搜救。有人认为,应当尊重中国传统的观念,只要有一线希望就应当全力救援。你怎么看这个问题?你更赞同哪种看法,并说明原因。——综合分析能力

(2014年国家公务员面试真题之辽宁海事局,面试真题改编)

3. 你在校期间有组织过什么活动吗?请举例说明,并说明期间遇到了什么样的困难,怎么样进行处理的。——计划组织协调能力

(2010年3月4日下午安徽公务员考试,面试真题改编)

4. 请你列举一下平时与人产生矛盾,且顺利解决的事例,并说明如何解决的,解决的效果如何。——人际交往的意识与技巧

(2013年天津市公务员考试,面试模拟试题改编)

5. 单位让你负责组织团队参加广场舞比赛,临近比赛,跳舞的骨干演员不慎受伤,需要调整人员,人员调整后,因时间紧迫,团队选择在就近的公园训练,此时,附近居民告知你,这打扰到他们的日常生活,你要怎么处理?——应变能力、人际交往的意识与技巧

(2014年2月20日国考贵州出入境检验检疫局,面试真题)

五、STAR面试技巧

行为面试法的一种,是一种更加专业化的招聘方法,有利于有效地从应聘者叙述的行为事件中挖掘出他或她是否具有应聘岗位所要求的素质,是目前比较流行的面试方法。

（一）STAR作答原则

在面试过程中，应聘者基于面试官问题围绕自身过去工作、生活中实际发生的案例，就其发生情境（Situation）、需要完成任务（Task）、应聘者采取行动（Action）以及行动结果（Result）这四个要素进行作答，通过对过去行为表现的描述来证实自身素质与能力适合所招聘岗位的要求。

S即应聘者从事过的某项事件所处的背景。应聘者通过描述与工作业绩有关的背景，向面试官展示业绩与个人的关联度。

T即应聘者为完成上述事件所承担的工作任务。应聘者通过描述工作任务和任务的具体内容，展示自己的工作经历和经验。

A即应聘者为完成上述工作所采取的行动。应聘者通过描述完成工作的过程和采取的行动，展示自己的工作方式、思维方式和行为方式。

R即应聘者在完成上述工作任务后得到的结果。应聘者通过描述每项任务在采取了行动之后的结果和结果分析，展示自己的工作业绩和反思精神。

（二）STAR原则

1. 从正向事件开始。
2. 遵循事件顺序。
3. 探究时间、地点、心情，帮助回忆。
4. 强化、多说有用素材。
5. 关注面试官的情绪反应。
6. 一次描述一个情况、行为模式。

（三）举例

请谈一下你印象最深的这样一个经历：你和企业高层或你的同事在解决某问题上有不同的看法，当时你是如何处理你们之间的分歧的？

答题角度：

这件事发生在什么时候？——S

你要从事的工作任务是什么？——T

接到任务后你怎么办？——A

你最后完成任务的情况如何？——R

场景模拟实训

请根据答题的四个角度在下面的论述中提取信息。

提到这个问题，让我想起有过这么一件事儿：那是2019年3月份，我们公司开高层会议。当时公司业务正处于不断拓展中，我们在全国很多大中城市都设立了分支机构或者办事处。这样难免就遇到各地薪酬标准不一样的问题，有时一个地方都会出现几套不同的薪酬标准。公司当时也没有什么成熟的员工驻外薪酬标准管理方面的制度，所以这种内部不均衡造成很多员工对工资不满意，有的甚至就因为这个跳槽。

这问题总得解决吧，所以我就向公司提出进行人力资源的集中化管理。当时几乎其他所有人都不支持我这么做，他们反对我，觉得各城市的自行管理，正好可以使人力资源工作与当地实际情况相结合，而且这事儿一直以来也没出现什么大问题，没有费力解决的必要。但是我认为，这终究还是存在问题的，所以我就通过对公司的人力资源集中化管理进行利弊考证，得出基于企业未来战略发展，集中管理势在必行的观点。然后，经过充分的纵向和横向沟通，最后还是得到了公司的大力支持。

(1)这件事发生在什么时候？——S

2019年3月份，当时公司业务正处于不断拓展中，在全国很多大中城市设立了分支机构或者办事处。由于公司当时也没有什么成熟的员工驻外薪酬标准管理方面的制度，各地薪酬标准不一，很多员工对工资不满意，有的甚至就因为这个跳槽。

(2)你要从事的工作任务是什么？——T

向公司提出进行人力资源的集中化管理。

(3)接到任务后你怎么办？——A

几乎其他所有人都反对我。我就通过公司的人力资源集中化管理进行利弊考证，得出基于企业未来战略发展，集中管理势在必行的观点。然后进行了充分的纵向和横向沟通。

(4)你最后完成任务的情况如何？——R

得到了公司的大力支持。

请您根据桌子上的纸条提示，按照STAR原则组织相应材料。

非常感谢您的配合！

第二节　谈　判

任务目标

理解和掌握谈判的含义、要素及流程。

能够根据具体情况做好谈判准备并充分应对谈判。

知识要点

一、谈判的含义

什么是谈判？有人认为谈判就是相关各方斗智斗勇的过程。持这种观点的人认为谈判好比战斗，要讲究攻防战术，也就是要讲究谈判的策略。对于一个好的谈判者，就必须认真学习“兵法”，历练锐利的双眼和犀利的言辞，才能在谈判中掌握问题的重点和难点，获取谈判利益的最大化。

也有人认为谈判就是解决问题的方式。当谈判相关各方在争取其最大利益时，谈判是唯一能够让他们坐下来谈谈，协调出一个解决问题的方案和措施。持这种观点的人认为谈判不是战斗，它是一个共同解决问题的过程。通过谈判，冲突关涉各方得以共同决策，设法找到双方立场的利益最高点。这种谈判就是通过协商达到谈判的“双赢”。其实这是谈判的最高境界。

以上两种关于谈判的看法都是正确的。谈判确实需要各方斗智斗勇，谈判也是共同解决冲突的途径，这是要由谈判的性质来确定的。面对不同的谈判性质，应该采用不同的方法来应对。

由此，谈判应该是相互需要的各方，通过协商而解决冲突，共同做出决定的沟通过程。

二、谈判冲突的七个要素

（一）利益

利益是指谈判中有关各方的真实诉求。这个真实诉求并不是谈判时的表面说辞，而是内心最为真实的需求。任何一场谈判都是有背后的利益的，谈判的沟通过程就是发现相互间利益的过程。而现实生活中的利益可能不是那么明显地显现出来，但也并不是不能发现，谈判中的沟通正好解决了这一难题。

（二）标准

标准是指谈判中有关各方当有分歧或者疑惑的时候，可以引入用来解决冲突的客观尺度。谈判标准的引入或者确定对于谈判中有关各方的利益参照至关重要，它会直接影响谈判的结果。比如，工人在工资待遇方面与工厂存在较大的分歧时，如要通过谈判来解决，那么就要提出一个工资的参照标准来。这就会去思考当时的市场价值是多少，当时市场平均工资是多少，等等。通过这样的客观参考，就可以帮助我们在谈判中明确若干判断。

（三）选项

选项是指谈判中解决冲突的方案。谈判有关各方找到相互间的利益点后，进行共同探讨、协商，如何才能尽可能地满足各自的利益诉求。这样就能相互尊重对方的价值和诉求，共同提出实现“双赢”的选项。

（四）替代方案

替代方案是指谈判中有关各方在各自的利益诉求皆不能达到时，也就是谈判无法完成时提出的相对较好且较为可行的途径。从理论上讲，替代方案可以是无穷的。比如，到美食街享用美食，计划中到喜爱的某一家餐馆就餐，而这一家餐馆暂停营业或者需要等待很久时间自己却没有时间等待时，能找到满足自己吃到美食愿望的其他餐馆就餐。

（五）沟通品质

沟通品质是指在谈判中交流的元素，它贯穿谈判的始终。良好的沟通品质是指能在谈判中做到鼓励对方的发言、保持情绪上的互动、理解对方同时能达到情感上的共鸣；能有效控制个人情绪，能有效对谈判方向进行影响和管理。

（六）人际关系

人际关系是双方的事情，但若一方努力，关系便有改善的可能性，因为人们的态度会相互影响。我们不可能爽爽快快地解决所有分歧，但是可以做出选择，改变现状。良好的关系是各取所需。

（七）承诺

在经过沟通和讨论后，最终我们需要达成一个清晰的协议，从而确证彼此的承诺。比如在球员签约时，合同上对于上场时间要写明数字和场数，还要考虑假如受伤怎么处理，而不是仅仅凭借球员的状态来。所以承诺一定要达成预期的目标，要有可预见性。

三、谈判的步骤

有效达成谈判是需要进行积极准备的，在构建谈判时，需要事先构建自己的谈判体系，形成系列有效的流程，这个流程就是谈判的步骤。谈判一般分成五个步骤。

第一步骤：谈判前的准备。

谈判者在谈判前首先需要做好心理上的准备，要思考你想从交易中得到的结果以及你如何与对方合作并达成目标。这就要求谈判者做好心理的转换，从冲突的心理中走出来，采取合作性态度并朝着达成让双方获得更大更多的利益的协议方向而努力。对于谈判者在心理上的准备需要注意以下几个事项。

一是要秉持平等第一的原则。谈判有关各方因某些问题的分歧需要通过谈判来解决，谈判者之间首先地位上就是平等的，要相互尊重对方的诉求，绝对不能是一方凌驾于另一方之上，否则，就是不平等的谈判。需要考虑的问题有：作为谈判的双方，谈判地位是否平等？你是否想要和对方达成协议？对方是否想要和你达成协议？等等。

二是要充分了解谈判对象的四个问题，即过去、偏好、偏见和性格。充分认识到：他们有怎样的经历？他们喜欢什么？什么量变会特别吸引他们？他们不喜欢什么？什么量变不值一提或者不予讨论？他们是什么样的人？我们需要知道关于他们的哪些特点来帮助我们更有效地进行谈判？以上这些问题的心理准备对于将要进行的谈判十分重要。

三是在以上准备的条件下列出一份计划。这个计划就是谈判的工作清单，清单的内容包含你和对方各自的期望、意图、需求（上线、中线和下线），尤其是要确定自己需要的“红线”。一般而言，划定清晰的红线是有效谈判的绝对需求。红线是你为了达成协议所能触及的最低点，是在达成协议时不可逾越的界限。如果越过这个红线，当对方不能满足你的诉求时，谈判便无须进行了。只有明确了清晰的红线，你在谈判中才会更加自信和清醒。清单的内容还需要包含当谈判不能实现时，筹备的其他选项是什么。

四是要站在对方的立场上进行自查清单准备，寻找谈判双方的“绿色地带”。这个准备的内容清单有：列出对方的上线、中线和下线；你认为的对方的红线；有可能出现在对方的变量；谈判有关各方的绿色区域有多大，能否在这个区域里看到协议的空间，一般而言，这个绿色区域越大，就越有可能得到一个让谈判有关各方都有利的协议。

第二步骤：讨论。

谈判就是要让需要谈判的有关各方来谈。为了达成一个让双方真正受益的协议，就需要谈判的有关各方坐下来坦诚地讨论所有的问题。讨论时，可能谈判者并不都是熟悉合作谈判原则的人，因此需要你利用谈判讨论的机会让他们知道合作可以带来更多的可能性。在谈判理想状况下，讨论应该是面对面进行的，也是唯一的选择。还要利用讨论的机会，找到达成对谈判有关各方都有利的途径。

讨论要围绕两个核心来完成。第一个核心是秉持合作的心态。合作的心态是有效完成谈判的基础，合作的态度要求谈判者坦诚相待，倾听相互间可能不愿意听的，同时要积极分享各自的立场，及时让对方了解你的诉求。第二个核心是寻求谈判有关各方都受益的协议点。这就要充分利用讨论的机会探讨谈判有关各方间的绿色区域，充分扩展绿色区域的空间，寻找各自底线以上清单的共鸣点。

需要注意的是，讨论要讲究语言技巧。讨论阶段谈判者所问所说的每一句话都可能被对方理解为最终结果的期待，因此讨论阶段特别要注意言辞。不能在提问中暗示任何东西，也不能在倾听中去随便推测，以免有关各方产生不合理的期待。出于以上考虑，谈判者在讨论时，为了更好地表达自己的观点，往往采用条件句式，其主要构成是“如果……你会……”。正确地使用这种句式，可以确保你所提议的事情在达成共识的背景下被清晰地了解。如，“如果我们可以留一些材料给你短期使用，会对你有用吗？”“如果我们要求你提前几个星期搬迁，你会考虑吗？”，等等。

第三步骤：提案。

谈判在经历有关各方的共同讨论之后，就需要提出一个公开的提案，这个公开提案对于达成协议至关重要。提出一个好的提案有助于谈判对方做出决定，并形成一个意向协议。在提案中写出你希望在最终协议中出现的重要条款，有助于加快谈判的进程。但是提案的内容不能太多，应该让提案看起来容易让人接受，哪怕是一些可能会在最终协议里要舍弃的内容，也要列入进去。

谈判者在提案阶段一般可以参照如下清单来思考：提案是否呈现并明确了提案中关键元素的好处？是否在提案中给出了满足对方没有满足的诉求？提案是否足够高于对方的红线，留有对协议商讨的空间？提案是否能够让对方看起来容易接受？

第四步骤：议价。

议价是谈判中十分重要的阶段。它是针对谈判有关各方通过讨论之后提出的提案进行协商的必备步骤。议价往往不是在短时间里就能完成的，它需要经过谈判有关各方进行周密的考量，这会减缓谈判步伐，甚至暂停。这就要求谈判者之间需要保持合作，保持谈判有关各方拥有合作的积极态度和坚守在协议的绿色区域，这样就不会受人牵制，陷入谈判的劣势之中。

第五步骤：达成协议。

达成协议不仅仅是谈判的一个阶段，同时也是一种态度。在谈判中达成协议常常通过如下自查清单来审视谈判成果。清单如下：你是否同意协议的条款并将以谈判有关各方都同意的形式写下来？谈判各方的承诺是否被明确写出？是否约定了保存协议的地方，并制定了将来出现分歧的仲裁人？协议是否具有明确性和法律强制性？

四、冲突风格测试

(一)理查·谢尔的冲突风格量表

这份量表由美国宾夕法尼亚大学沃顿商学院的教授理查·谢尔设计，旨在通过选择，判断人们的冲突风格类型。和所有量表一样，请你不要仔细思考，仅凭第一直觉快速地做出选择。在完成量表的过程中，你可能会发现有的题所有选项都不符合你的偏好，那就选择那个与你的偏好较为接近的一个。完成问卷后，统计一下自己A B C D E不同选项的数量，并记下哪一个或两个的数量最多。

1. E——我尽力保持同对手的关系
   B——我试图确定潜在的问题
2. D——我设法缓和紧张局面
   A——由于我坚持立场，对手做出让步
3. E——我关注如何解决对方的问题
   D——我试图避免不必要的冲突
4. C——我寻求公平的妥协
   E——我努力保持关系
5. C——我建议达成公平的妥协
   D——我避免个人对抗
6. C——我谋求在双方立场的中点达成共识
   B——我探寻导致分歧的症结所在
7. D——我巧妙地解决了很多分歧
   C——在谈判的过程中我希望“有付出，有收获”
8. A——我清楚地表明了自己的目标
   B——我集中注意力考虑对方的需求
9. D——我更希望避免与他人发生冲突
   A——我拿出强有力的论据说服对方
10. C——我通常愿意妥协
    A——我喜欢使别人让步
11. B——我坦率地说出双方存在的分歧
    E——与迫使对方做出最后让步相比，我更在乎关系
12. D——我试图避免不必要的个人冲突
    C——我寻求公平的妥协
13. C——我做出让步，期望对方同样如此
    A——我努力实现所有的谈判目标
14. A——我喜欢迫使对方让步，而不是自己让步
    E——我努力维持关系
15. E——我迁就对方的要求，以便维持关系
    D——只要有可能我就会和对方发生对抗
16. E——我试图满足对方的需求
    A——我努力实现所有目标
17. A——我一定会和对方讨论我的目标
    D——我强调双方的共同之处
18. E——我总是在寻求建立关系
    C——我做出让步，期待对方同样如此
19. B——我指明双方的所有分歧，并和对方讨论
    D——我试图避免冲突
20. A——别人做了让步

E——我尽力维持关系

21. B——我指明双方的所有分歧,并和双方讨论

C——我寻求也许能缩小分歧的妥协

22. E——我同对方建立良好关系

B——我提供包含双方利益的选择

23. C——我寻找中点

A——我努力在谈判中实现目标

24. B——我指出双方所有分歧,寻求解决方案

D——我试图避免不必要的冲突

25. E——我试图同对手保持关系

C——我寻求公平的妥协

26. D——我强调双方在哪些问题上取得共识

B——我说出双方未能取得共识的问题

27. A——我努力实现目标

B——我关注对方的需求

28. C——我寻求公平的妥协

B——我试图确定所有潜在的困难

29. D——我避免不必要的争论

E——我集中精力解决对方的问题

30. A——我努力实现目标

B——我设法满足对方的需求

如果你的A较多,则表明你更重视自己的利益和需要,而不重视对方的相互关系——属于竞争型人格(Competing)。

如果你的B较多,则表明你既重视自己的利益与需要,也重视与对方的相互关系——属于合作型人格(Collaborating)。

如果你的C较多,则表明你试图在利益和关系之间找某种妥协——属于妥协型人格(Compromising)。

如果你的D较多,则表明你既不重视与他人的相互关系,也不重视自己的利益与需求——属于回避型人格(Avoiding)。

如果你的E较多,则表明你更重视和对方的相互关系,而不重视自己的利益和需求——属于退让型人格(Accommodating)。

我们用一个场景说明一下这五种冲突解决的偏好吧。假如你和一位朋友走在路上,你们突然看到了不远处的路上有一张100元钞票。

竞争型:快走几步上前,迅速捡起,然后若无其事地继续前进。

回避型:多一事不如少一事,假装没有看见有钞票的存在,其他事情不再关注。

退让型:捡起钞票,然后和朋友讲,你说怎么分就怎么分。

妥协型:捡起钞票,然后和朋友讲,我们一人五十如何?

合作型:捡起钞票,然后和朋友讲,100元不是大钱,干不了什么,分不了多少,要么我们一起想一想这个钱还能用来干什么,有没有可能创造超过100元的其他利好。

（二）五种类型的事件

1. 竞争型事件

这件事我需要赢得利益，但无须太在乎关系——如所有不重复的，单次交易，在旅游景点购买纪念品——我将选用竞争性的策略。

2. 合作型事件

这件事我需要赢得利益，但也需要维持好与对方的关系——多数可持续的合作都是如此——我将选用合作性的策略。

3. 妥协型事件

这件事我没有清楚的观念利益和关系何者更重要，我将采取折中妥协的策略。

4. 回避型事件

这件事我觉得利益不重要，关系也不重要，多一事不如少一事，如因为生活琐事而和陌生人发生小口角，这样的争议应该避免。

5. 退让型事件

这件事关系非常重要，利益则次要，我将采取退让的策略，在利益上给予对方更多的让步。如在家事情景和紧密的朋友圈子，和我们最关心的人们之间的沟通。

不要意气用事，而是先大致了解和研判事件的性质以及自己的感受，然后再配置对应的冲突解决策略。

场景模拟实训

下面这个小练习需要你找到几个小伙伴共同完成，这个练习的目的是让你在游戏中体验博弈。我们需要一位主持人和四位游戏者。对于游戏者而言需要知道如下信息。

四个游戏者知悉的信息：

四人一桌，每人手中准备两张小纸片，分别写下X和Y，接下来将完成十轮出价。

每次出牌（X或Y）请选择一张纸片展示给同一桌的另外三位同伴，即你只能出X或Y中的其中一张。不要让别人提前看到你的选择，大家应该同时亮出自己的答案。

在第一次出价前，大家不能讨论，但可以自己单独研究出牌策略两分钟。

之后，大家视其他成员的出价情况即可连续出价；每一次出价后，在表格右边三列记录大家每次的出价、每次的得分和累积得分。

所有游戏者的目标都是一样的，赢得越多越好。

当然，每一轮不同的出价，你获得的积分就会不同，积分规则如下：

4个人都出X：每人－1分。

3个人出X，1个人出Y：X＝＋1，Y＝－3。

2个人出X，2个人出Y：X＝＋2，Y＝－2。

1个人出X，3个人出Y：X＝＋3，Y＝－1。

4个人都出Y：每人＋1分。

游戏题目：赢得越多越好

序号	讨论	福利	选择(X/Y)	本次得分	总得分
1	否	否			
2	否	否			
3	否	否			
4	否	否			
5	是	是			
6	否	否			
7	否	否			
8	是	是			
9	否	否			
10	是	是			

只能由主持人知悉的信息:

1. 主持人要及时制止游戏成员在非讨论时间中的相互交流,敦促大家同时亮出答案。

2. 在第五回合出牌前,大家可以讨论三分钟,结果里有福利,最后无论受益正负都翻三倍。

3. 在第八回合出牌前,大家可以讨论三分钟,结果里有福利,最后无论受益正负都翻三倍。

4. 在第十回合出牌前,大家可以讨论三分钟,结果里有福利,最后无论受益正负都翻三倍。

结束后,我们对比每一组每个同学的评分,看一看谁胜出了。

第十讲　体态与礼仪

语言是传递信息的声音，是人类重要的交际工具。人与人之间的沟通离不开语言，它既是人类交流思想的媒介，也是保存和传递人类文明的重要方式之一。说到语言，人们脑海里通常浮现的是文字，事实上文字只是语言之一，人们使用语言的方式还有一种，即肢体行为，也就是体态语。体态语是语言中的一种，属于图像符号系统。指的是在交流中人们运用表情、动作、体姿、身体空间距离等身体变化，作为传递信息、交流思想情感的辅助工具的非语言符号。美国早期研究肢体语言的人类学家、宾夕法尼亚大学教授雷·博德惠斯特尔通过调查研究得出了一个结论，他认为在面对面的交流中，人的有声语言占交际信号的比例低于35%，而65%的交际信号是无声的。这些无声的交际信号实际就是人的表情、动作等肢体语言。体态语不仅能产生直观阐释性，能促进沟通交流，还能发挥审美功能，在视觉、文化和精神上给予人们审美享受。

礼仪是人们在社会交往活动中，为了相互尊重，在仪容、仪表、仪态、仪式、言谈举止等方面约定俗成的，共同认可的行为规范。孔子说过："礼者，敬人也。""礼"是一种道德规范，体现为尊重，在人际交往中，既要尊重别人，更要尊重自己。礼仪需要一定的表现形式，"仪"就是恰到好处地向别人表示尊重的具体形式。礼仪是人类为维系社会正常生活而要求人们共同遵守的基本道德规范，它在人们长期共同生活和相互交往中逐渐形成，并且以风俗、习惯和传统等方式固定下来。对人来说，礼仪是一个人的思想道德水平、文化修养、交际能力的外在表现；对社会来说，礼仪是一个国家社会文明程度、道德风尚和生活习惯的反映。礼仪是人际交往的艺术，在现实生活中不可或缺。

第一节　体　态

任务目标

理解和掌握体态语的含义、类型、特点及注意事项。

能够准确使用各种体态语。

知识要点

一、面部体态

面部体态在体态语中是使用最多，也是最为复杂的一种。面部各个器官在表情达意时相互作用，共同组成了“面势语群”，也就是说人的面部各个器官的动作变化既是独立的，更是一个相互紧密联系的复合体。如眼部体态既是独立的，但更多时候是和嘴、手或脚配合使用，由单一体态演变成复合体态，充分表达体态实施者的思想、情感、习惯、性格等变化，传递复杂的信息。为进一步了解面部体态，下面将对各主要体态进行拆分介绍。

（一）眼部动作

眼睛是人类感觉器官中最重要的器官，由眼球和眼的附属器官组成，主要部分是眼球。人的大脑中大约有80%的知识都是通过眼睛获取的。不论是读书认字还是看图赏画，不论是看人还是欣赏美景都是通过眼睛完成的。眼睛能辨别不同的颜色和亮度的光线，并将这些信息转变成神经信号传送给大脑。所以，难以想象没有眼睛，人类的生活将是怎样的情景。科学家通过观察研究发现，动物因外界条件的刺激，眼睛会发生明显变化，人类也是如此。比如面对积极的刺激物、情绪饱满、精力集中时，人的瞳孔会变大，眼神会熠熠生辉；面对困境或者情绪激动时，即便眼神会发生变化但瞳孔仍旧会变大，可见眼睛是十分奇妙的。

眼睛常常是通过眼睑的开合、眼珠的转动组合成多样化的眼部动作，这些眼部动作都属于情态语言。人类凭借着眼睛与外界传递信息并建立联系。“巧笑盼兮，美目倩兮”“存乎人者，莫良于眸子。眸子不能掩其恶。胸中正，则眸子瞭焉；胸中不正，则眸子眊焉。”眼睛传达的不仅有人类情感，还有人生阅历、个人修养、性格特点、复杂心理等。可见，眼部动作在人与人的交流中是极其重要的。

1. 眯眼

眯眼并不是闭上眼睛，而是眼皮上下靠拢但不完全闭合。表示生气、愤怒、高兴、得意、痛苦、轻蔑等心理变化。表示高兴、得意、陶醉时的眯眼多是由脸上的笑容带动的自然状态；而表示痛苦、愤怒、轻蔑等情绪时则多为控制性的动作。

2. 瞪眼

用力睁大眼睛。表示恼怒、着急、恐吓、责怪、不相信、震惊等情形。瞪眼大致又可分为两大类，一类是带有支配性质的瞪眼，类似于语言中的命令、制止语义，目的是制止某些行为或活动。一类是属于表现性质的瞪眼，目的是显示自己的情感态度，如愤慨、诧异、气急等，类似于语言中的形容词或动词。

3. 翻眼

眼珠向上露出较多眼白，或眼珠向一侧偏斜。表示傲慢、惊呆、不在乎、不情愿等。翻眼的频率、时长与情感表达的强弱有关。一般次数较多、持续时间较长，说明表达的感情比较强烈，反之较弱。

4. 打量

上下、来回地看。表示警惕、怀疑、揣摩、好奇、喜爱等。当人处在一个陌生环境或与陌生人接触时，通常会通过"打量"来满足自己的好奇心，完成从戒备到接纳的心理变化过程，最终做出各种判断。值得注意的是打量是不太礼貌的行为，不适合长时间打量人。

5. 注视

将视线长时间固定于物或人。表示注意、警觉、威逼、愤怒、爱慕等。注视往往能表现出施动者的身份、地位、性格等特征以及动作实施的场合。如上对下，表示威慑时一般是严肃的，在交流中极易掌握主动权；下对上，表示亲密、爱慕等情感时也多用注视，以便双方能愉快地交谈拉近距离。注视的角度通常分为视线向上、视线向下和视线水平三种。社交环境下的注视范围通常是对方双眼至下颚部分形成的倒三角区域；而公务情况下的注视范围则集中在对方双眼和额头部分；表示亲密的注视则以尊重、得体为基础，切忌给对方带来不适之感。

6. 环视

目光在较大范围内作环状扫描。表示谨慎、顾忌、动员、威慑、傲慢等。环视可分为观察型环视和交流型环视。观察型环视指的是行动或话语前，先观察周边环境或周围人，目的是确认周围事物对自己的影响程度；交流型环视的目的则是向周围人传递信息，如主持会议、演讲、表演、公众场合的发言等等。环视者要注意自己的身份、表情以及特定语境，并注意与受众保持情感的交流和共鸣。

7. 虚视

似视非视的目光透射。一般用在注视和环视之间，虚视的目的是削弱注视可能带来的呆板感，调节环视带来的飘忽感。虚视还可以平复紧张情绪，减轻心理压力。通常情况下注视、环视、虚视三者会交替使用，通过目光的变化展示实施者的机敏。

8. 使眼色

用目光向他人表达某种意思。表示制止、催促、指使、提醒、商量等。使眼色通常是由于环境的限制，不便用言语传递信息时使用。不同语境下的"使眼色"代表的含义是不一样的，在实际使用中比较复杂。

（二）嘴部动作

"嘴"是脸部运动范围最大、最富有表情变化的部位。"嘴"依附于上下颌骨及牙齿而构成的半圆柱体，形体呈圆弧状，是吞咽和说话的重要器官之一，也是构成面部美的重要因素之一。在肢体语言方面，嘴和其他面部器官一样，发挥着极为重要的作用。

嘴是人类宣泄内心情感的重要通道。在人际交往中尤其是通过口头语言交流时，嘴部动作可谓丰富多样、变化多端，形态特别引人注目。各式各样的嘴部动作与说话人的心理活动存在紧密联系，能反映出说话者的情绪变化。如说话时喜欢舔嘴唇的人，说明其是在压抑因兴奋或紧张所造成的内心波动；交流中咬嘴唇的动作，则是自我惩罚的表现，也有可能是在用心思考对方的讲话；习惯性抿嘴的人一般比较坚强，有股不达目的誓不罢休的毅力；撇嘴则意味着不屑、无奈之意等等。嘴部各种动作其蕴含的意义是各不相同的。无论是古代的相术还是现代的心理学，嘴部都是被特别关注的部分，被视为是打开人内心世界的一把钥匙。注意观察嘴部的变化，有助于人们在交际中掌握主动权、把握好分寸、控制好节奏、调节好氛围。

1. 撇嘴

下嘴唇向上翘起，上嘴唇与下嘴唇内沿完全接触，嘴角向下。表示憎恶、轻蔑、嘲讽、不以为然、生气等。撇嘴的使用不受性别、年龄、身份、职位、场合等限制。相对而言，儿童、青少年使用频率较高。"撇嘴"在体态语中带有贬义色彩，使用时要慎重。一般情况下不适合在大众场合或者是严肃、庄重的场合使用，否则会影响人与人之间的正常沟通，造成不融洽的交际氛围。

2. 咬唇

上齿咬下唇或下齿咬上唇。表示克制、忍耐、下决心、思考、不悦、尴尬、镇定等。咬唇的动作多见于年轻人中，在情绪表达时能发挥明显的辅助功用。咬唇时动作的强度与所传达的情感强度是一致的。一般说来，情感表达强度较大时，咬唇力度较重且持续时间较长；情感表达强度较弱时，咬唇力度较轻且持续时间较短。

3. 噘嘴

双唇闭拢，整体向前、向上翘起。表示生气、嗔怪、委屈、制止、指示、着急等。噘嘴常见人群与撇嘴相似，多在儿童、青少年中出现，女性使用噘嘴的情况也较多，多因生气、赌气、不耐烦、委屈等情形而产生。

4. 吐舌

将舌头伸出嘴外。表示吃惊、后悔、尴尬、庆幸、调皮、不以为然等。吐舌一般分为有意识和无意识两种。有意识的吐舌常见于儿童和年轻人，给人以调皮、活泼、逗趣等印象，有些时候还能起到调节气氛的作用，一般出现在非正式场合。无意识的吐舌常常是在受外界刺激引发心理变化时出现。

5. 抿嘴

双唇合拢，嘴角往两边稍展。表示默认、克制、决断等。通常在不方便发言、不愿意发言或者有意控制自己发言时会产生抿嘴行为。抿嘴的力度与感情色彩有关。感情强烈时，抿嘴的力度较大，反之则较弱。

6. 舔唇

舌头在双唇上下滑动。表示饥饿、干渴、焦躁、满足等。舔唇最初、最基本的作用是与饮食有关，而后由此产生延伸义，即人的某些要求或欲望得到满足或渴望满足时也会有舔唇动作，成为人们情绪展示的工具。

7. 唾

用力往外吐口水，唾的对象可以是物也可以是人。表示愤怒、恼恨、厌恶、鄙视等。唾是体态语中的一个贬义词，同时具有很强的表现力。唾的次数越多，力度越大，声音越响，表明施动者的情绪越强烈，是一个伴声体态。

8. 叹气

长呼气息，多伴有"唉""嘘"之类的叹声词。表示失望、遗憾、无奈、感慨、歉意、为难、苦恼、伤心等。叹气多见于成年人，叹气次数、叹气量的大小和表达的情感强度成正比。

9. 吻

用嘴唇接触人或物。表示爱慕、亲昵、喜爱、疼爱等。吻在中西方文化中代表的含义是有区别的。受传统影响，中国人一般只在表达爱意时使用，而西方人则会在更广泛的场合使用，是一种除了特殊意义之外还具有普通意义的礼仪性体态，使用对象除了有亲密关系的人,也可以是其他人群。吻主要是表达情感使用,吻的部位不同表达的情感不一样。如接吻通常是爱人之间使用,而表示亲昵、疼爱或尊重、仰慕等意思时通常是亲吻对方的额头或手背。在中国人的日常交往中,吻基本不适用,一般是用握手、拥抱等动作取代。

(三)脸部动作

"脸"位于人体颈部以上,头部的正前方,是人体最重要的形象体现。脸部动作的多样性展示了人的情绪、情感的丰富性和复杂性。

1. 别脸

脸扭向一边。表示不高兴、不好意思、赌气、回避、害怕等。产生别脸的情况一般是不敢看,不愿看或不能看。有时候不愿意用言语交流时,通常也会通过别脸来避免沟通中断或逃避尴尬处境。

2. 板脸

脸部皮肤和肌肉绷紧。表示严肃、气恼、严厉、不悦等。板脸的行为多在成年人中出现,一般是不愿掩饰内心情绪或态度时才会做此动作。

3. 扮鬼脸

借助脸部各器官造成脸部变形。表示调皮、嘲笑、自嘲、打趣、得意等。扮鬼脸多在年纪小的孩子或是性格开朗的年轻人中出现。适当的扮鬼脸可以调节气氛,缓和人与人之间的紧张关系。

4. 扬下巴

下巴抬起或伸出。表示骄傲、蔑视、反感、指示等。下巴是活动器官,用下巴指物时通常表指示,不涉及人或物时则表示自己的情态。值得注意的是在人际交往中用下巴示意是一种失礼行为,不提倡频繁使用,更不提倡在严肃的场合中使用。

二、手部体态

美国心理学家詹姆斯认为,在身体的各部位中,手的表达能力仅次于人的脸。生动形象的语言表达配合准确的手部体态语言,能增强人际交往的感染力、说服力和影响力,达到共情、共鸣的良好效果,营造更好的交流氛围。手部动作在不同场合使用要求是不一样的,比如:在与人谈话时,手部动作就不宜过多,动作不宜过大,要给人一种优雅、含蓄、彬彬有礼的感觉;在表演中,则会因为舞台效果的需要而出现较为夸张的手部动作。

手部体态语包含的内容十分丰富,各个手指的屈伸都能表达某种特定的含义,并且因国家和地区差异传达的意思也各不相同。这里主要选择几种不受国别、地域、文化、宗教、习惯、风俗等因素影响的手部动作做介绍。

(一)基本手部动作

1. 挠头

手指抓挠头部任何位置。表示窘迫、不知所措、着急、思考等情态。抓挠动作比较大、乱、急时,说明施动者的情绪极其糟糕。有些时候抓挠并没有实际意义,只是起到话语过渡的作用。有时候抓挠头部(主要指抓挠头发),只是为了整理个人形象。

2. 捂耳朵

两手掌捂住耳朵或用手指塞住耳朵眼儿。表示不堪忍受外界干扰或抵御外界的强烈声波、讨厌他人说话或逃避对方啰唆等。外界干扰声太大导致的捂耳朵行为是出于生理反应的需要。而人际交往中的捂耳朵则代表对对方言语的不满,不愿交流之意。

3. 扶眼镜

大拇指和食指扶着镜脚或镜框向上托举,或者用食指顶镜圈间的横梁位置。在拘谨、尴尬、紧张、为难等情况下通常用该动作加以掩饰。该动作的活动幅度大小与具体情形联系紧密,一般说来,紧张时活动幅度会大些,次数也较多些,动作显得比较慌乱。只表示严肃时,动作则简洁轻快,幅度小,仅仅是想通过调整眼镜引起他人的注意或是调节说话场合的氛围。

4. 捂脸

用手或物遮盖面部,可全部遮盖也可遮盖部分(主要是眼睛以下部分)。表示伤心、惭愧、羞怯、不忍目睹、生气、掩饰等。捂脸的行为是伴随人的情绪变化的,情绪波动越大,捂脸的可能性也越大且迅速,动作幅度和力度也会相应更强烈。反之,只是表示害羞时,动作幅度和力度都较小,主要发生在女性身上。

5. 拍胸脯

用左手或右手拍打胸脯或心脏位置。表示自豪、申辩、逞强、稳定情绪、下保证等。拍胸脯的作用是使语言表达更富有说服力或感染力。拍胸脯的动作一般都是伴随有声语言完成,属于不及物的示态性体态。无论是心理状态的自我调节还是表达由衷之情,都和有声语言是协调一致的。除稳定情绪外,其他情况下的拍胸脯行为力度都比较轻,绝大部分都发生在男性身上,某些情形下能展示男子汉的气概。

6. 摊手

双手手肘微微弯曲,小臂向前,略微呈"八"字形,掌心朝上。表示无可奈何、沮丧、遗憾、自我解嘲、辩白、请便、展示、惊讶、坦白等。该动作从发生学来看,本义是表示自己一无所有,两手空空。随着使用范围的增大以及使用情形的复杂化,摊手所蕴含的意义也越来越丰富,发挥的作用也越来越多样化且越来越重要。摊手可以增强说话的语气,加深说话的感情,还能加强说话的表现力。根据场合、交际对象、沟通实际合理地选择摊手,能达到事半功倍的交流效果。

7. 双手按下

双手向左右两边打开,小臂抬平,两手掌朝下,同时稍用力往下压。表示制止、抓捕等。控制场面时双手按下必须有力量,次数不受限制,可以选择和有声语言一起达到掌控的目的。表示抓捕意义的双手按下一般用在军事行动中,起到暗示的作用。

8. 拍掌

两只手掌互相拍打。表示同意、叫好、高兴、夸赞、醒悟、欢迎、感谢、增强说话语气等。通常分为有意识和无意识行为。内心激动时会不由自主地拍掌,这属于无意识行为,是内心情绪变化自然引发的外部动作,能起到展示心理变化的作用。表示欢迎或感谢时则是有意识的行为,并且动作幅度比较大,次数也比较多,能起到代替有声语言的作用。

9. 握手

彼此双方的手掌对向交叉,相互握住。表示问好、友好、祝贺、慰问、激动、感动、信任、和解等。握手可以是双手握,也可以是单手握。双手握表达的情感要浓厚、真挚些,而单手握则更多体现在一般礼节性往来中,使用范围较大,情况较普遍。握手时的力度、是否用双手等问题均由主动行为人决定。握手时要注意站姿,身体略微向前倾,注视对方眼睛,以示尊重和诚意。

10. 拥抱

双臂打开，和对方相互抱在一起。表示极其高兴、感动或是关系亲密、友好。一般来说只有感情交流达到高度一致时才会做此动作，在外交场合中被视为是亲密友好关系的最佳体现，是最高规格的礼节。拥抱是最能增进人与人之间感情的体态语，较少受性别、地域等因素影响，使用比较普遍。

11. 竖大拇指

大拇指竖起，其余手指向掌心弯曲。表示夸奖、佩服、赞扬、鼓励、自我标榜、吹嘘等。大拇指在形态和顺序上都有"第一"的意思，竖大拇指旨在表达"最好""最棒""第一"等含义，能增进情感交流和表达，但如果使用不当也会给人阿谀奉承之嫌。如果是自我吹嘘则要慎用该动作，一般有涵养的人不会用这种方式在他人面前炫耀。

（二）递物与接物

递物与接物是生活中常常用到的两种动作，既是手部体态语的进一步展示，也与个人修养有联系。看似简单、常见的手部动作实际包含了大学问，无论在什么场合必须要引起足够的重视。这里主要介绍几种在日常学习和工作中经常使用的递接物方式。

1. 递接资料

无论是学习还是工作，人们都会接触到各种资料，比如文件、书籍、打印的材料等等。这些资料有的需要领导过目，有的需要老师了解，有的要让同学或同事知晓，在递交时应该注意使用双手递交，并且资料封面朝上，资料的正面要朝向接受者一方以便对方能一眼看清资料的大致情况。接受资料时，也应该双手握住资料的一头自然接过来（见图10-1）。在"递"与"接"的过程中要注意避免拉扯或未待接过便放手，致使资料掉地上的现象出现。

图10-1　递接资料

2. 递接名片

名片在工作中使用范围广泛且普遍，是自我介绍的高雅工具，是一个人身份地位的象征，也是使用者渴望得到社会认同，获得社会尊重的一种方式，从某种程度上说还是使用者所在组织形象的一个缩影。在递交名片时不仅眼睛要正视对方，面带微笑，手部细节更是不容忽视。递交名片时首先应是正面朝上，双手拇指和食指分别捏住名片上端的两个角恭恭敬敬递到对方手上（见图10-2）。如果是坐着的还应起身或欠身递给对方，并口头介绍自己或感谢对方。接过名片后不能随便乱放，应该当着对方的面将名片放进自己的名片盒或名片夹中。

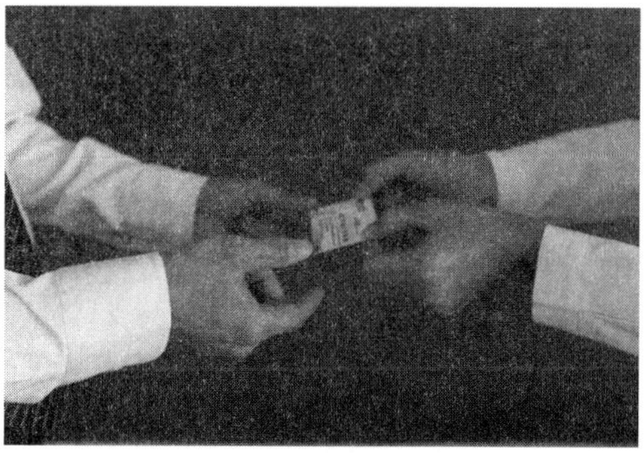

图10-2　递接名片

3. 递接其他物品

在递交其他物品如笔、水果刀、剪刀等尖利的东西时应该将锋利的一端握在自己手里，切记不要指向对方。递交时应该是双手递、双手接，并以适当的方式表示感谢（见图10-3）。当然，遇到特殊场合时比如与国外人士接触时，要注意对方的风俗，观察对方递接物的习惯和方式，及时学习、调整自己的手势以避免误会产生。如泰国、印度、马来西亚、中东地区一些国家就忌讳用左手，基本上都是用右手递接物品。

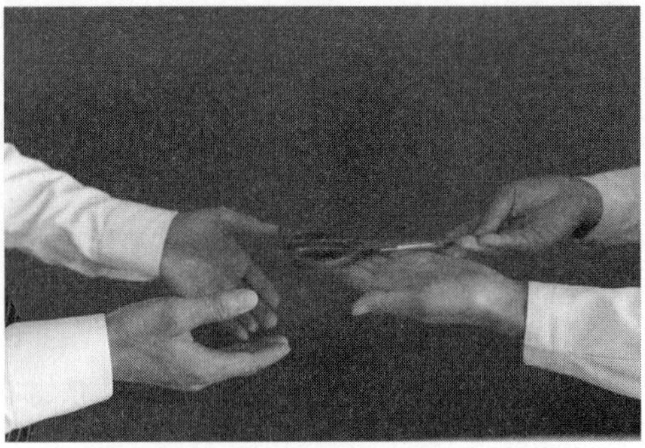

图10-3　递接其他物品

（三）招手与握手

见面礼是现代社会人与人之间交往的第一步，无论中国人还是外国人，见面时都会施用各种各样的见面礼，我国常用的见面礼中与手相关的体态语十分丰富，其中招手与握手就是人们使用频率很高的两种。

1. 招手

招手的含义就是打招呼。其使用场合一般不受任何约束，路上、会场、单位、家中等公众或私人场合都可以使用。使用对象可以是熟人，也可以是陌生人。比如遇见熟人不便交谈或握手时就可以用招手的形式向对方打招呼示意，同时也可以伴以微笑、点头等其他体态语，表示友好。

招手的动作要领是以肘关节为中心，举起右手，掌心向前朝对方略加挥动以引起对方的注意。不同的情形下，招手的幅度有差别。如果是送别，招手的频率比平常打招呼要多、快，甚至会伸直手臂大幅度左右摆动，以表达内心的激动情绪。招手的动作不管是坐着、站着还是行走中都可以使用。

2. 握手

握手是石器时代穴居人留下的一种遗俗。人们狩猎时会使用武器，但是遇到陌生人时，若双方都无敌意，便会放下武器伸出右手，让对方触摸掌心以示友好。在时代变迁中，这种遗俗逐渐演变成了两手相握的一种表示礼节的日常体态语，在大多数国家流行、使用。握手蕴含的意思也变得丰富，可以表示欢迎、寒暄、友好，也可以表示问候、感谢、祝贺、安慰等，还可以表示送别。

握手的种类可分为“单握式”（见图10-4）和“双握式”（见图10-5）两种。“单握式”是最普通的握手方式，属于平等式握手。握手时，双方距离约一步左右，左臂自然下垂，右臂向前，伸出右手，手指稍用力握住对方手掌，上下摇动二三下，双眼注视对方并微笑问候。“双握式”通常是传达热情、真挚、尊敬、感激等情感时使用，行礼时除右手握住对方右手，左手要同时握住对方右手手背处。

握手的注意事项：

第一，遵循“尊者为先”的原则，即由主人、长辈、女士、身份或职位高者先伸手，客人、晚辈、男士、身份或职位低者再与之相握。

第二，摘掉手套并微笑注视对方，不要随便打量对方身体各个部位。

第三，握手时应保持站立姿态，特殊情况除外。

图 10-4 单握式

图 10-5 双握式

图 10-6 与女士握手

第四，握手时身体应稍微前倾，边握手边致意，以示尊重。

第五，异性握手时时间不宜过长，男士握女士手时力度要轻，一般握女士手指（见图10-6）。

第六，忌用左手握手，有悖习俗。

第七，忌滥用“双握式”，容易造成尴尬局面。

第八，握手时注意不要过分谦逊，也不要太过于轻慢冷漠。

三、足部体态

常言道“站有站样，坐有坐样”，个人独处时稍微忽略自己的坐或站态可能并无大碍，但在公众场合就必须讲究自身的坐姿或站姿。古人讲究“站如松、坐如钟”，体态彰显的不仅是一个人的外在形体美，更能展示人的精神、气质、修为等内在美。

（一）站

双腿立直贴紧，双脚跟靠拢，两脚形成60°的夹角。这是站立时足部的基本姿势，同时要辅以头、身躯、手等部位的动作要求，即头正，肩平，双臂自然下垂，挺胸收腹，臀部向内向上收紧。这样的站态能帮助人呼吸，改善血液循环，减缓身体疲劳，给人稳重、大方、挺拔、精神足的良好印象。

男性和女性站立时脚部和手部都有所区别。男性站立时可以将双手相握叠放在身后，也可以双臂自然下垂，双脚叉开与肩同宽，这种站态给人刚健、强壮、英武的感觉，展示的是阳刚之美（见图10-7）。女性站立时可以将双手相握或叠放与腹部前，双脚呈V字步或丁字步，显得轻盈、娴静、典雅，展示的是阴柔之美（见图10-8，图10-9）。站立时切忌东倒西歪，破坏人体的线条美，给人颓废、消沉或放纵不羁之感。叉开双腿站立时注意分腿幅度，掌握不好分寸时最好并拢站立。站立时不要频繁变动体位，身体各部位都不要乱动，影响站姿。

图 10-7　男士标准站姿

图 10-8　“V”字步站姿

图 10-9　“丁”字步站姿

(二)坐

“坐”能展示人的静态之美。坐姿的基本形态是上身与大腿、大腿与小腿均形成直角,小腿垂直于地面。双膝、双脚、脚跟并拢。男性和女性的坐姿因形态因素而有所区别。男性坐态要求与上述基本形态一致,双脚允许分开与肩同宽,切忌双脚叉得太开,腿部不停摇晃,双腿直伸出去,脚尖翘起或指向他人,用脚蹬踏其他物体,双手抱腿或将手夹在两腿之间,头部也不要靠在椅背上(见图 10-10)。女性坐态则可以分成多种。第一种是“交叠式”,将双腿完全一上一下交叠在一起,双腿之间不要有缝隙,形成一条直线,斜放在左侧或右侧,斜放时小腿部与地面呈45°夹角,叠放在上的脚尖应垂向地面(见图 10-11)。此种坐姿适合穿短裙的女性。第二种是“斜放式”,双腿并拢,双脚向左或向右侧斜放,与地面呈45°夹角(见图 10-12)。此种坐姿适合着裙装的女性在较低处就坐时使用。第三种是“前伸后曲式”,大腿并紧向前伸出一条腿,并将另一条腿屈后,双脚脚掌着地,双脚前后保持在一条直线(见图 10-13)上。此种坐姿也是女性常用的坐姿。

图 10-10　男士标准坐态

图 10-11　交叠式坐态

图 10-12　斜放式坐态

图 10-13　前伸后曲式坐态

（三）蹲

蹲姿优雅能给人留下美好印象。下蹲取物时，不要弯腰，臀部不要往上翘，尽量保持上身正直，两脚合力支撑身体（见图 10-14）。女性在下蹲时一定要靠紧双膝，有必要时一只手要护在胸前。蹲姿一般分两种：一种是“交叉式”，这种下蹲方式一般是女性使用（见图 10-15）。下蹲时两脚一前一后（可按个人习惯左脚向前或右脚向前），前方的脚全脚着地，后方的脚叠在前脚下方，双腿紧紧贴合，后方的脚脚掌着地，脚后跟踮起，臀部向下，上身略微前倾。另一种是“高低式”，下蹲时两脚一前一后但不需要重叠，两腿紧靠向下蹲，位于前方的脚全掌着地，位于后方的脚则是前掌着地脚后跟抬起，形成前脚膝盖高于后脚膝盖的状态，身体伸直稍前倾，臀部向下（见图 10-16）。下蹲时，不管男性还是女性都应该注意不要两腿叉开平行下蹲，不能露出内衣裤。

图 10-14　男士标准蹲姿

图 10-15　交叉式蹲姿

图 10-16　高低式蹲姿

（四）行

行即行走，是一种动态体式。行走时要做到头正、肩平、胸挺、步位直、步幅大小适当、步伐匀速、舒缓自然。行走时要有目的性，要走直线，行走中重心要放在前脚掌上，脚跟先落地，双臂自然前后摆动。一般说来，男性的步伐较大，速度较快，身体重心在脚的中央，显得稳重大方；女性的步伐较小，速度较慢，步履轻盈，身体线条显得柔和。

行走的姿势和着装、鞋子等有关联。着西服行走时步幅可略大，手臂放松自然下垂前后摆动，后背平正；着旗袍行走时步幅不宜过大，双肩平稳、双臂前后自然摆动、挺胸、收腹，不要塌腰撅臀，两脚要走在一条线上，站立时双手则可以交叉放在腹部前；着长裙时行走要平稳，步伐可以稍大些；着短裙行走时要表现出活泼、敏捷的风度，步伐不宜过大，但频率可以稍快些。女性穿高跟鞋行走时，由于鞋子的原因，身体重心会自然往前移，为保持身体平衡，要绷紧膝关节，胸部挺起，收腹提臀，步伐不宜过大，脚跟先落地，两脚交叉行走在一条直线上，整个人要向上挺拔。行走中切忌“八字步”“鸭子步”，有意识纠正自己的不良行走习惯，走出优雅步态。

场景模拟实训

1. 局部练习

练习一　请各做一组表愤怒的“眯眼”和“瞪眼”动作，并体会二者表达的情绪变化和效果。

练习二　表好奇和喜爱的情形时，会怎样“打量”？

练习三　试着设计一个情景体会观察型环视和交流型环视的区别。

练习四　设计一个场景，将注视、环视和虚视做科学、合理的运用。

练习五　试着做三组“使眼色”的动作，分别表劝阻、制止和满意。可以通过辅助性动作完成。

练习六　练习递物与接物。

练习七　练习站、坐、蹲、行中的具体动作。

2. 综合练习

练习一　以小组为单位，自行设计一个场景，先用文字描述（至少包含6个体态语）练习内容，本组其他人员根据描述完成体态语的展示。

练习二　每两组为一单位，在同一情形下分别完成站、坐、蹲、行等姿态，然后学生互评、教师点评。

第二节 礼 仪

任务目标

理解和掌握礼仪的含义、特点。

了解礼仪文化,掌握礼仪规范,加强个人修养提升。

知识要点

一、社交礼仪

(一)个人礼仪

1. 男士仪容仪表礼仪原则:干净整洁、协调一致

男士在日常交往中需要注意脸部的清洁,胡子需要刮干净,头发梳理整齐。出门时应查看领口、袖口是否有脱线和污浊的痕迹、衣服是否有褶皱、鞋子是否干净光亮。

男士着装“三一律”原则:皮鞋、皮带、皮包颜色一致或相近,一般为黑色。春、秋、冬季,男士出席正式场合建议穿西服套装;夏天要穿长袖衬衫,系领带,不要穿短袖衬衫或休闲衬衫。西装的色调以给人稳重感觉的深素色为主,如藏青色、蓝色、黑色、深灰色等,配套的衬衫最适宜的选择是白色。

配饰方面,领带应选用丝质的,单色为宜,它能够和各种西装、衬衫搭配;单色为底,印有规则重复出现的小圆点或者斜条纹的领带,格调高雅庄重;领带在胸前的长度以达到皮带扣为宜;选择深色的袜子、黑色的皮鞋;皮带要和西装相配,一般选用黑色;眼镜要和自己的脸型相配,镜片擦拭干净;笔不能插在西装上衣的口袋里,西装上衣的口袋是装饰。

2. 女士仪容仪表礼仪原则:美观大方、符合身份

女士在日常交往中发型应该文雅、庄重,梳理整齐。正式场合不宜佩戴华丽花哨的装饰品;女士化妆是自尊自爱的表现,也是对人尊重的体现,淡妆为宜,清新自然;化妆过程属于隐私行为,应避人。出门前应从头到脚检查一遍整体形象,查看扣子是否扣好,领子袖口是否有破损、衣服是否有褶皱、鞋子是否干净光亮。

女士着装三色原则:以黑、白、灰冷色调为主,暗红、白色也适宜。服装图案和点缀不宜多,宜简不宜繁,着装简洁、大方、合体。女士出席正式场合选择职业套装比较合适,裙子不宜太长,这样显得不利落,但是也不宜过短;低胸、紧身、过分时髦和暴露的服装都不适合在正式场合穿;春秋的套装可用花呢等较厚实的面料,夏季选用真丝等轻薄的面料;衣服质地不要太薄、太透,薄和透有不踏实不庄重的感觉;色彩要表现出典雅的格调,用颜色展示女士的品位和气质,不宜穿着鲜艳、抢眼的颜色。

配饰方面，女士正装必须搭配丝袜，以透明近似肤色的颜色适宜，要随时检查是否有脱线和破损的情况，外出最好带一双备用；皮鞋选择传统全包式为宜，式样简单、没有过多装饰，后跟不宜太高，颜色和套装的颜色一致，黑色属于安全色，凉鞋不宜搭配正装；女士随身携带的包不宜过大，款式可以多样，颜色、质地要和服装的颜色、所处场合相搭配；选择香水，香型应清新、淡雅；佩戴饰物注意和服装整体的搭配，以简单为主（见图10-17）。

图10-17　职业形象礼仪

（二）校园礼仪

校园礼仪是衡量一所学校文明素质的标尺，也是一个国家国民素质的展现窗口。当代大学生需要树立起远大志向和崇高理想，这和从细小处养成良好习惯并不矛盾，反而是一脉相承。在校园中，仪容整洁、举止文明、尊师守纪、生活俭朴是对学生的基本要求。大学生处于学校和社会的交集之中，良好的个人形象是大学生自我修养的基本体现。良好的个人形象是个人综合素养的展现，作为大学生，在校园内不同场合所展现出来的外在形象和内在修养会形成个人独特的人格魅力。

大学生日常形象管理：头发干净、发型适宜、着装得体、朴素整洁、朝气蓬勃。女性在日常学习、生活中，以不化妆为宜；在社交娱乐活动中，淡妆适宜。化妆应以自然、清淡为主，切忌人工痕迹过重，会丧失年轻人自然的活力美感；男性在日常学习、生活中不可以穿背心、拖鞋在公众场合活动。语言行为文明，人际交往礼貌尊重。在进出门口、上下楼梯时和老师相遇，学生应主动打招呼，请老师先行；学生在校园里必须注意自己的身份和形象，公众场合交往行为有度。在校园中与老师、同学友好相处，与室友融洽生活，这是当代大学生自我修养的展现。

1. 课堂：尊重师长、规范言行

每一个学生都应该懂得课前作好充分准备是一种基本礼貌，是对课堂、老师的尊重。不将食物带进教室、爱护公共物品、手机静音、行为端庄，课堂上师生交流积极有礼，下课后有序离开，废物垃圾及时带离，这些都是学生在教室、课堂需要注意的问题。

课堂礼仪反思：

（1）当老师走进教室，需要保持安静并坐立端正，你做到了吗？

（2）迟到的学生需要在门外喊“报告”，征得老师同意再进入教室，你做到了吗？

（3）课堂上如果有急事需要出去，需要举手示意得到老师允许再离开，你做到了吗？

（4）上课时随意讲话开小差、玩手机、睡觉等行为，你认为有尊重老师吗？

2. 食堂：礼貌谦让、守规节俭

食堂就餐讲秩序，下课后有秩序地进餐厅，不要冲、跑、挤，排队购买饭菜；如果跟师长在一起吃饭，要请长辈先入座；不要当着食堂工作人员的面，抱怨饭菜不好，如果有必要的话，可以以婉转的语气去建议；自然落座，不推搡、踩踏桌椅；用餐过程中骨、刺等不要随地乱吐，可以放到餐具里或吐到自己准备的其他盛具里；吃东西或喝汤时要小口吞咽，闭嘴咀嚼，尽量不发出响声；爱惜食物，不要随便剩饭、剩菜，如果有无法吃完的饭、菜，要倒进指定的泔水桶里,不要往洗碗池、洗手池里倾倒;食堂里不可以大声喧哗。

食堂礼仪反思:

(1)食堂打饭需要排队,你有插过队吗?

(2)尊重炊事人员,你有因为打饭不合理而大声斥责过吗?

(3)吃完饭后你能把自己的餐具放到指定地点吗?

(4)在食堂里大声喧哗、随地乱吐乱扔垃圾、喷嚏唾沫横飞的行为是对的吗?

3. 宿舍:理解差异、融洽相处

宿舍是大学生共同生活的场所,也是反映学生精神文明和礼仪修养的一个窗口,在宿舍的生活情况直接影响学生之间的人际关系以及学习状况。寝室内的卫生保持内外清洁通风,个人物品、床上用品要保持干净整洁,严禁私接电源和使用超功率电器,不能在寝室“开小灶”,以免带来消防隐患;在宿舍里串门、接待亲友或外人来访应得到寝室其他同学允许;尊重个人隐私,不乱动用他人物品;宿舍串门要选择好时间,不要选择在多数同学要处理生活问题的时候,更不要在熄灯后去;同寝室同学相互尊重关爱,理性对待生活习惯、性格差异,积极友善地学习生活。

宿舍礼仪反思:

(1)你们有没有被因为宿舍杂乱滋生的蚊虫骚扰过?

(2)室友要休息了,你是不是还在大声讲话、打电话?

(3)当你的私人物品太多来不及收拾时,你有因为占用公共空间太多而被室友抱怨吗?

(4)当你在宿舍展示自己昂贵的电器、衣服、鞋子时,有没有发现室友可能正在为生活费发愁?

(三)宴会礼仪

宴会是国际国内社会交往中一种通行的较高层次的礼仪形式,也是一种社交活动。通常把政府机关、社会团体举办的有一定规模的酒宴称为宴会;私人举办的规模较小的称为筵席。

宴会种类按规格分有国宴、正式宴、便宴、家宴;

按餐型分有中餐宴会、西餐宴会、中西合餐宴会;

按用途分有欢迎宴会、答谢宴会、国庆宴会、告别宴会、招待宴会;

按时间分有早宴、午宴和晚宴。

其他如鸡尾酒会、冷餐会、茶会都可列为宴会。宴会可以表示祝贺、感谢、欢迎、欢送等友好情感;通过宴会,可以协调关系、联络感情、消除隔阂、增进友谊、加强团结、求得支持、有利于合作等。

1. 主办方准备

宴会具有很重要的礼仪作用,有严格的礼仪要求。宴请宾客是一种较高规格的礼仪,所以主办单位或主人一定要认真、周到地做好各种准备工作。

(1)明确对象、目的、范围、形式。首先要明确宴请的对象、主宾的身份、国籍、习俗、爱好等,以便确定宴会的规格、主陪人、餐式等。

(2)选择时间、地点。主人确定宴会时间应从主宾双方都能接受来考虑,一般不选择在重大节日、假日,也不安排在双方禁忌日。选择宴会日期,要与主宾进行商定,然后再发邀请。地点的选择也要根据规格来考虑,规格高的安排在高级饭店,一般规格的则根据情况安排在适当的饭店进行。

(3)邀请。宴会一般都要用请柬正式发出邀请。这样做一方面出于礼节,一方面也是提醒宾客注意时间。请柬内容应包括:活动的主题、形式、时间、地点、主人姓名。请柬要书写清晰美观,打印要精美。请柬一般应提前两周发出,太晚了有失礼貌。

(4)安排席位。宴会一般都要事先安排好桌次和座次,以便参加宴会的人都能各就各位,入席时井然有序。席位的安排也要体现出对客人的尊重,桌次地位的高低以距主桌位置的远近而定。以主人的桌为基准,右高、左低,近高、远低。把主宾安排在最尊贵的位置,即主人的右手位置,主宾夫人安排在女主人右手位置。主人方面的陪客,尽可能与客人相互交叉,便于交谈交流,要避免自己人坐在一起,冷落客人(见图10-18)。译员安排在主宾右侧。席次确定后,座位卡和桌次卡放在桌前方或桌中间。

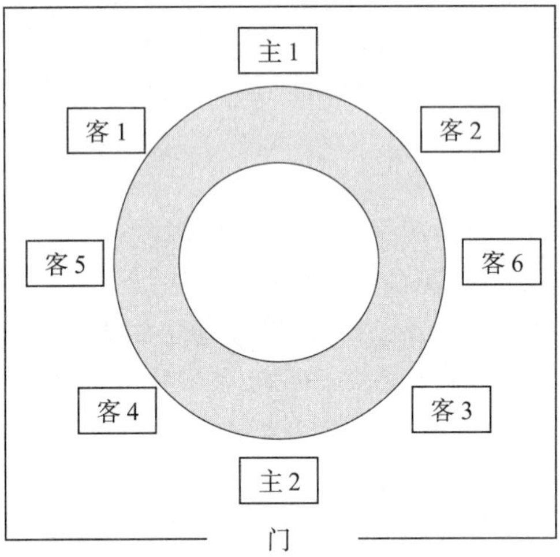

图10-18 宴会席位安排参考

2. 拟订菜单和用酒

拟订菜单和用酒应考虑:规格、身份、宴会范围,饭菜要精致可口、赏心悦目、特色突出。尊重客人饮食习惯、禁忌,注意冷热、甜咸、色香味搭配。

3. 宴会流程

(1)迎宾宴会开始前,主人应站在大厅门口迎接客人。对规格高的贵宾,还应组织相关负责人到门口列队欢迎。客人来到后,主人应主动上前握手问好。

(2)引导入席。主人请客人走在自己右侧上手位置,主人陪主宾进入宴会厅主桌,接待人员引导其他客人入席后,宴会即可开始。

(3)致辞、祝酒。正式宴会一般有致辞和祝酒。我国是在开宴之前讲话、祝酒、客人致答词。在致辞时,全场人员要停止一切活动,聆听讲话并响应致辞人的祝酒,在同桌中间互相碰杯,此时宴会正式开始。西方国家致辞、祝酒习惯安排在热菜之后,甜食之前。冷餐会和酒会的致辞则更灵活一些。

(4)服务顺序。服务人员侍应,要从女主宾开始,没有女主宾的,从男主宾开始,接着是女主人或男主人,由此向顺时针方向进行。规格高的,由两名服务员侍应,一个按顺序进行,另一个从第二主人右侧的第二主宾至男主宾前一位止。

(5)斟酒。斟酒在客人右侧,上菜在客人左侧。斟酒只需至酒杯三分之二即可。

(6)用餐时主人应努力使宴会气氛融洽,活泼有趣。要注意主宾用餐时的喜好,掌握用餐的速度。

(7)用餐完毕吃完水果后,在客人告辞时,主人应热情送别,感谢他的光临。

4. 赴宴礼仪流程

宴会是否成功,主人处于主导地位,主人要根据客人的需要、习惯、兴趣进行安排,而应邀赴宴的客人的密切配合也是不可忽视的。

(1)接到邀请后,不论能否赴约,都应尽早作出答复。不能应邀的,要婉言谢绝;接受邀请的,应按时出席,不要随意变动;确有意外,不能前去,要提前解释,并深致歉意;作为主宾不能赴约,更应郑重其事对待,如方便可以登门解释、致歉。

(2)掌握到达时间,赴宴不得迟到。迟到是非常失礼的,但也不可去得过早。去早了主人未准备好,难免尴尬,也不得体。

(3)抵达。主人迎来握手,应及时向前响应,并问好、致意。

(4)赠花。按当地习惯,可送鲜花或花篮。

(5)入席。在服务人员的引导下入座。注意按自己的座位卡入座,不要坐错位置。

(6)姿态坐姿自然端正。坐姿不要太僵硬,也不要往后倒靠在椅背上。手肘不要放在餐桌上,不托腮,眼光随势而动,不要紧盯菜盘。

(7)餐巾。当主人拿起餐巾时,自己也可以拿起餐巾,打开放在腿上。千万不要将餐巾别在领口,挂在胸前。

(8)进餐。进餐时要文明、从容。闭着嘴细嚼慢咽,不宜发出声音,喝汤要轻啜,对热菜热汤不用嘴去吹。嘴里有食物时不要说话,剔牙时用手遮住。就餐时,不得解开纽扣,松开领带。

(9)交谈。边吃边谈是宴会的重要形式,应当主动与同桌人交谈,特别注意要同主人交谈。话题要轻松、高雅、有趣,不要涉及对方敏感、不快的问题,不要对宴会和饭菜妄加评论。

(10)用餐完毕退席,应起立向主人道谢告辞。

二、职场礼仪

(一)求职礼仪

1. 求职心理准备

随着每年毕业季的到来,大学生面临就业时的心理是复杂而多变的。一方面,为自己即将走向社会,用自己所学的知识和本领实现自己的人生价值而感到由衷的高兴;另一方面,也常常表现出矛盾的心理。大学生调整好择业心态,做好充分的心理准备,才能积极参与竞争,勇敢地迎接挑战。所以大学生拥有良好的择业心态在择业过程中是非常重要的,可以从以下几个方面做好求职心理准备:

(1)选择适当的就业目标,一个人的择业目标应和本人具备的实力相当或接近。

(2)避免从众心理,一切从自身的特点、能力和社会需要出发,不与同学攀比。

(3)克服自卑、胆怯的心理,树立自信心,树立敢于竞争的勇气。

(4)不怕挫折,遇到挫折不消极退缩,采取积极的态度,勇于向挫折挑战。

(5)避免理想主义,及时调整就业期望值,不刻意追求最满意的结果。

大学生择业要做到“知彼知己”。知彼即要了解择业的社会环境和工作单位,正确认识面临的就业形势，了解社会需要什么样的大学毕业生；知己即实事求是地评价自己，对自己有正确的认识。要客观、正确地认识自己德、智、体各方面的情况，明白自己的优点和长处、缺点和短处，清楚自己的性格、兴趣、特长，只有这样才能保持良好的择业心态。

2. 求职个人简历

大学生面对心仪的目标单位，想要获取面试机会，一份简洁、真实又有吸引力的简历显得尤为重要。简历的撰写应针对求职岗位进行内容调整和侧重，以此提升面试官对简历的好感。所以，怎样写一份“动人”的简历，成了求职者首要的任务。

求职简历可以采用表格、文本等格式，语言要简短。简历包括标题和正文两部分。

标题：一般用“个人简历”或“履历表”即可。关于简历封面的设计不能太复杂，通常要体现出以下特点：毕业院校、联系方式、主修专业。

正文包括三部分：

(1)基本情况。求职者的姓名、性别、出生日期、民族、婚姻状况和联系方式等。

(2)教育背景。按时间顺序列出学习历程、在校期间获奖情况、爱好和特长、所参加的各种专业知识和技能培训、参加过的社会实践活动、所任职务、承担的任务等。

(3)工作经历。介绍曾经工作过的单位名称、职位、个人工作成绩、培训或深造求学情况、工作变动情况、职务升迁情况等。

3. 求职服饰礼仪

职业形象，即通过衣着打扮、言行举止，反映求职者的个性、形象及公众面貌所树立起来的印象，是大学生在踏入社会后，在职业思想、追求抱负、个人价值和人生观等方面与社会进行沟通并为之接受的重要途径之一。具体请参见“个人礼仪”章节。

4. 求职沟通礼仪

人际沟通是人类社会存在的重要方式，是人们相互认识、相互理解、相互合作的重要途径。大学生即将进入社会，将面对更多更复杂的人际关系，在求职过程中合理地运用沟通方式及沟通技巧来处理问题显得尤为重要。在求职沟通中需要注意如下礼仪：

(1)称呼适宜。称呼是人际交往中必不可少的一种称谓语，称呼是否合适在一定程度上决定了交往的成败。称呼适宜可以使人心情愉悦，增加彼此间的亲密度，拥有良好的人际关系，而称呼不合适很容易会让他人反感，影响交流效果。明确对方信息时可以根据具体信息称呼，身份、年龄等不明时用“先生、女士”比较适宜。

(2)表达得体。在人际交往中得体的表达应该包含口头语言和肢体语言两部分。在双方见面交谈时能恰当使用口头、肢体语言进行沟通，表达得体、交往有度，能够有效倾听、适当提问、及时反馈。良好的沟通互动能够在人际交往中占据优势，促进求职者与招聘方的交流沟通。

(3)微笑适度。人们通常会以直觉判断选择亲近或疏远某人，微笑是人际交往的润滑剂，能有效缩短人与人之间的距离，给对方留下美好的心理感受，从而形成融洽的交往氛围。微笑透露出一种亲和、阳光的心态，是广泛交际、化解矛盾的有效方式。

(二)办公礼仪

了解、掌握并恰当地应用职场礼仪有助于完善和维护职场人的职业形象。

1. 办公室礼仪

办公室是提供工作办公的场所，对外是单位的形象窗口，对内是协助领导工作的部门，好的工作环境不仅可以让人身心愉悦，更加可以提高工作效率。整洁、干净、齐备是良好办公环境的基本要求。“整洁”要求办公室的东西摆放有方，将重要的东西放在眼前，将重要的东西放在最保险的地方，将常用的东西放在近距离就能拿到的地方；“干净”是把地面、桌面、墙面整理干净，摆放一些绿植，让人觉得清新宜人；“齐备”是办公用品的配备齐全，能够快速提供使用，不影响办公效率。

2. 仪表礼仪

办公室工作人员的个人形象、精神状态要与办公环境相协调，面部整洁、精神饱满是基本要求。不同的职业有着不同的着装要求，办公室着装有一定的礼仪规范，整体要求整齐、清洁、大方。

3. 行为礼仪

办公室人员在工作中应保持举止大方得体，合乎常规习惯与礼仪。得体的站姿、坐姿、规范的手势指引或递接物品、握手礼的使用、进门敲门示意、行进途中礼让等行为，都是办公室行为礼仪的体现。高声喧哗、随意翻动他人物品、吃东西、吸烟、脱鞋等不雅行为禁止在办公室出现。在不同场合，保持合适、得体的状态是良好职业形象的展现。

4. 通信礼仪

通信礼仪在办公室通常涉及电话接打、书信来往、电子信函。使用办公电话时首先要问候，问候时声音要有精神，如果接听电话晚了应该向客人道歉，电话交谈时要配合肢体动作如微笑、点头；说话音量、声调适中，话筒离口部的距离不要过近，注意倾听并做好电话记录，记录来电时间、来电单位及联系人、通话内容等。接听电话时代表的是单位而不是个人，所以不仅要语言文明、音调适中，还要让对方感受到高度的责任心；书信使用要注意礼貌用语、字迹清晰、内容简洁、内容完整、书写正确、妥善保存；电子信函常用电子邮件、手机短信等，使用时注意内容简明扼要、严谨准确、时效性、遵守法律和社会公德。

5. 语言礼仪

语言表达得体体现在交流中不卑不亢的说话态度、适宜的用语、优雅的肢体语言、俏皮的幽默语言等。在语言礼仪中常用问候语、欢迎语、请托语、致歉语、征询语、赞美语、拒绝语、告别语进行表达沟通。在办公室里对上司和同事们都要有礼貌，不能因为每天见面就省略问候，“您好”“早安”“再见”之类的问候语要经常使用，同事之间不能乱叫外号，接待客人要面带微笑（见表10-1）。

表10-1 办公室用语正、误参考

错误	正确
喂	先生、小姐
你、你们	您、先生您、各位、大家
我告诉你啦	让我来说明一下，好吗？
你等一下！	请稍等一下
我反对	对于这个意见，我不太赞成
我不赞成	我还是有点困扰
这个意见	个人的浅见
你说什么	对不起，请再说一遍好吗？

续表

错误	正确
我听不懂	我还有点不了解
我没有办法	让我来想想办法/现在看来没有办法解决
这不是我的事	对不起
找我没用	抱歉,这不在我的职权范围内
不行就是不行	真抱歉——这样对我来说太为难了,我恐怕无法答应您
不行啦	我认为这样不太合适
规定就是这样	这样做跟规定不符
没办法	我恐怕得请示我的主管,不过……您是否能够……
你还要怎样	请问,还有什么事要交代吗?
我不要再讲了	我们改天再研究,好吗?
你替我办一下	麻烦您替我处理,谢谢!
今天没办法	麻烦您×月×日×午再来
不对	是这样吗? 我再查查看
没有了	对不起,我去找找看,你愿意稍等一下吗? 很抱歉!

(三)接待礼仪

接待工作是办公室工作的重要环节,接待工作水平高低能够集中反映一个组织机构的整体形象,了解、掌握并恰当地运用接待礼仪会使你的工作更加顺利。细节体现礼仪,接待工作是双向交流,熟练运用基本接待礼仪非常重要。

1. 迎送礼仪

当客人来访时,应该主动从座位上站起来,引领客人进入会客厅或接待区,并为其送上饮品,如果是在自己的座位上交谈,应该注意声音不要过大,以免影响周围同事。遇到有访客时,应心态平和面向来访者点头、微笑致意:“您好,请问您找哪位?”“请问您有什么事吗?”知道找谁并确认是预约之后,请来访者稍等,立即帮其联系,如果要找的人正在忙,可以请其稍等,用规范的仪态引领来访者入座、为其倒水;等待很长时间,访客要找的人还在忙,要向来访者说明原因;来访者需要自行前往,接待人员应该用规范的手势指引如何去或带领来访者前去;来访者要找的人办公室的门即使是开着的,也应先敲门,获得许可后再请来访者进入;不得擅自带外来人员进入办公区,会谈和接待应安排在专门的接待区域;倒茶遵循酒满茶半的习俗,茶不要太满,以八分满为宜,水不宜太烫,上茶时右手端茶,从客人的右方奉上,敬茶时按照职务从高到低的顺序。

2. 介绍礼仪

介绍礼仪分为两种:为他人做介绍和自我介绍。为他人做介绍时五指并拢,手心向上,指向被介绍人。介绍顺序通常情况下先将职位低的人介绍给职位高的人;先将男士介绍给女士;先将晚辈介绍给长辈;先将未婚者介绍给已婚者;先将客人介绍给主人;先将非官方人士介绍给官方人士;先将个人介绍给团体,如个人身份和地位明显高于团体,应将团体先介绍给个人。自我介绍要先向对方点头致意,再说明自己的姓名和身份,可以同时递上名片;

自我介绍时要把握分寸，既不过分自谦，也不夸大其词。

3. 握手礼仪

握手顺序按照“尊者为先”的原则。在正式场合，以上级先伸手为礼；日常生活中，以长辈、女士、已婚者先伸手为礼；社交场合，以先到者先伸手为礼；在接待来客时，以主人先伸手为礼；客人告辞时，以客人先伸手为礼。愉快的握手是坚定有力的，这能体现双方的信心和热情，握手力度适中，时间控制在1~3秒；握手前应脱掉手套，不宜交叉握手，手上有污垢或者有水、汗，就不宜与别人握手，要主动向对方说明原因。

4. 名片礼仪

交换名片的顺序：先客后主，先低后高。当与多人交换名片时，应依照职位高低的顺序或是由近及远依次进行，切勿跳跃式进行。递送时应将名片正面面向对方，双手奉上。眼睛应注视对方，面带微笑，名片的递送应在介绍之后；接名片时要用双手，微笑阅读名片信息，使对方感觉你的重视；参加会议时，应该在会前或会后交换名片，不要在会中擅自与别人交换名片；名片收纳应放入名片夹或者公文包，不能随手放入衣服或裤子口袋。

5. 引导礼仪

通常情况下，引导人员在来宾的左前方，让对方走道路的中央，自己走在走廊一侧；引导人员的步调要适应来宾的速度；引导时，多用语言提醒，注意保护来宾的安全；要有明确而规范的引导语，多用敬语“您好”“请”，以表达对来宾的尊重。引导来宾上楼时，应该让来宾走在前面，引导人员走在后面；若是下楼梯时，应该由引导人员走在前面，来宾走在后面，拐弯或有楼梯台阶的地方应使用手势并提醒客人“这边请”或“注意楼梯”等。引导来宾乘坐电梯时，引导人员先进入电梯，等来宾进入后关闭电梯门，到达时，引导人员按住电梯开门键，请来宾先走出电梯（见图10-19）。

图10-19　引导礼仪

6. 座次礼仪

座次礼仪的基本原则：内外有别、中外有别、遵循规则、灵活机智。按照国际惯例，“以右为尊”是普遍适用的原则。在我国，从古至今“尊左”还是“尊右”并不是一成不变的，在安排座次时不能简单地“尊左”或“尊右”，要根据活动的性质。政务、国企内部的大型活动，一般仍然遵守“以左为尊”的原则；其他商务、社交、涉外活动一般遵循“以右为尊”的国际惯例。会议座次安排的基本原则：居中为上，以左为尊。安排主席台座次，面向观众席判断左、右，根据领导人数的单、双数来安排座次（见图10-20）。

9	7	5	3	1	2	4	6	8

（领导人数为双数时）

7	5	3	1	2	4	6

（领导人数为单数时）

图 10-20　座次安排

场景模拟实训

1. 局部练习

小孙大学毕业，入职某企业销售部经理秘书，她负责接待来访的客人。销售部每天来访的客人较多，因此小孙每天的工作都非常繁忙。一天，有一位与销售部经理预约好的客人提前半小时到达公司。小孙立刻通知了销售部经理，而经理正在接待一位重要的客人，所以让小孙请对方稍等。小孙向客人转告说："经理正在接待一位重要客人，请您稍等一下。"说完小孙匆匆用手指了一下客厅的椅子，说了声"请坐！"，就去做其他事情了。

请分析小孙在接待客人的过程中，存在哪些礼仪方面的问题并模拟出正确处理的工作情景。

2. 综合练习

嘉宏公司的王总经理一行4人到华达公司商谈合作事宜，办公室工作人员李媛、姜琦陪同上司张总经理热情接待王总一行，在公司举行商谈之后于当天下午请王总一行到华烨大酒店就餐。

请分析材料并结合礼仪规范按顺序进行场景模拟。

参考文献 References

[1]潘肖玉.公关语言艺术[M].2版.上海:同济大学出版社,1991.

[2]朱峰.论辩的实战技巧[M].北京:北京大学出版社,1995.

[3]姜小欣,张士光.谈判语言[M].北京:经济科学出版社,1995.

[4]吴郁.主持人语言表达技巧[M].北京:中国广播影视出版社,2002.

[5]刘明华.新闻写作教程.[M].北京:中国人民大学出版社,2002.

[6]邵守义,谢盛圻,高振远.活动策划与执行大全演讲学教程[M].北京:高等教育出版社,2003.

[7]李平收.青年演讲能力训练教程[M].北京:知识出版社,2004.

[8]周彬琳.实用口才艺术[M].2版.大连:东北财经大学出版社,2006.

[9]姚群,李红霞.商务文书与公关礼仪[M].北京:北京大学出版社,2007.

[10]薛桂英.写作与沟通[M].北京:中国铁道出版社,2007.

[11]段建军.新编写作思维学教程[M].上海:复旦大学出版社,2008.

[12]宁菁.语境视野中的礼仪文书研究[D].福建:福建师范大学,2009.

[13]李佳,黄亚男.主持辞及典型致辞[M].北京:中国物资出版社,2009.

[14]何旭,赵勇.试论求职技巧的训练与指导——大专毕业生面试的技巧[J].才智,2009(18):230-231.

[15]鲍德瑞奇.礼仪书[M].北京:中国人民大学出版社,2012.

[16]布莱.文案创作完全手册[M].北京:北京联合出版公司,2013.

[17]金正昆.商务礼仪[M].北京:北京联合出版公司,2013.

[18]金正昆.社交礼仪[M].北京:北京联合出版公司,2013.

[19]金正昆.公务礼仪[M].北京:北京联合出版公司,2013.

[20]金岩.实用文案与活动策划撰写技巧及实例全书[M].北京:中华工商联合出版社,2014.

[21]邹雄.面试准备及显、隐性测量对结构化面试结果有效性影响的实验研究[D].重庆:重庆大学,2014.

[22]王馨.大学生人际沟通能力与就业面试能力关系研究[D].云南:云南师范大学,2014.

[23]郭鹏,胡晓蕾.应用文写作[M].北京:清华大学出版社,2015.

[24]阎杰,高鸿雁.礼仪文书写作[M].北京:气象出版社,2015.

[25]徐中玉.应用文写作[M].北京:高等教育出版社,2016.
[26]唐丽.实用礼仪与日常应用文书写作[M].上海:上海交通大学出版社,2016.
[27]岚裳.演讲词大全[M].北京:中国华侨出版社,2016.
[28]付桂英.体态礼仪与形体训练[M].北京:北京师范大学出版社,2016.
[29]刘必荣.谈判最重要的100个提醒[M].广州:广东旅游出版社,2016.
[30]葛红兵,许道军.大学创意写作:应用写作篇[M].北京:中国人民大学出版社,2017.
[31]皇甫晓涛.二十世纪美国广告创意观念的流变与价值研究[D].上海:上海大学,2017.
[32]庄庆威.金牌文案:文案策划与活动执行[M].北京:清华大学出版社,2017.
[33]张宇微.文案:一字千金的创意广告,点石成金的案例分析[M].北京:电子工业出版社,2017.
[34]霍普金斯.文案圣经[M].北京:中国友谊出版公司,2017.
[35]谢伦浩,林昆山.播音主持自备稿件朗诵[M].北京:中国传媒大学出版社,2017.
[36]熊浩.熊浩的冲突解决课:谈判[M].北京:法律出版社,2017.
[37]普雷斯曼.谈判:如何制定使各方都获益更多的协议[M].北京:中信出版集团,2017.
[38]周国光,李向农.中国人的体态语[M].广州:广东高等教育出版社,2017.
[39]叶龙.活动策划与执行大全[M].北京:清华大学出版社,2018.
[40]岳海翔.公文写作范例大全[M].北京:清华大学出版社,2018.
[41]曹灿."曹灿杯"指导用书青少年儿童朗诵实用宝典[M].北京:清华大学出版社,2019.